일동장유가
日東壯遊歌

퇴석 김인겸 원저
길밭 최강현 역주

보고사

공주시 금강도로공원에 있는 김인겸 선생의 가비
(등을 보이는 분은 고 나손 김동욱 박사임)

비문 낭독 중인 역주자

책
머
리
에

    일본과 우리와의 관계는 가깝고도 먼 이웃나라로 인식되고 있다.
    옛날에는 우리 조상님들이 지금의 일본 땅에 건너가 새로운 지배자로 나라다운 왜국(倭國)을 건설하여 문화 선진국으로의 위상을 지켜왔었다. 그러나, 단제 기원 3925(1592)년에 이르러는 풍신수길(豊臣秀吉)이 "오늘의 일본은 과거의 일본이 아님"을 외치면서 장장 7년간을 끄는 임진왜란(壬辰倭亂)이라는 국제전쟁을 일으키어 우리의 고귀한 생명과 기술자들과 문화재들을 닥치는 대로 노략질하여 가더니, 300여 년 뒤에는 명치(明治)라는 군주의 일본 제국이 우리 국체를 병탐하고, 우리의 성과 이름과 말과 역사까지 말살하는 만행을 저질렀다. 그 결과는 결국 우리로 하여금 남북 분단의 슬픈 역사를 피할 수 없게 하고, 1000만 명이 넘는 이산가족의 피눈물을 70년이나 흘리어도 아직 끝나지 아니하였다. 아직도 일본 저들은 왜제(倭帝)시대의 폭정으로 유린된 갖가지 이름의 인권 침해에 대한 보상은 고사하고, 진지한 사죄의 인사마저 거부하며 도리어 독도(獨島)는 저희 땅이니 내놓으라든가, 동해(東海)는 일본해라든가, "데이신다이[정신대(挺身隊)]"로 징집하여다가 군위안부(軍慰安婦)로 금수(禽獸) 같은 짓을 하고서도 "그 여자들 스스로가 자진하여 즐긴 매춘행위(賣春行爲)"라고 뒤집어씌우면서 시침을 떼는 오늘의 일본 내각총리 이하 일부 각료들의 여우 같은 무리들의 언행을 생각하면, 이가 갈리고, 주먹이 불끈 쥐어지며, 피가 거꾸로 흐름을 느끼게 한다. 여기에 소개하는 『일동장유가』의 지은이인 퇴석(退石) 김인겸(金仁謙) 선생은 임진왜란 이후 200년을 채 지나지 아니한 상태에서 통신 사행의 종사관의 서기로 동행하면서 반일의식(反日意識)에 불타는 눈으로 일본을 보고 솔직하게 표현하고 있다. 필자는 4332(1989)년 7월 29일에 퇴석선생 시가비 건립을 당시 공주교육대학교 임헌도 교수님과 주관하여 공주시 금강도로공원에 세우면서 퇴석선생 생가와 묘소를 찾았을 때에 이미 실묘된 상태이었기에 이 『일동장유가』를 잘 옮기어 출판한 뒤 그 인세(印稅)로나마 퇴석의 분묘 보수를 시행하려 하였으나, 수십 년이 넘도록 아직 뜻을 이루지 못하였음을 진심으로 안타깝게 생각한다. 지은이의 후손은 6·25동란 시 실종되었다고 한다. 이 기회에 공주시민(公州市民)을 비롯한 전국의 동지 여러분들에게 영조시대 항일 의사이신 김인겸 선생의 묘소와 생가가 있었던 빈터를 성역화(聖域化)는 못하더라도 공원화(公園化)하는 일에 힘 써 주실 것을 간절히 기원하면서 이 책을 세상에 내놓는다.

끝으로 이 책의 출판을 위하여 고생한 도서출판 보고사 김흥국 사장님과 그 직원들에게 고마운 뜻을 전한다.

단제 기원 4340년 6월 25일
파주시 조리읍 능화재에서
최강현 씀.

차례

책머리에 / 5

1부 · 현대역 원문

권1 ·· 11

출발 ········ 11	용인 ········ 27	신녕 ········ 43
서울 ········ 14	죽산 ········ 28	영천 ········ 47
행장 준비 ·· 15	문경 ········ 31	경주 ········ 50
입궐 응제 ·· 18	예천 ········ 36	울산 ········ 53
입궐 알현 ·· 18	안동 ········ 41	부산 ········ 58
사조 ········ 24	의성 ········ 43	

권2 ·· 130

좌수포 ····· 134	금포 ······ 166	남도 ······ 216
대포 ········ 152	대마도 ···· 167	남박 ······ 236
서박포 ····· 159	일기도 ···· 197	적간관 ···· 237

권3 ··· 243

실우 ······ 244	병고 ······ 260	현천 ······ 312
상관 ······ 244	대판 ······ 264	강고 ······ 315
녹로도 ···· 247	서경 ······ 286	소전원 ···· 320
도포 ······ 252	대원 ······ 292	강호 ······ 325
실진 ······ 258	길전 ······ 307	

권4 ··· 352

품천 ······ 355	적간관 ···· 404	김해 ······ 422
삼도 ······ 358	일기도 ···· 406	황간 ······ 432
명호옥 ···· 368	선두포 ···· 414	진천 ······ 438
대판 ······ 372	풍기포 ···· 416	용인 ······ 440
병고 ······ 401	부산 ······ 419	서울 ······ 444

2부 · 해제

일동장유가와 영조시대 배일 의사(排日義士) 김인겸(金仁謙) ···· 453

찾아보기 / 476

1부 · 현대역 원문

권1*

4096(1763)년 7월 일(출발)

평생(平生)에 소활(疎濶)1)하여
공명(功名)에 뜻이 없네.
진사 청명(進士淸名)2) 족하거니,
대과(大科)3)하여 무엇하리?
장중 제구(場中諸具)4) 다 없애고,
유산 행장(遊山行裝) 차려내어
팔도(八道)로 두루 놀아
명산대천(名山大川) 다 본 후에
풍월(風月)을 희롱(戱弄)하고,
금호(錦湖)5)에 누웠더니,
북창(北窓)에 잠을 깨어
세상 기별(世上寄別) 들어보니,
"관백(關白)6)이 죽다" 하고,

---

* 일동장유가 권지1.
1) 소활(疎濶) : 성품의 됨됨이가 어설프고 짜이지 못함.
2) 진사 청명(進士淸名) : 사마시(司馬試)에 합격한 진사의 깨끗한 이름.
3) 대과(大科) : 문과(文科).
4) 장중 제구(場中諸具) : 문과 시험을 보는데 필요한 여러 가지 문구(文具).
5) 금호(錦湖) : 현 충청남도 공주시(公州市)를 꿰뚫어 흐르는 금강(錦江)을 이르는데, 여기서는 공주의 다른 이름으로 쓰인 것임.

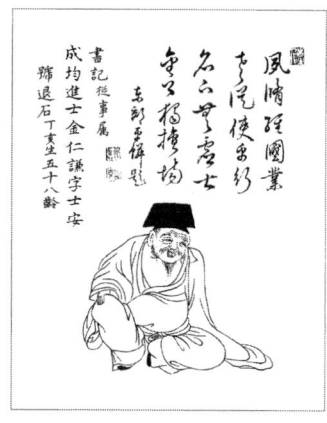

퇴석(退石) 김인겸(金仁謙)공 초상

통신사(通信使) 청한다네.
삼사신(三使臣) 극택(極擇)하고,
사문사(四文士) 뽑아내니,
남추월(南秋月) 시온(時韞)7)이는,
제술관(製述官) 망정(望定)하고
원자재(元子才)8) 성사집(成士執)9)은
상부방(上副房) 서기(書記)로다.
늙고 병든 이내 이름,
이교리(李校理)10) 과(過)히 듣고
탑전(榻前)에 계청(啓請)하여
벽서(僻書)11)로 재촉하니,

---

6) 관백(關白) : 옛날 일본에서 임금을 보좌하여 정치를 집행하던 중직(重職)의 이름. 여기서는 제9대 장군 덕천 가중(德川家重)을 이름.
7) 남추월(南秋月) 시온(時韞) : 신묘년 통신사행의 제술관 남옥(南玉 : 4055-4103, 1722-1770)공의 호와 자(字). 4086(1753)년 정시문과(庭試文科)에 급제하여 벼슬은 수안군수(遂安郡守)를 지내다가 영조 46(4103, 1770)년에 최익남(崔益南)의 옥사에 연루되어 5일 만에 물고되었음. 저술로는 일본사행 후에 지은『일관기(日觀記)』가 있음.
8) 원자재(元子才) : 원중거(元重擧 : 4052-4123, 1719-1790)의 자(字). 호는 현천(玄川) 또는 물천(勿川)·손암(遜庵)이라고 하였으며, 본관은 원성(原城). 32세에 생원이 되고, 장흥고봉사(長興庫奉事) 등을 지냈으며 조선 후기 실학파의 한 사람으로 평가된다. 저술로 일본 사행 후에 지은『화국지(和國志)』가 전함.
9) 성사집(成士執) : 성대중(成大中 : 4065-4142, 1732-1809)의 자(字). 호는 청성(青城). 본관은 창녕(昌寧). 영조 29(4096-1753)년 생원이 되고, 영조 32(4099, 1756)년에 대과에 급제하여 정조 8(3117, 1784)년에 흥해군수(興海郡守)가 되어 목민관으로서의 치적을 쌓았으며 실학파의 맥을 이어 아들 성해응(成海應)으로 전하였다. 저술은『청성집(青城集)』10권이 있음.
10) 이교리(李校理) : 교리(校理) 벼슬을 지내고 있는 이씨(李氏). 여기서는 이득배(李得培 : 4028-?, 1715-?)공인 듯함.
11) 벽서(僻書) : 흔하지 아니한 글 또는 책.

예부터 이 소임(所任)이
문장중(文章中) 극선(極選)이라.
조자건(曹子建)12)의 칠보시(七步詩)13)와
온정균(溫庭筠)14)의 필하재(筆下才)를
겸하여 두었어야
비로소 담당(擔當)하네.
내 재주 생각하니,
실로 외람(猥濫)하다.
하물며 만리(萬里) 길을
쇠골(衰骨)이 어찌 가리?
사정(私情)이 절박(切迫)하고,
왕사(王事)가 지중(至重)하니,
인신(人臣)이 되어 있어
이험(夷險)15)을 가릴소냐?

21대 영조 어진

---

12) 조자건(曹子建) : 조조(曹操)의 셋째 아들로 조비(曹丕)의 아우인 조식(曹植 : 2525 -2565, 192-232)의 자(字).
13) 칠보시(七步詩) : 일곱 발짝을 걷는 사이에 지은 시. 조식(曹植)이 형인 문제(文帝) 조비(曹丕)에게 미움을 받아 일곱 발짝을 옮기는 동안에 주어진 운(韻)으로 시를 짓지 못하면 죽이겠다고 하여 지은 시. 그 전문은 "煮豆燃豆萁(콩을 볶는데 콩깍지를 때니, 豆在釜中泣(솥 안에 있는 콩은 솥에서 우네.) 本是同根生(본래는 같은 뿌리에서 났는데,) 相煎何太急(서로 볶는데 어찌 이리 급한가?)"이다.
14) 온정균(溫庭筠) : 중국의 만당 시인(晚唐詩人). 본 이름은 기(岐), 자는 비경(飛卿). 율시를 잘 지어서 "온팔(溫八)"이라 일컬어짐.
15) 이험(夷險) : 평탄함과 험준함.

❈ 7월　일(서울) ❈

가묘(家廟)16)에 하직(下直)하고,
처자(妻子)를 돌아보니,
생리(生離) 사별(死別)이라.
경색(景色)이 참담(慘憺)하다.
장부(丈夫)의 철석장(鐵石腸)17)도
강잉(强仍)18)키 어렵거든
연약(軟弱)한 아녀자(兒女子)야
어이 아니 그리하리?
마음을 굳게 먹고,
떨치고 문을 나니,
사린(四隣)의 친척(親戚)들이
다 모여 이별(離別)한다.
필마(匹馬)를 길이 몰아
차령(車嶺)19) 넘어 천안(天安)20) 자고,

❈ 7월　일 ❈

동작리(銅雀里)21) 건너 돌아
대사동(大寺洞) 들어오니,

---

16) 가묘(家廟) : 사사 집에서 자기네 조상의 위패를 모신 사당.
17) 철석장(鐵石腸) : 무쇠나 돌로 된 심장. 철심석장(鐵心石腸)의 준말.
18) 강잉(强仍) : 마지못하여 그대로 함.
19) 차령(車嶺) : 공주(公州)의 북쪽에 있는 고개. 또는 산줄기.
20) 천안(天安) : 충청남도에 딸린 지명. 지금의 천안시.
21) 동작리(銅雀里) : 지금의 서울특별시 동작구(銅雀區)의 동작동.

누이와 딸자식이
반기고 근심하네.
나 많고 재주 없어
이 소임(所任)이 어려워라.

❈ 7월 일(행장 준비) ❈

장서(長書)로 사면(辭免)하고,
여러 번 면청(免請)하되,
진정(眞正)한 이 내 마음
종시(終始)히 못 이루니,
이제는 할 일 없어
가기로 완정(完定)하니,
은자(銀子) 팔십 오냥(八十五兩)
사필 포목(紗疋布木)²²⁾ 십석미(十石米)와

조선통신 정사 조엄공이
청견사(淸見寺)의 수려한
풍광을 찬미한 시

---

22) 사필 포목(紗疋布木) : 비단 필과 무명.

수화주(水禾紬)23) 도포차(道袍次)24)와
흑서대(黑犀帶)25) 목화차(木靴次)26)를
호조(戶曹)27)에서 내어 주고,
치행(治行)을 재촉하니,
일신(一身)의 상하 의복(上下衣服)
사절(四節)로 마련(磨練)하여
극진(極盡)한 명주 비단(明紬緋緞)
선전(線廛)28)에 잡아다가
화려(華麗)키로 위주(爲主)하여
갖가지로 지어내니,
나라에서 주신 것이
반 넘어 모자라니,
예 빛내고 저기 얻어
간신(艱辛)히 차려내어
길(吉)한 날 받고 받아
간신(艱辛)히 차려내어
길(吉)한 날 받고 받아
가기를 임시하여

---

23) 수화주(水禾紬) : 질이 좋은 비단. 수아주.
24) 도포차(道袍次) : 옛날 일상적 예복으로 남자가 입던 겉옷인 도포를 만들 자재.
25) 흑서대(黑犀帶) : 검은 빛깔의 물소뿔로 만든 옛날 관원들이 매던 허리띠.
26) 목화차(木靴次) : 검은 사슴 가죽으로 만든 신을 마련할 거리. 또는 나막신을 만들 자재. 여기서는 앞의 것임.
27) 호조(戶曹) : 지금의 우리나라 재정경제부에 해당하는 조선시대 관청 이름.
28) 선전(線廛) : 조선시대 종로(鐘路)의 육주비전(六注比廛)의 하나인 비단을 팔던 가게. 선전(縇廛).

의외(意外)에 삼 사신(三使臣)이
일시(一時)에 파직(破職)하고
새로이 고쳐 내니,
누구누구 하단 말가?
조제곡(趙濟谷)29) 이회계(李晦溪)30)로
상부사(上副使) 낙점(落點)하고,
현암 김교리(玄庵金校理)31)를
종사관(從事官) 시키시니,
일대(一代)의 준망(俊望)32)이오.
진신간(縉紳間)33) 극선(極選)이라.
지체34)도 좋거니와
재덕(才德)이 겸전(兼全)하다.

지은이 퇴석 김인겸(金仁謙. 1707~1772)

---

29) 조제곡(趙濟谷) : 계미통신사(癸未通信使)로 영조 38(4096, 1763)년에 일본을 다녀온 조엄(趙曮 : 4052-4010, 1719-1777). 본관은 풍양(豊壤). 자는 명서(明瑞), 호는 영호(永湖) 또는 제곡(濟谷). 영조 28(4085, 1752)년 문과에 급제하여 여러 벼슬을 거쳐 경상감사(慶尙監司)가 되어 여러 가지 제도를 개선하고, 예조참의(禮曹參議)에 올라 통신사로 일본을 다녀와 고구마를 부산에 이식하여 조선 최초 고구마 재배에 성공하였다. 성격이 강직하여 동료들이 "조고집"이라고 일컬었다. 저술로는 통신사로 일본을 다녀온 내용의 『海槎錄(해사록)』이 있다.

30) 이회계(李晦溪) : 계미 통신사행(癸未通信使行)에 부사(副使)로 동행하였던 이인배(李仁培 : 4049-?, 1716-?). 본관은 전의(全義). 자는 연수(季修), 호는 회계(晦溪). 영조 32(4089, 1756)년 병자정시(庭試) 문과에 급제하여 여러 벼슬을 거쳐 대사간(大司諫)에 이르렀다.

31) 현암 김교리(玄庵金校理) : 계미 통신사행(癸未通信使行)의 종사관(從事官)으로 일본을 다녀온 김상익(金相翊 : 4054-?, 1721-?). 본관은 광산(光山), 자는 중우(仲佑), 호는 현암(玄庵). 영조 35(4092, 1759)년 기묘별시(己卯別試) 문과에 급제하여 벼슬이 참판(參判)에 이르렀다.

32) 준망(俊望) : 뛰어난 희망.
33) 진신간(縉紳間) : 모든 벼슬아치들 사이.
34) 지체 : 대대로 전하여 오는 지위나 문벌(門閥).

7월 일(입궐 응제)

사행(使行)이 달라지니,
거취(去就)가 양난(兩難)터니,
"자제비장(子弟裨將) 반인 외(伴人外)에
하나도 갈지 말고,
문무역(文武役) 삼반인(三伴人)을
다 모두 인존(因存)35)하사
급급(急急)히 발행(發行)하라."
전교(傳敎)를 내리시니,
투자(投刺)36)를 고쳐 하고,
새로이 치장(治裝)할 때
정원사령(政院司令)37) 급히 와서
"입시(入侍)하라" 혼동(混動)38)하네.

8월 1일(입궐 알현)

장복(章服)39)을 급히 차려
궐하(闕下)에 들어가니,
일행(一行) 제인(諸人)들이
다투어 모였구나.

---

35) 인존(因存) : 그대로 둠.
36) 투자(投刺) : 윗사람을 처음 만나려 할 때에 미리 명함을 전함.
37) 정원사령(政院司令) : 승정원(承政院)에 딸린 사령.
38) 혼동(混動) : 정신 못 차리게 독촉함.
39) 장복(章服) : 벼슬아치가 매는 허리띠와 머리에 쓰는 갓.

삼 사신(三使臣) 먼저 들고,
제술관(製述官)40) 따라 든 후
서기(書記)를 부르거늘
사집(士執)41)은 근친(覲親) 가고,
원봉사(元奉事)42)만 남았기에
다만 둘이 승명(承命)할 때,
급급(急急)히 추창(趨蹌)하여
탑전(榻前)에 부복(俯伏)하니,
임금님 웃으시고,
은언(恩言)으로 물으시되,
"네 성명(姓名) 무엇이며,
어데서 살고 뉘 자손(子孫)으로
연세(年歲)는 몇몇이며,
전함(前啣)은 무엇이냐?"
소신(小臣)이 황공(惶恐)하여
기복(起伏)하여 여쭈오되,
"진사(進士) 신(臣) 김인겸(金仁謙)은
문정공(文正公)43) 현손(玄孫)으로

제술관 남옥(南玉, 1722~1770)

---

40) 제술관(製述官) : 여기서는 남옥(南玉)공을 이름.
41) 사집(士執) : 호는 청성(靑城), 성명은 성대중(成大中 : 4065-?, 1732-?)의 자(字). 영조 32(4089, 1756)년 병자정시(丙子庭試)문과에 급제하여 벼슬이 각 고을 원을 지냈다.
42) 원봉사(元奉事) : 성명은 원중거(元重擧).
43) 문정공(文正公) : 지은이의 고조(高祖)인 청음(淸陰) 김상헌(金尙憲 : 3903-3985, 1570-1652)공의 시호(諡號). 본관은 안동(安東), 자는 숙도(叔度), 호는 석실산인(石室山人) 또는 청음(淸陰). 문정(文正)은 시호(諡號)이다. 선조 29(3929, 1596)년 문과에 급제하여 여러 벼슬을 거쳐 각조 판서에 이르렀다.

쉰 일곱 먹었삽고,
공주(公州)서 사나이다."
"어저 네 그러하면,
장동대신(壯洞大臣)44) 몇 촌이냐?"
"고 상신(故相臣) 충헌공(忠獻公)의
오촌 질(五寸侄)이 되나이다."
천어(天語)45)가 순순(諄諄)46)하사
고쳐 하교(下敎)하오시되,
"명조(名祖)의 손자(孫子)로서
문임(文任)에 뽑히어서
나라 일로 가게 되니,
귀(貴)하고 기특(奇特)하다.
재주를 시험(試驗)하려
너희를 불렀으니,
왜(倭)놈과 수작(酬酌)하듯
즉각(卽刻)에 제진(製進)하되,
글 제(題)를 벌써 내어
제술관(製述官)47)을 주었으니,
빨리 나가 어서 지어

---

44) 장동대신(壯洞大臣) : 지은이의 당숙(堂叔)으로 영의정(領議政)을 지낸 김창집(金昌集 : 3981-4055, 1648-1722)공. 본관은 안동(安東), 자는 여성(汝成), 호는 몽와(夢窩), 시호(諡號)는 충헌(忠獻)이다. 숙종 10(4017, 1684)년 문과에 급제하여 여러 벼슬을 거쳐 영의정에 이르렀다.
45) 천어(天語) : 임금님의 말씀.
46) 순순(諄諄) : 말하는 태도가 다정스럽고 친절함.
47) 제술관(製述官) : 여기서는 남옥(南玉)공.

또 다시 입시(入侍)하라."

곡배(曲拜)48)하고 물러서니,

주서(注書)49)를 분부(吩咐)하셔

초지(草紙)50)를 주시거늘

차비문(差備門)51) 내달아서

글 제(題)를 찾아보니,

추선시(秋蟬詩)52) 칠률(七律)53)이라.

시온(時韞)54)은 먼저 나와

반 넘어 지었기에

또 먼저 입시(入侍)하고,

나와 원봉사(元奉事)는

옥당(玉堂)55) 서리(胥吏)에게

필묵(筆墨)을 겨우 얻어

풍우(風雨)처럼 지어내어

번개 같이 급히 쓸 때

이 무슨 구경이랴

궐내(闕內)의 하인(下人)들이

다투어 모여 와서

---

48) 곡배(曲拜) : 임금님을 뵈올 때에 하는 절.
49) 주서(注書) : 조선시대 승정원(承政院)에 딸린 정7품 문관직. 일기(日記)를 기록하는 일을 맡았다.
50) 초지(草紙) : 글을 초 잡는데 쓸 종이.
51) 차비문(差備門) : 임금이 기거하는 편전(便殿)의 앞문.
52) 추선시(秋蟬詩) : 가을 매미를 소재로 한 시.
53) 칠률(七律) : 한시의 한 체로, 한 구가 7자로 된 8구의 형태. 칠언으로 된 율시.
54) 시온(時韞) : 제술관 남옥(南玉)공의 자.
55) 옥당(玉堂) : 조선시대 홍문관(弘文館)의 다른 이름.

둘러서서 보는구나.
행보(行步)를 바삐 하여
광달문(廣達門)56) 들이달아
시초(詩草)를 드리오니,
입시(入侍)한 유승지(柳承旨)57)가
내 글을 먼저 받아
소리 높여 여쭈오매,
한 귀 읽고 두 귀 읽고,
세 귀 네 귀 다 읽으니,
용안(龍顔)이 대열(大悅)58)하사
격절 탄상(擊節歎賞)59)하오시되,
"둘째 귀 셋째 귀는
제 뜻을 잘 새겼고,
제 말로 하였으니,
말째 귀 더욱 좋다.
남옥(南玉) 원중거(元重擧)는
재사(才士)라 하리로다.
너희 재주 보아하니,
극일시지(極一時之) 선인(選人)이라.
이국(夷國)60)에 보내어도

---

56) 광달문(廣達門) : 서울특별시 종로구(鐘路區)에 있는 경희궁(慶熙宮) 안 임금님께서 신하들을 인견하시던 흥정당(興政堂) 바깥문.
57) 유승지(柳承旨) : 승정원(承政院)의 승지를 지내는 유씨(柳氏). 여기서는 당시 주서(注書)이었던 유지양(柳知養)공.
58) 대열(大悅) : 크게 기뻐하심.
59) 격절 탄상(擊節歎賞) : 무릎을 치며 탄복하며 칭찬함.

근심이 없겠으니,
만리 창명(萬里滄溟)61) 험한 길에
병(病) 없이 다녀오되,
기교물(奇巧物)을 탐(貪)치 말고,
화국(和國)하고 돌아오라."
백배 수명(百拜受命)62)하고,
승석(乘夕)하여 돌아오니,

8월 2일

이튿날 유승지(柳承旨)가
날 보고 이른 말이
"그대네 나온 후에
세 글을 다시 올려
자네 글 뽑아내어
서안(書案)에 놓으시고,
서너 번 음영(吟詠)하고,
세 귀 비점(批點)63)하오시니,
용상(龍床)이 매우 높아
어느 권 줄 모르겠네."
이 말씀 듣자오니,

부사 서기 원중거(元重擧, 1719~1790)

---

60) 이국(夷國) : 도이국(島夷國)의 준말. 곧 섬 오랑캐 나라라는 뜻으로 일본을 가리킴.
61) 만리 창명(萬里滄溟) : 멀고 먼 바닷길.
62) 백배 수명(百拜受命) : 여러 번 절을 하고 왕명을 받들음.
63) 비점(批點) : 시문(詩文)의 잘된 곳에 찍는 점.

황감(惶感)하기 그지없다.
초야(草野)의 미신(微臣)으로
외람(猥濫)히 등제(登第)하여
어려운 응제시(應製詩)64)를
일생(一生) 처음 짓게 되니,
겁(怯)도 나고 급거(急遽)하여
매우 잘못 지은 글을
천포(天褒)65)를 입사오니,
부끄럽고 영행(榮幸)하다.
한강 제문(漢江祭文)66) 대작(代作)하여
정성(精誠)으로 제(祭)한 후에
출행(出行)할 날 다시 받아
일행(一行)이 이발(離發)하니,
이때는 어느 땐가?

8월 3일(사조)

계미 팔월(癸未八月)67) 초삼(初三)이라.
북궐(北闕)에 하직(下直)하고,
남대문(南大門) 내달아서
관왕묘(關王廟)68) 얼른 지나

---

64) 응제시(應製詩) : 왕명에 따라서 지어 바치는 시문.
65) 천포(天褒) : 임금님의 칭찬.
66) 한강 제문(漢江祭文) : 사행들이 한강을 건널 때에 무사하기를 비는 제사.
67) 계미 팔월(癸未八月) : 영조 39(4096, 1763)년 음력 8월.
68) 관왕묘(關王廟) : 관운장(關雲長)의 위패를 모신 사당. 여기서는 지금은 서울 중

전생서(典牲署)69) 다다르니,

사행(使行)을 전별(餞別)하려

만조 공경(滿朝公卿) 다 모였네.

곳곳이 장막(帳幕)이오.

집집이 안마(鞍馬)로다.

좌우전후(左右前後) 모여들어

인산인해(人山人海) 되었으니,

정 있는 친구들은

옷 잡고 우탄(吁嘆)하고,

철모르는 소년(少年)들은

불워하기 그지없네.

석양(夕陽)이 거의 되니,

낱낱이 고별(告別)하고,

상마포(上馬砲)70) 세 번 놓고,

차례로 떠나갈 때

절월(節鉞)71)과 전배 군관(前陪軍官)

국서(國書)72)를 인도(引導)하고,

비단 일산(緋緞日傘) 순시 영기(巡視令旗)

사신(使臣)들 모여 섰다.

나 역시 뒤를 따라

역마(驛馬)를 높이 타고,

구 남대문 경찰서와 대우건물이 있는 자리에 있었던 남관묘(南關廟)를 이름.
69) 전생서(典牲署) : 나라의 제사에 쓰기 위하여 말과 희생물을 기르는 일을 맡은 관청.
70) 상마포(上馬砲) : 말을 타고 길을 떠날 때에 출발을 예고하는 세 발의 포성(砲聲).
71) 절월(節鉞) : 절(節)과 월(鉞)과 창(槍) 등의 의장(儀仗).
72) 국서(國書) : 조선 국왕이 일본국 관백(關白)에게 보낸 외교문서.

까치 옷 지로나장(指路羅將)
깃 꽂고 앞에 서고,
말 서자 부축하고,
쌍견마(雙肩馬) 잡았구나.
세라놈의 된 소리로
권마성(勸馬聲)은 무슨 일고?
아무리 "말라" 해도
"전례(前例)"라고 부디 하나,
백수(白首)의 늙은 선비
졸연(猝然)히 별성(別星)73)노릇
우습고 기괴(奇怪)하니,
남 뵈기 부끄럽다.
나는 듯 말을 몰아
부아퇴(夫兒堆) 넘어 서니,
배들도 그지없고,
안마(鞍馬)74)도 장(壯)할시고.
깃발은 하늘 덮고,
고각(鼓角)75)은 훤천(喧天)76)하여
한강(漢江)을 얼른 건너
이릉(二陵)77)을 지나오며

국서(맨발의 일본인이 교자를 메고 감)

---

73) 별성(別星) : 봉명사신(奉命使臣).
74) 안마(鞍馬) : 안장을 갖춘 말.
75) 고각(鼓角) : 북과 나팔.
76) 훤천(喧天) : 하늘에 사무치도록 시끄러움.
77) 이릉(二陵) : 지금의 서울특별시 강남구에 있는 선릉(宣陵)과 정릉(靖陵). 이 두 능침이 임진왜란 때에 일본군들에 의하여 파헤쳐지는 욕을 당하였음.

임진년(壬辰年)78)을 생각하니,

분한 눈물 절로 난다.

삼십 리(三十里) 양재역(良才驛)79)을

어둡게야 들어가니,

각 읍(各邑)이 명령받아

지공(支供)80)을 하는구나.

각상 통인(通引) 방자 차모[房子茶母]81)

일시(一時)에 현신(現身)한다.

포진(布陣)도 화려(華麗)하고,

음식(飮食)도 장(壯)할시고.

넋 잃은 관속(官屬)들이

겁내어 전율(戰慄)하니,

말마다 잘못하고,

일마다 생경(生梗)하여

여기 맞고 저기 맞아

소견(所見)이 불쌍하다.

🌸 8월 4일(용인) 🌸

예 자고 새벽 떠나

널다리[板橋] 점심 먹고,

---

78) 임진년(壬辰年) : 선조 25(3925, 1592)년 임진왜란(壬辰倭亂)이 있었던 해.
79) 양재역(良才驛) : 지금의 서울특별시 서초구에 있는 지명.
80) 지공(支供) : 음식을 이바지함.
81) 각상 통인(通引) 방자 차모[房子茶母] : 각각 차린 음식상마다 시중을 들기 위하여 차출된 각 고을에서 일하는 통인과 방자와 차모들.

용인읍내(龍仁邑內)82) 들어가니,
낮이 겨우 지났구나.
접대(接待)하는 기구 범백(器具凡百)
도처(到處)에 일반(一般)이다.
객사(客舍)에 들어가서
삼사신(三使臣)께 잠깐 뵙고,
숙소(宿所)에 돌아와서
석식 후(夕食後) 편히 쉬어

8월 5일(죽산)

양지(陽智)83) 점심 죽산(竹山)84) 자고,

8월 6일

도관(都官)85) 말마(秣馬) 숭선(崇善) 오니,
열읍(列邑) 지공(支供)들이
전처럼 나아온다.

8월 7일

경기 역마(京畿驛馬) 떼어놓고,

---

82) 용인읍내(龍仁邑內) : 지금의 경기도 용인시내.
83) 양지(陽智) : 지금의 용인시 양지면.
84) 죽산(竹山) : 지금의 경기도 안성시 죽산면.
85) 도관(都官) : 조선시대 충주목(忠州牧)에 딸리었던 도관원(都官院)이 있던 지명.

연원 역마(連源驛馬) 바꾸어서

새벽에 먼저 나와

달내[達川]86)를 지나올 때,

신원수(申元帥)87) 김장군(金將軍)88)의

진(陣)터를 바라보고,

율시(律詩) 한 수 지어내어

충혼(忠魂)을 위로(慰勞)한 후89)

충주(忠州)로 들어가니,

---

86) 달내[達川] : 지금 충청북도 충주 시내를 흐르는 강 이름. 가야(伽倻)의 우륵(于勒) 선생이 망국 후 탄금한 곳으로 유명한 탄금대(彈琴臺)는 임진왜란 때에 신입(申砬) 장군이 장렬히 전사한 곳으로도 유명하고 또 임경업(林慶業 : 3927-3979, 1594-1646) 장군의 위패를 모신 충렬사(忠烈祠)가 있어 더욱 유명하다.

87) 신원수(申元帥) : 신입(申砬 : 3897-3915, 1564-1592) 본관은 평산(平山), 자는 입지(立之), 시호는 충장(忠壯), 22세에 무과 급제. 도사(都事)·경력(經歷)·판관(判官)·온성부사(穩城府使)·함경북병사(咸鏡北兵使)·평안병사(平安兵使)·한성부판윤(漢城府判尹) 등 요직을 지내고, 임진왜란이 일어나자 도순변사(都巡邊使)가 되어 천혜의 관문인 조령(鳥嶺)을 버리고 충주(忠州)의 달천(達川)에 배수의 진을 쳤다가 왜와 싸워 순절함.

88) 김장군(金將軍) : 김여물(金汝岉 : 3881-3915, 1548-1592) 본관은 순천(順天), 자는 사수(士秀), 호 피구자(披裘子). 선조 10(3910, 1577)년에 문과에 급제하여 충주도사(忠州都事)·의주목사(義州牧使)를 지내고, 도순변사(都巡邊使) 신입(申砬)장군의 부장(副將)으로 신장군과 함께 전사함.

89) 그 시는 아래와 같다.

遺恨彈琴水	탄금대에 흐르는 물 한을 남기고,
深讐野馬臺	깊은 원수 야마대는 잊지 못하겠네.
山河猶壯氣	산하는 아직도 기세가 웅장한데,
猿鶴尙餘哀	잔납이와 학은 오늘도 슬피우네.
過客增悲慨	지나는 나그네는 울분만 더하는데,
孤舟獨泝洄	외로운 작은 배가 역류하여 돌고 있네.
百年薪膽痛	와신상담 나라 사랑 백년의 아픔이니,
掩淚下東萊	눈물을 닦으면서 동래로 내려가네.

청풍 지대(淸風支待)90) 나왔다네.

자종(柘種)이와 신자익(申子益)91)이

멀리 와 기다리네.

정담(情談)을 못다 하여

사신(使臣)께서 부르거늘

비 맞고 들어오니,

세 문사(文士) 모두 왔다.

이칠절(二七絶) 일칠률(一七律)92)을

사상(使相)이 내어놓고,

"차운(次韻)하라!" 권(勸)하거늘,

요초(料艸)하여 색책(塞責)하고,

음성현감(陰城縣監) 장종시(張宗始)93)가

지참(支參)하러 와 있거늘,

8월 8일

이튿날 잠깐 보고,

우장(雨裝) 입고 출발(出發)하여

단월역(丹月驛)94) 찾아가서

---

90) 청풍 지대(淸風支待) : 청풍은 지금의 충청북도 제천시 청풍면이며, 지대는 사절(使節)들이 지나는 곳에 대기하고 있다가 음식 대접 등 일체의 시중을 드는 일 또는 그런 일을 할 사람들을 이름.

91) 자종(柘種)이와 신자익(申子益) : 음역함.

92) 이칠절(二七絶) 일칠률(一七律) : 칠언 절구 두 수와 칠언 율시 한 수.

93) 장종시(張宗始) : 음역하였음. 정사(正使) 조엄(趙曮)의 『海槎日記(해사일기)』 8월 7일조에 따르면, 장학룡(張學龍)으로 되어 있음.

94) 단월역(丹月驛) : 지금의 충청북도 충주시 단월동.

충렬사(忠烈祠)95)에 첨배(瞻拜)하고,

역(驛)놈을 재촉하여

무다리 지나와서

안보역(安洑驛)96) 잘 참(站) 드니,

비도 오고 저물었다.

8월 9일(문경)

날 새며 먼저 나서

남여(藍輿)로 조령(鳥嶺)97) 올라

주흘관(主屹關)98) 들이달아

영남(嶺南)말 갈아타니,

우세(雨勢)도 장(壯)할시고,

의복 안마(衣服鞍馬) 다 젖는다.

돌길은 참암(巉巖)99)하고,

황도(荒濤)는 창일(漲溢)100)한데,

교구정(交龜亭)101) 올라앉아

좌우(左右)를 둘러보니,

---

95) 충렬사(忠烈祠) : 임경업장군(林慶業將軍)의 신위를 모신 사당.
96) 안보역(安洑驛) : 지금의 충주시에 딸린 수안보.
97) 조령(鳥嶺) : 일명 새재. 소백산(小白山) 줄기의 하나로 경상도와 충청도의 경계를 이루는 험한 재.
98) 주흘관(主屹關) : 문경(聞慶) 새재에 있는 관문(關門)의 이름.
99) 참암(巉巖) : 바위가 험하고 높음.
100) 황도(荒濤)는 창일(漲溢) : 거친 물결은 심하게 넘쳐흐름.
101) 교구정(交龜亭) : 감사(監司)와 병사(兵使) 및 수사(水使)가 임무 교대로 바뀔 때에 부신(符信)을 주고받던 곳.

만목(萬木)은 참천(參天)하고,
천봉(千峰)이 묶였으니,
일부당관(一夫當關) 만부막개(萬夫莫開)[102]
검각(劍閣)[103]을 불워하랴?
슬프다! 순변사(巡邊使)[104]가
지략(智略)도 있건마는
여기를 못 지키어
도이(島夷)[105]를 넘게 하고,
이 막비(莫非) 하늘이라.[106]
천고(千古)의 한(恨)이로다.
용추(龍湫)[107]를 굽어보니,
비 온 뒤 성난 폭포(瀑布)
벽력(霹靂)이 진동(震動)하고,
백설(白雪)이 잦았구나.
귀 눈이 먹먹하고,
심신(心身)이 늠률(凜慄)[108]하다.
글 하나 지어 쓰고,[109]

---

102) 일부당관(一夫當關) 만부막개(萬夫莫開) : 한 사람의 군인에게 맡기어 지키게 하여 두면 일만 명의 대군도 열고 들어올 수 없는 지리적 천연의 요새지(要塞地). 당(唐)나라 시인 이백(李白)의 시 『촉도난(蜀道難)』에 나오는 시구임.
103) 검각(劍閣) : 중국의 촉(蜀 : 四川省)땅에 있는 험한 산의 이름.
104) 순변사(巡邊使) : 조선시대 군무(軍務)를 띠고 변경(邊境)을 순검(巡檢)하던 특사(特使).
105) 도이(島夷) : 섬 오랑캐. 곧 오늘날의 일본국(日本國)을 낮추어 이른 말.
106) 이 막비(莫非) 하늘이라. : 이는 하늘도 어쩔 수 없는 일.
107) 용추(龍湫) : 조령(鳥嶺) 기슭에 있는 폭포.
108) 늠률(凜慄) : 위태롭고 두려워서 벌벌 떨림.

남여(藍輿)에 다시 올라

동화원(桐華院) 잠깐 올라

문경(聞慶)110)으로 돌아들어

숙소(宿所)에 말 내리니,

상주 관속(尙州官屬)111) 현신(現身)한다.

본관(本官)은 지친(至親)이라.

잠깐 보고 도로 나와

석반 후(夕飯後) 취침(就寢)하고,

8월 10일

이튿날 일어나니,

밤새도록 대우(大雨) 와서

평륙(平陸)이 성강(成江)112)이라.

마포원(馬浦源) 겨우 건너

장대(將臺)에 올라 보니,

계수(溪水)가 창일(漲溢)하고,

월천군(越川軍)113) 매우 적다.

---

109) 조령을 지나며 지은 글은 다음과 같다.
    懸空細路劇羊腸   허공에 달린 오솔길 양장보다 험하고,
    倒挿蒼崖掛夕陽   무너질 듯 푸른 벼랑 석양이 비꼈네.
    若使一夫先據險   만약 한 사람만 먼저 관문 지켰으면,
    當時容易馘行長   그때에 소서행장 쉽게 목 벴겠네.
110) 문경(聞慶) : 지금의 경상북도 문경시.
111) 상주 관속(尙州官屬) : 지금의 경상북도 상주시에 딸린 관리들.
112) 평륙(平陸)이 성강(成江) : 평지 땅이 물이 넘쳐 강이 됨.
113) 월천군(越川軍) : 길 가는 사람들이 물에 막히어 갈 길을 가지 못할 때에 일정한

삼사행차(三使行次)114) 함께 오니,

소솔(所率)115)도 장(壯)할시고.

다투어 건너려고,

편박(扁舶)이 낭자(狼藉)하다.

나하고 유영장(柳營將)116)이

한 남여에 겨우 건너

새원 주막(酒幕) 점심하고,

뒷사람 바삐 오니,

유명한 개여울[戌灘 : 犬灘]117)이

바다가 되었구나.

급(急)하고 깊고 머니,

저를 어찌 건너가랴?

각방 복태(各房卜駄)118)들이

언덕에 모였구나.

다행(多幸)히 내 복마(卜馬)는

무사히 먼저 갔네.

역졸 나장(驛卒羅將)119) 호령(號令)하여

실한 남여(藍輿) 얻어 타니

품삯을 받고, 등에 업거나 배를 태워 물을 건네주는 사람.
114) 삼사행차(三使行次) : 통신사, 부사, 종사관 등 세 사람의 사신들의 일행.
115) 소솔(所率) : 사신 행차에 딸린 사람들.
116) 유영장(柳營將) : 성명은 유달원(柳達源)임.
117) 개여울[戌灘 : 犬灘] : 앞 주의 책 『해사일기』 8월 10일조에는 수탄(戌灘)으로 되어 있으나 잘못임.
118) 각방 복태(各房卜駄) : 정사에 딸린 상방(上房)과 부사에 딸린 부방(副房)과 종사관[三房]에 딸린 일행들의 짐들 또는 그 짐들을 싣고 있는 소나 말들.
119) 역졸 나장(驛卒羅將) : 역에 딸린 하졸들과 군아(郡衙)에 딸린 사령(司令).

군대(軍隊)는 겁(怯)을 내어
붙들고 말리는고?
수 십 명 건장(健壯)한 놈
좌우(左右)로 부축하여
시험(試驗)하여 건너오니,
위태(危殆)도 위태할사.
흉용(洶溶)한 성난 물결
어깨에 넘는구나.
저편에 내려앉아
지나온 데 돌아보니,
망령(妄靈)되고 위태(危殆)하니,
후회(後悔)가 그지없다.
오십 리 유곡역(幽谷驛)120)에
날이 벌써 어두웠네.
지공관(支供官) 선산부사(善山府使)121)
접대(接待)도 거룩하다.
경상도(慶尙道) 넘으면서
전처럼 당하더니,
차담[茶啖]과 조석상(朝夕床)이
일로(一路)에 제일이다.

---

120) 유곡역(幽谷驛) : 지금의 경상북도 문경시 유곡동(慶尙北道聞慶市幽谷洞)에 있었던 조선시대의 육로 역으로, 찰방(察訪)이 관리하였음.
121) 선산부사(善山府使) : 지금의 경상북도 선산군 군수. 당시의 부사 이름은 김치공(金致恭)임.

8월 11일(예천)

이튿날 비 개거늘

영순천(永順川)122) 지나와서

용궁읍내(龍宮邑內)123) 낮참(站) 드니,

비안현감(比安縣監)124) 지공(支供) 와서

수월루(水月樓)에 앉았다가

날 보고 반겨 하네.

종사상(從事相)125)의 병방군관(兵房軍官)126)

색중(色中)의 아귀(餓鬼)로서

서울서 떠나면서

날마다 저녁 참(站)에

행수호장(行首戶長)127) 호령(號令)하여

고은 차모[茶母] 추심(推尋)128)하여

오히려 나삐 여겨

내게 와 간청(懇請)하되,

"예천(醴泉)129)은 색향(色鄕)이라

날 위하여 먼저 가서

---

122) 영순천(永順川) : 지금의 경상남북도를 꿰뚫어 흐르는 낙동강 상류.
123) 용궁읍내(龍宮邑內) : 지금의 경상북도 예천군 용궁면 시내.
124) 비안현감(比安縣監) : 당시 현감의 성명은 홍대원(洪大源)공.
125) 종사상(從事相) : 종사관(從事官) 김상익(金相翊)공.
126) 병방군관(兵房軍官) : 여기서는 임흘(任屹)공인데, 병방군관은 군사에 관한 일이나 의식에 관한 일과 역우(驛郵) 등의 일을 맡아보는 군관.
127) 행수 호장(行首戶長) : 지방 관아에서 한량(閑良)들을 거느리는 행수(行首)와 지방관아의 서리 중에서 가장 우두머리인 사람.
128) 추심(推尋) : 찾아내어 가져옴.
129) 예천(醴泉) : 지금의 경상북도 예천군.

일등 미인(一等美人) 뽑아내어

두었다가 나를 주오."

들으매 짓이 미워

한 번을 속여 보세.

헛 대답 쾌(快)히 하고,

정녕(丁寧)히 상약(相約)하고,

동정자(洞亭子) 지나와서

예천읍내(禮泉邑內) 들이달아

뭇 기생(妓生) 불러 세고,

그 중에 말째130) 기생

늙고 얽고 박박색(薄薄色)131)을

고르고 가려내어

이방(吏房)132)에게 분부(吩咐)하고,

병방차모[兵房茶母]133) 정한 후에

외막(外幕)에 앉았더니,

전배(前陪)로 먼저 와서

사방(使房)에 잠깐 뵙고,

내게로 급히 와서

웃으며 이른 말이

"청(請)한 말 어찌 된고?"

거동(擧動)이 절도(絶倒)하되,

---

130) 말째 : 맨 끝. 여기서는 가장 못 생긴 기녀라는 뜻.
131) 박박색(薄薄色) : 인물이 아주 못생긴 사람.
132) 이방(吏房) : 고을 원의 밑에서 인사(人事) 등 비서(秘書)의 일을 맡아 보는 아전(衙前).
133) 병방차모[兵房茶母] : 여기서는 병방군관 임흘(任屹)공을 대접할 다모(茶母).

웃음을 겨우 참고,

은근(慇懃)히 대답하되,

"동행(同行)의 그만 청(請)을

내 어찌 허루(虛漏)¹³⁴⁾하리?

이 중의 제일색(第一色)을

가까스로 뒤져내어

그대 차모[茶母] 정하였네.

숙소(宿所)로 어서 가서

불러 보면 아니 알까?

서시 옥진(西施玉眞)¹³⁵⁾ 절대색(絶代色)도

이에서는 못 나으리.

오늘밤 합친(合親)하고,

내 덕(德)으로 아오소서."

들으며 웃는 입이

함박만 하는구나.

창황(倉黃)¹³⁶⁾히 돌아서서

전도(顚倒)¹³⁷⁾히 나가거늘,

---

134) 허루(虛漏) : 헛되이 흘려버림.
135) 서시 옥진(西施玉眞) : 서시와 옥진, 서시는 춘추시대(春秋時代) 월(越)나라 미인으로, 평소에 속병이 있어서 상을 찡그리는 버릇이 있었는데, 일반 여자들이 서시의 미모가 그 찡그리는 눈매에 있는가 하여 따라서 눈을 찡그리어 "효빈(效嚬)"이라는 말이 생겼다고 함. 월왕 구천(句踐)이 오왕 부차(夫差)와 싸워 패하매 범려(范蠡)가 서시를 데려다 부차에게 바치어 부차로 하여금 색에 빠지게 하고, 구천은 와 신상담(臥薪嘗膽)하여 다시 부차와 싸워 대승하였다고 함. 오나라가 망하니 범려가 서시를 데리고 오호(五湖)로 갔다고 함. 옥진(玉眞)은 『神仙傳(신선전)』에 나오는 미인임.
136) 창황(倉黃) : 매우 급한 모양.
137) 전도(顚倒) : 엎어져서 넘어짐.

하는 양(樣) 보려 하고,
나도 함께 따라가니,
안방에 겨우 들며
사령(使令) 불러 분부(分付)하되,
"이 고을 수청 차모[守廳茶母]
어이 현신(現身) 아니하냐?
급히 와 목마르니,
차(茶) 어서 가져오라!"
이윽고 현신(現身)하니,
저 차모[茶母] 거동(擧動) 보소.
쑥 같은 헡은 머리
실로 땋아 마주 매고,
눈꼽 끼인 오흰 눈을
희부시시 겨우 뜨고,
옻초롱 같은 낯이138)
멍석처럼 얽었구나.
무명 반물 뒤롱다리
귀까지 담뿍 쓰고,
헌 저고리 짧은 치마
현순 백결(懸鶉百結)139) 하였구나.
동구(洞口) 안 삼월(三月)140)이는
예 비하면 일색(一色)일세.

---

138) 옻초롱 같은 낯이 : 옻물감을 담은 초롱처럼 검은 얼굴빛이.
139) 현순 백결(懸鶉百結) : 옷이 갈갈이 찢어진 것을 노닥노닥 기운 모양.
140) 삼월(三月) : 지은이의 고향 마을 입구에 사는 술집 여인.

차보오[141] 손에 들고,
뜰에 와 주춤할 때
밑살이 터졌던지
방귀조차 뀌는구나.
저 병방(兵房) 거동(擧動) 보소.
삼중석(三重席)[142]에 지혀 앉아
두 눈이 뚫어지게
죄오고 앉았다가
호풍(豪風)[143]이 소삭(蕭索)하여
무릎 떠 돌아앉아
낙심 천만(落心千萬) 하는 거동
용대기(龍大旗)[144]에 비 맞았다.
일좌(一座)가 박소(拍笑)하고,
사면(四面)으로 조롱(嘲弄)하니,
수괴(羞愧)한 선웃음을
날만 보고 꾸짖는다.
저녁밥 잠깐 먹고,
사방(使房)에 얼른 다녀
홍나주(洪羅州)[145] 잠깐 보고,
돌아와 자고 일어

---

141) 차보오 : 차를 따라 마시는 잔.
142) 삼중석(三重席) : 예로 대접하기 위하여 세 겹으로 깐 자리.
143) 호풍(豪風) : 호기로운 기풍.
144) 용대기(龍大旗) : 용가(龍駕) 앞에 세우는 왕을 상징하는 용을 그린 큰 기(旗).
145) 홍나주(洪羅州) : 성명은 홍역(洪櫟)임.

8월 12일(안동)

피골 역골 두 산소(山所)에

얼른 들려 소분(掃墳)146)하고,

쇠오뫼147) 동종(同宗)148)들이

다 모여 기다리네.

팔대조(八代祖)149) 지으신 집

삼귀정(三龜亭)150)이 남아 있고,

청음선조(淸陰先祖)151) 계시던 집

동성(同姓)겨레 사는구나!

즉시 일어 말을 타고,

풍산참(豊山站)152) 바삐 가서

봉화(奉化)153)고을 차담 점심[茶啖點心]

재촉하여 찾아 먹고,

오례(五隸)154) 산소(山所) 잠깐 다녀

---

146) 소분(掃墳) : 경사스런 일이 있을 때에 조상의 묘소에 가서 제사를 올리어 고하는 일.
147) 쇠오뫼 : 현 경상북도 안동시 풍산읍(慶尙北道安東市 豊山邑)에 있는 소산(素山)의 우리말 이름.
148) 동종(同宗) : 성(姓)과 본(本)이 같은 겨레붙이.
149) 팔대조(八代祖) : 지은이 김인겸(金仁謙)선생의 8대조를 가리키는데, 안동김씨(安東金氏) 제11세조인 김영전(金永詮), 김영수(金永錘), 김영수(金永銖) 형제를 가리킴.
150) 삼귀정(三龜亭) : 경상북도 안동시 풍산읍에 있었던 정자.
151) 청음 선조(淸陰先祖) : 청음이라는 호를 가진 선조. 여기서는 지은이 김인겸 선생의 5대조인 김상헌(金尙憲 : 3903-3985, 1570-1652)선생.
152) 풍산참(豊山站) : 지금의 경상북도 안동시에 딸린 풍산읍. 조선시대에는 역참(驛站)이 있었음.
153) 봉화(奉化) : 지금의 경상북도 봉화군.

부중(府中)으로 들어가니,
안동(安東)155)은 대도회(大都會)요,
우리 집 선향(先鄕)156)이라.
인민(人民)도 부성(富盛)하고,
성지(城池)도 웅장(雄壯)하다.
동성(同姓)의 아전(衙前)들이
가끔 와 찾고 가니,
본시 동근(本是同根)157)이라.
인정(人情)이 귀하였다.
통신사(通信使) 여기 오면,
예부터 연향(宴饗)터니,
올 시절 흉황(兇荒)158)키로
특별히 폐감(廢減)하나,
전례(前例)로 하루 묵어
풍악(風樂)으로 소일(消日)하네.

8월 13일

태사묘(太師廟)159)에 현알(見謁)하고,

---

154) 오례(五隸) : 지명인데, 음역함.
155) 안동(安東) : 지금의 경상북도 안동시.
156) 선향(先鄕) : 선대 어른들이 사시던 고향.
157) 본시 동근(本是同根) : 본래가 같은 뿌리임.
158) 흉황(兇荒) : 농사가 흉년이 들어 먹을 것이 없음.
159) 태사묘(太師廟) : 고려시대에 세워진 권행(權幸)·김의평(金宜平)·장정필(張貞弼) 등 삼공신(三功臣)의 위패를 모신 사당. 여기서는 김의평공이 안동김씨 시조이며, 신라 말에 고창성주(古昌城主)로 고려 태조에게 스스로 귀부(歸附)하여 견훤

본주 관(本州館)160)에 들어가서
글 한 수 차운(次韻)하고,
밤이 늦어 돌아왔다.

태사묘

8월 14일(의성)

효월(曉月)161)에 길을 떠나
영호루(映湖樓)162) 구경하고,
나룻배 잠깐 건너
일직(一直)163) 와 말마(秣馬)하여
의성(義城)164) 가 숙소(宿所)하고,

8월 15일(신녕)

사십 리(四十里) 의흥(義興)165) 가서
동헌(東軒)으로 바로 가니,
구정(舊情)이라 반겨 하네.
장기판(將棋板) 내어 놓고,

　(甄萱)을 격파한 공으로 삼한 벽상공신 삼중 태광태사(三韓壁上功臣三重大匡大師)
　라는 작위를 받은 선대 어른을 생각한 것임.
160) 본주관(本州館) : 이 고을 객관, 곧 안동부 객관.
161) 효월(曉月) : 새벽 달빛 아래.
162) 영호루(映湖樓) : 지금의 안동시내에 있는 누각인데, 고려 공민왕이 놀아서 유명
　　하며, 누각의 이름도 친히 써서 현액(懸額)하였다.
163) 일직(一直) : 지금의 경상북도 안동시 일직면.
164) 의성(義城) : 지금의 경상남도 의성군.
165) 의흥(義興) : 지금의 경상북도 군위군 의흥면.

세 판을 마친 후에
사행(使行)이 온닿거늘
사차(謝次)166)로 나오니라.
이보령(李保寧) 자문(資文)167)이가
"정묘년(丁卯年)168) 일본(日本) 갈 때
여기 기생(妓生) 수청(守廳)하여
딸 하나가 있다." 하고,
내려올 때 간청(懇請)하되,
"속신(贖身)169)하여 달랗거늘",
들으매 측은(惻隱)하여
말 내리며 물어보니,
"시년(時年)이 십오 세(十五歲)요,
비장 차모[裨將茶母] 정(定)했다."네.
욕(辱) 볼까 불쌍하여
내 차모[茶母] 상환(相換)하여
급급히 불러다가
차담상[茶啖床] 물려주고,
자문(資文)의 말 다 전하니,
우는 거동 참혹(慘酷)하다.
원(員)에게 이 말하고,
"떼어 달라!" 간청(懇請)하니,

---

166) 사차(謝次) : 인사하기 위하여.
167) 이보령(李保寧) 자문(資文) : 보령(保寧) 원을 지낸 자문(資文)이라는 사람.
168) 정묘년(丁卯年) : 영조 24(40811, 1748)년임.
169) 속신(贖身) : 종이나 기적(妓籍)에 있는 사람을 풀어 주어서 양민이 되게 함. 속량(贖良).

동래부사접왜사도

"대비(代費)170) 주면 면역(免役)하지
그저는 못한다네."
제 어미 일랑(一娘)171)이는
병비(兵婢)172)로 못 가기에
"동래(東萊)173)로 오라!" 하고,
신녕(新寧)174)으로 바로 오니,
지례현감(知禮縣監) 송맹백(宋孟伯)175)이
지대(支待)하러 왔닿거늘
바로 그리 찾아가니,
반겨도 반겨한다.
아침 저녁 지응 범백(支應凡百)

---

170) 대비(代費) : 천민을 양민으로 신분을 바꿀 때에 대신 내는 몸값을 이름.
171) 일랑(一娘) : 이자문(李資文)의 딸을 낳은 기생 이름.
172) 병비(兵婢) : 병방비장의 여자 종.
173) 동래(東萊) : 지금의 부산광역시의 동래구.
174) 신녕(新寧) : 조선시대 영천군에 딸리었던 지명, 당시에는 현(縣)이었음.
175) 송맹백(宋孟伯) : 앞 주의 『해사일기』에는 송보연(宋溥淵)으로 되어 있음.

다 내게 맡기면서
"김진사(金進士)176) 이리 온 후
내 무슨 근심하리?
많이 드나 적게 드나,
일만 아니 나게 하소!"
"그러면 지례현감(知禮縣監)
내 소임(所任)과 바꿔하면,
일 나나 아니 나나,
내 담당(擔當)하여 봄세."
저도 웃고 나도 웃고,
"한 데서 자자!" 하네.
예천(醴泉)서 기생(妓生)일로
동행(同行)을 속였으니,
미인(美人) 하나 뽑아내어
깃김이나 하여 보세.
열다섯 관비 중(官婢中)에
행란(杏蘭)177)을 불러내어
내 숙소(宿所)로 데려다가
가마니 숨겨 두고,
병방비장(兵房裨將)178) 왔닿거늘
전갈(傳喝)하여 이른 말이
"거번(去番)에 속인 일은

---

176) 김진사(金進士) : 지은이 김인겸(金仁謙)선생.
177) 행란(杏蘭) : 관비(官婢)의 한 사람.
178) 병방비장(兵房裨將) : 여기서는 임흘(任屹)을 가리킴.

내 잘못 하였기에
일등 기생(一等妓生) 하나 얻어
감추어 두었으니,
내 정(情)이 어떠한가?
와서 보고 데려가소."
그 말 듣고 대희(大喜)하여
달려와 "보자!"커늘
병풍(屛風)을 열어놓고,
불러내어 뵈고 주니,
흔흔(欣欣)하고 쾌락(快樂)하여
이끌고 가는구나.

❋ 8월 16일(영천) ❋

이튿날 만나보고,
흥미(興味)를 물어보니,
"날 속인 분한 마음
이제는 잊었으니,
이후는 앞 참(站)에 가
매양 얻어 달라!" 하네.
청신(淸晨)179)에 말마(秣馬)180)하여
영천(永川)181)으로 바로 가니,

---

179) 청신(淸晨) : 날씨가 맑은 이른 새벽 아침.
180) 말마(秣馬) : 말에게 풀과 물 따위의 먹이를 먹임.
181) 영천(永川) : 지금의 경상북도 영천시.

읍지(邑地)도 웅장(雄壯)하고,
안계(眼界)도 광활(廣闊)하다.
여기는 대도회(大都會)라.
전례(前例)로 연향(宴饗)하매,
감사(監司)도 친히 오고,
열읍(列邑)이 많이 왔네.
조양각(朝陽閣)182) 높은 집에
포설(布設)을 장(壯)히 하고,
순사(巡使)183)와 삼사신(三使臣)이
다 주어 올라앉아
그 다음 사 문사(四文士)를
차례로 좌정(坐定)하고,
풍류(風流)를 치우면서184)
잔상(盞床)을 드리오니,
찬품(饌品)도 거룩하고,
기구(器具)도 장(壯)할시고.
군관(軍官)과 원역(員役)들은
이 연석(宴席)에 못 든다고,
연상(宴床)을 각각 받고,
딴 자리 앉았구나.
누(樓) 앞의 넓은 들에
혁통(奕筒)185)처럼 길을 닦아

---

182) 조양각(朝陽閣) : 조선시대 영천 읍내에 있었던 객사(客舍).
183) 순사(巡使) : 순찰사(巡察使)의 준말로 조선시대 감사(監司)를 이르는데, 여기서는 당시의 경상도 관찰사인 김상철(金相喆)공을 가리킴.
184) 치우면서 : 풍류를 치게 시키면서.

마상재(馬上才)

볼품 좋은 닫는 말에
마상재(馬上才)186)를 시험하니,
그 중에 박성적(朴聖迪)이
좌우 칠보(左右七步) 날게 하고,
송장걸(宋長傑)187)이 등리장신(鐙裏藏身)188)
일등(一等)을 하는구나!
사방(四方)에 관망(觀望)할 이
양식(糧食) 싸고 두루 모여
좌우(左右)에 가득하니,
몇 만(萬)인 줄 모르겠다.
창녕(昌寧)189)의 관속(官屬)들이
왔다가 나를 보고,

---

185) 혁통(奕筒) : 아름답고 큰 통.
186) 마상재(馬上才) : 달리는 말 위에서 부리는 온갖 재주 또는 그 재주를 부리는 사람.
187) 송장걸(宋長傑) : 음역하였음.
188) 등리 장신(鐙裏藏身) : 마상재(馬上才)의 아홉 가지 재주 중 일곱 번째의 재주로 안장을 옆으로 붙들고 달리는 재주.
189) 창녕(昌寧) : 지금의 경상남도에 딸린 지명.

반겨 하고 뛰노는 양
그려 두고 보고 싶다.
경주부윤(慶州府尹)[190] 송라찰방(松羅察訪)[191]
낯낯이 반갑구나!

❈ 8월 17일(경주)[192] ❈

육십 리 모량원(毛良院)[193]에
영일지대(迎日支待)[194] 나왔구나!

김각간 묘

---

190) 경주부윤(慶州府尹) : 지금의 경주시장(慶州市長). 당시 경주부윤은 이해중(李海重)공이었음.
191) 송라찰방(松羅察訪) : 지금의 경상북도 포항시 북구 송라면에 있었던 찰방. 찰방은 조선시대 각도의 역참(驛站)의 일을 맡아보던 외직(外職), 일명 마관(馬官), 역승(驛丞), 우관(郵官)이라고도 일컬었음.
192) 일동장유가에는 날짜가 없으나, 앞 주의『해사일기』에 의하여 역주자가 기워 넣었음.
193) 모량원(毛良院) : 지금의 경상북도 경주시 천북면 모아리에 있었던 역원(驛院).
194) 영일지대(迎日支待) : 영일은 지금의 경상북도 포항시 남구 연일읍이며, 지대는 지공(支供) 대접의 일을 맡았다는 뜻.

김각간(金角干) 묘(墓)¹⁹⁵⁾를 지나

동경(東京)¹⁹⁶⁾으로 말을 놓아

동헌(東軒)¹⁹⁷⁾으로 바로 가니,

윤유백(尹庾伯)¹⁹⁸⁾ 김참봉(金參奉)이

책방(冊房)¹⁹⁹⁾에 와 있다가

꿈인가 의심하네.

경주(慶州)는 고국(故國)이라

신라 풍속(新羅風俗) 그저 있다.

첨성대(瞻星臺)²⁰⁰⁾ 봉황대(鳳凰臺)²⁰¹⁾는

의구(依舊)히 남아 있고,

반월성(半月城)²⁰²⁾ 포석정(鮑石亭)²⁰³⁾은

거친 내만 끼었구나!

오릉(五陵)²⁰⁴⁾에 우는 새는

---

195) 김각간(金角干) 묘(墓) : 각간(角干) 벼슬을 지낸 김유신(金庾信)장군의 묘. 지금의 경주시 충존리(忠存里)에 있음.
196) 동경(東京) : 지금의 경상북도에 딸린 경주시(慶州市)의 옛 이름의 하나.
197) 동헌(東軒) : 조선시대 감사(監司)나 병사(兵使) 수사(水使)들과 그 밖의 지방 수령들이 공무(公務)를 집행하던 관아(官衙).
198) 윤유백(尹庾伯) : 음역임.
199) 책방(冊房) : 조선시대 고을 원(員)들의 비서(秘書). 책실(冊室).
200) 첨성대(瞻星臺) : 신라시대의 천문 관측을 하던 곳이라고도 하며 제천 의식(祭天儀式)을 지내던 건축물이라고도 함.
201) 봉황대(鳳凰臺) : 경주시 노동리(路東里)에 있는 신라 때의 묘(墓).
202) 반월성(半月城) : 월성(月城) 또는 신월성(新月城)이라고 일컬어지는 신라(新羅)시대에 축조된 경주(慶州)의 한 성.
203) 포석정(鮑石亭) : 신라(新羅)시대에 경주(慶州)에 물길을 굽게 만들어 향연(饗宴)을 베풀던 곳.
204) 오릉(五陵) : 지금의 경주 시내에 있는 신라 시조 박혁거세(朴赫居世) · 시조의 왕비 알영(閼英) · 남해왕(南解王) · 유리왕(儒理王) · 파사왕(婆娑王)을 모신 다섯

망국한(亡國恨)을 네 어이 아냐?
초혼(初昏)에 사방(使房)에 가
세 곳으로 문후(問候)하고,
숙소(宿所)로 나올 때에
홍성로(洪誠老)205) 따라와서
내 차모[茶母] 어린 아기
보고서 "곱다." 하고,
"달라" 하고 간청(懇請)커늘
밉지만 허락하니,
들입다 손목 쥐고,
가는 양 기괴(奇怪)하다.
자리에 그저 누워
"다리 치라!" 이르고서
투미206)한 곤한 잠을
새도록 혼침(昏寢)207)하여
긴 밤을 허송(虛送)하고,
돌아보니 간 데 없네.
아이에 저리 하면,
무엇 하러 데려 갔나?
동행(同行)들이 이 말 듣고,
"용렬(庸劣)하다!" 웃는구나.

기의 능침(陵寢)을 이름.
205) 홍성로(洪誠老) : 삼방 반인 홍선보(三房伴人洪善輔)의 자(字).
206) 투미 : 미련하고 둔함.
207) 혼침(昏寢) : 정신없이 잠을 잠.

8월 18일(울산)208)

윤김 양인(尹金兩人)209) 상별(相別)하고,

구이[仇於]210) 낮참(站) 달려오니,

청하현감(淸河縣監)211) 지참(支站)212)하러

와 있다가 날 와 보네.

백희씨(白喜氏)213) 내려올 때

"두호(斗護)하라!" 하던지라.

이병방(吏兵房)214) 불러다가

각별히 존문(存問)215)하고,

낭이 주애(娘伊珠愛)216) 두 기생(妓生)은

성희(聖喜)217)의 소면(所丏)218)이라.

차담상[茶啖床] 내어 주고,

옛말219) 하니, 반겨하네.

---

208) 이 날짜는 앞 주의 『해사일기』에 따른 것임.
209) 윤김 양인(尹金兩人) : 윤유백과 김참봉공들을 가리킴.
210) 구이[仇於] : 앞 주의 책 『해사일기』에는 "구오역(仇於驛)"으로 되어 있음.
211) 청하현감(淸河縣監) : 청하는 지금의 포항시 북구 청하면이며, 당시 현감은 최창걸(崔昌傑)공임.
212) 지참(支站) : 지공 대접. 또는 그러한 곳.
213) 백희씨(白喜氏) : 음역함.
214) 이병방(吏兵房) : 인사를 담당한 지방 관아의 아전인 이방(吏房)과 군사의 일을 맡아 보는 고을 아전인 병방.
215) 존문(存問) : 수령이 그 지방의 사람을 찾아가 인사하는 일. 여기서는 백희 씨를 평소에 잘 보살펴 달라는 뜻으로, 이병방의 아전들에게 인사하도록 당부하였다는 뜻으로 풀이됨.
216) 낭이 주애(娘伊珠愛) : 음역함.
217) 성희(聖喜) : 음역함.
218) 소면(所丏) : 속된 표현으로는 꽃첩[花草妾], 나이 어린 아기 첩이라고도 함.

저는 말220) 갈아타고,

좌병영(左兵營)221) 지나가서

울산부(蔚山府)로 바로 드니,

주수(主倅)222)도 반겨하고,

이의숙(李宜淑)223) 와 있다가

전도(顚倒)히 나와 보네.

❈ 8월 19일224) ❈

느직이 발행(發行)하여

오십 리 용당(龍堂)225) 자고,

❈ 8월 20일226) ❈

내일(來日)227)은 습유정(拾遺亭)228)에

---

219) 옛말 : 여기서는 성희라는 사람과 지은이와의 사이에 있었던 지난날의 이야기.
220) 저는 말 : 다리가 아파 잘 걷지 못하는 말[馬].
221) 좌병영(左兵營) : 조선시대 경상도(慶尙道)에 있었던 지금의 육군에 해당하는 좌우 두 병영(兵營) 중의 왼쪽 병영인데, 지금의 경상북도 울산시(蔚山市)에 두었던 병영. 경상 좌병영이라고도 함. 한편 경상도에는 전라도와 마찬가지로 좌우 수영(水營)을 두어 좌수영은 지금의 부산광역시 동래구(東萊區)에 두고, 우수영은 지금의 통영시(統營市)에 두었음.
222) 주수(主倅) : 여기서는 울산부사(蔚山府使)를 이르는 말로, 당시의 부사는 홍익대(洪益大)공임.
223) 이의숙(李宜淑) : 음역함.
224) 이 날짜도 앞의 주『해사일기』에 따라 나눔.
225) 용당(龍堂) : 지금의 경상남도 울산시 남구 용연동(龍淵洞)과 용잠동(龍潛洞) 일대의 옛 지명. 앞 주에서 소개한 임기중본에는 "용강"으로 되어 있음.
226) 이 날짜도 앞 주의『해사일기』에 따라 나눔.

일행(一行)이 수험(搜驗)하매
일찍 먼저 못 떠나서
종사상(從事相) 뒤를 따라
수험소(搜驗所)229)에 미쳐 오니,
진애(塵埃)가 창천(漲天)230)하고,
삼행차(三行次)231) 의롱(衣籠)짐이
뫼같이 쌓였으니,
일색(日色)이 늦었으니,
이를 어이 다 볼소냐?
대삭(袋索)232)을 많이 얻어
열십자(十字)로 봉(封)하여서
세세(細細)히 수험차(搜驗次)로
다 내어 주는구나.
이윽고 상부방(上副房)이
차례로 들어오네.
동래(東萊)로 향하리라.
오리정(五里亭)에 다다라서
삼방(三房) 소속(所屬)들이
관복(官服)을 다 갖추고,
넓은 벌 긴 긴 길에

227) 내일(來日) : 8월 20일. 오늘의 잘못.
228) 습유정(拾遺亭) : 앞 주의 『해사일기』에는 "십휴정(十休亭)"으로 되어 있음.
229) 수험소(搜驗所) : 통신사(通信使) 일행(一行)의 짐을 검사하는 곳.
230) 창천(漲天) : 하늘에 넘쳐 남.
231) 삼행차(三行次) : 정사(正使)·부사(副使)·종사관(從事官)의 일행.
232) 대삭(袋索) : 포대 자루와 새끼 줄.

각각 뒤를 따랐으니,
유의(儒衣) 유복(儒服)[233]으로
나는 참여 부질없어
안비(按轡)[234] 서행(徐行)하여
뒤에 오며 굿을 보니[235],
어지러운 생소 고각(笙簫鼓角)[236]
산악(山嶽)을 진동(震動)하고,
무수(無數)한 부월 정기(斧鉞旌旗)[237]
천일(天日)을 가리웠다.
연락(連絡)한 복태(卜駄) 바리[238]
육십 리에 닿았으니,
거동 행차(擧動行次)[239] 제(除)하고는
비(比)할 데 전혀 없다.
굿 보는[240] 남녀노소(男女老少)
십 만으로 헤리로다.
주조문(朱鳥門)[241] 다다라서

---

233) 유의(儒衣) 유복(儒服) : 선비들이 입는 옷을 입음.
234) 안비(按轡) : 말고삐를 손에 잡음.
235) 굿을 보니 : 구경을 하니.
236) 생소 고각(笙簫鼓角) : 생황과 퉁소와 북과 뿔피리.
237) 부월 정기(斧鉞旌旗) : 부월과 정기. 여기서의 부월은 의장(儀仗)의 하나로 만든 나무 도끼이고, 정기는 의장(儀仗)의 한 가지인 정(旌)과 기(旗).
238) 연락(連絡)한 복태(卜駄) 바리 : 끊이지 아니하고, 길게 이어진 짐바리들.
239) 거동 행차(擧動行次) : 임금님의 행차.
240) 굿 보는 : 구경하는.
241) 주조문(朱鳥門) : 조선시대 동래읍성(東萊邑城)의 남문(南門)에는 앞뒷문이 있었는데, 그 뒷문의 다른 이름.

삼혈 방포(三穴放砲)242) 놓은 후에
식파루(息波樓)243) 들이달아
벽 대청(壁大廳)244)에 좌기(坐起)하고,
열다섯 비장(裨將)들과
열일곱 원역(員役)이며,
허다(許多)한 중하관(中下官)이
차례로 참알(參謁)245)한 후(後)]246)
동래부사(東萊府使)247) 청알(請謁)하고,
각진 변장(各鎭邊將)248) 군례(軍禮)하네.
동행(同行)들 잠깐 보고,
숙소(宿所)에 와 저녁 먹고,
초 물리고249) 잠을 자니,
날 새는 줄 모르겠다.

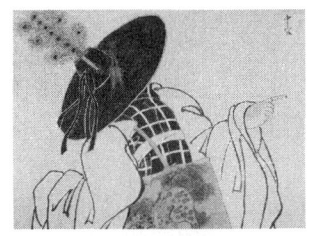
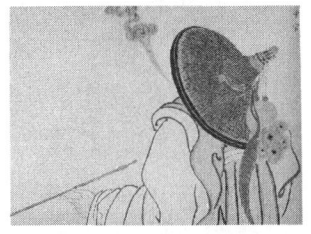

中官・下官

---

242) 삼혈 방포(三穴放砲) : 세 발의 포를 쏨.
243) 식파루(息波樓) : 조선시대 동래현(東萊縣)에 있었던 누각의 이름.
244) 벽 대청(壁大廳) : 의식을 행하기 위하여 지은 사면이 벽으로 된 대청(大廳). 지금의 학교 강당 비슷한 넓은 마루방.
245) 참알(參謁) : 조선시대 매년 6월과 12월에 관리를 고사 포폄(考査褒貶)할 때에 각 관청의 관리가 으뜸 벼슬아치에게 찾아뵈던 제도의 하나인데, 여기서는 삼 사신들에게 일행 또는 지방 관리들이 찾아와 인사한 일을 이름.
246) [ ]의 6구는 모산의 교합본에서 기워 넣음.
247) 동래부사(東萊府使) : 지금의 동래구청장에 해당하는 조선시대 관리. 당시의 부사는 정만순(鄭晩淳)공이었음.
248) 각진 변장(各鎭邊將) : 각 진(鎭)에 딸린 첨사(僉使)・만호(萬戶) 등의 장수를 묶어서 부르는 말.
249) 초 물리고 : 촛불을 끄게 하고.

8월 21일

이튿날 묵게 되니,
사신(使臣)네도 심심하여
관덕당(觀德堂)250)에 낮에 모아
장교 시사(將校試射)251) 시키시고,
기생 공인(妓生工人)252) 밤에 모아
제창 제가(齊唱齊歌)253) 하는구나!
노병(老病)한254) 이 내 마음
풍류사(風流事)에 뜻이 없어
삼동료(三同僚)255) 찾아보고,
일찍 와 누웠다네.

8월 22일(부산)

오늘도 장복(章服)256) 없어
사행(使行)을 못 따르니,
이 사연(事緣) 취품(就稟)257) 하고,

---

250) 관덕당(觀德堂) : 조선시대 동래에 있었던 무술 수련장.
251) 장교 시사(將校試射) : 지방 관아의 하급 군관(軍官)들인 장교들에게 활쏘기와 말타기 등의 무예(武藝) 시험을 보임.
252) 기생 공인(妓生工人) : 각 고을 관아(관衙)에 속하여 있는 기생들과 악공(樂工)들.
253) 제창 제가(齊唱齊歌) : 모인 사람들이 일제히 같이 노래 부름.
254) 노병(老病)한 : 늙고 병이 있는.
255) 삼동료(三同僚) : 여기서는 남옥, 성대중, 원중거공.
256) 장복(章服) : 관복(官服)의 다른 이름.
257) 취품(就稟) : 아랫사람이 웃어른에게 의견을 허락 받기 위하여 여쭙는 일.

홀로 먼저 나오니라.
정원루(靖遠樓)258) 올라보니,
부방비장(副房裨將) 숙소(宿所)였다.
조망(眺望)을 잠깐 하고,
한훤(寒喧)259)을 파하고서
동문(東門) 나 십 리(十里) 가서
충렬사(忠烈祠)260) 찾아가니,
송천곡(宋泉谷)261) 정장군(鄭將軍)262)의
사액(賜額)한 서원(書院)일세.
충렬(忠烈)을 감격(感激)하여
공경(恭敬)하여 재배(再拜)하고,
우리 길 생각하니,
괴루(愧淚)263)를 금(禁)할소냐?
수복(守僕)264)이 불러내어
심원록(尋院錄)265) 찾아보니,
농암(農巖)266) 선생 갑자년(甲子年)267)에

충렬사(忠烈祠)

---

258) 정원루(靖遠樓) : 조선시대에 지금의 부산시 동래구(東萊區)에 있었던 누각.
259) 한훤(寒喧) : 가벼운 인사말.
260) 충렬사(忠烈祠) : 임진왜란(壬辰倭亂) 때에 전사(戰死)한 송상현(宋象賢)·정발 (鄭撥) 등의 위폐를 모신 사당. 처음에는 "안락서원(安樂書院)"이라고 하였음.
261) 송천곡(宋泉谷) : 임진왜란(壬辰倭亂) 때에 동래부사(東萊府使)로 순국(殉國)한 송상현(宋象賢)공. 천곡(泉谷)은 그의 호(號).
262) 정장군(鄭將軍) : 임진왜란 때에 부산진 첨사(釜山鎭僉使)로 순국한 정발(鄭撥) : 3866-3925, 1533-1592)장군.
263) 괴루(愧淚) : 부끄러운 눈물.
264) 수복(守僕) : 묘(廟)·사(社)·능(陵)·원(園)·서원(書院) 같은 곳의 제사(祭祀)에 관한 일을 맡아 보던 벼슬아치.
265) 심원록(尋院錄) : 여기서는 안락서원(安樂書院)을 찾아 본 사람들의 방명록(芳名錄).

어사(御使)로 내배(來拜)하고,

우리 왕고(王考)268) 기사춘(己巳春)269)에

연일수(延日守)270)로 와 계시다.

필적(筆蹟)이 완연(完然)하니,

창감(愴感)도 할서이고.

사적(史籍) 책 피람(披覽)271)하고,

남문(南門)으로 돌아들어,

독목교(獨木橋)272) 건너 들어

부산(釜山)으로 내려가니,

오리정(五里亭) 군막(軍幕) 속에

네 관원(官員) 그 누군가?.

김해(金海) 창원(昌原) 칠원(漆原)273)원(員)이

주진(主鎭)274) 첨사(僉使)275) 한데 있다.

말 내려 입담(立談)276)하고,

---

266) 농암(農巖) : 조선시대 유학자(儒學者) 김창협(金昌協 : 3984-4041, 1651-1708) 공. 농암(農巖)은 그의 호.
267) 갑자년(甲子年) : 조선 숙종 10(4017, 1684)년.
268) 왕고(王考) : 할아버지, 여기서는 퇴석(退石)의 조부인 김수능(金壽能)공을 이름.
269) 기사춘(己巳春) : 조선 숙종 15(4022, 1689)년 봄.
270) 연일수(延日守) : 조선시대 연일현감(延日縣監).
271) 피람(披覽) : 책을 펴 봄.
272) 독목교(獨木橋) : 산골 작은 시내에 통나무 하나를 가로 질러 놓은 외나무다리.
273) 김해(金海)·창원(昌原)·칠원(漆原) : 당시 김해부사(金海府使)는 심의희(沈義希)·창원부사(昌原府使)는 전광훈(田光勳)·칠원현감(漆原縣監)은 전광국(田光國)공이었음.
274) 주진(主鎭) : 각 도(各道)의 병마절도사(兵馬節度使)나 수군절도사(水軍節度使)가 늘 머무는 곳.
275) 첨사(僉使) : 첨절제사(僉節制使)의 준말. 조선시대 각 진영(鎭營)에 딸린 무관직(武官職).

본진(本鎭)277)으로 들어가서,
책방(冊房)의 두어 객(客)을
번개처럼 얼른 보고,
숙소(宿所)로 찾아가니
남문(南門) 밖이 이슥하다.278)

❈ 8월 23일 ❈

창원 관속(昌原官屬) 대령(待令)하여
지공(支供) 범백(凡百) 거행하니,
삼중석(三重席)도 화려(華麗)하고,
병풍(屛風) 안석(案席)279) 휘황(輝煌)하다.
통인(通引) 차모[茶母] 현신(現身)하고
낮 차담[茶啖] 드리는가?
황산(黃山)280) 말 갈아타고
영가대(永嘉臺)281) 올라가니,
동남(東南)의 요충(要衝)이요,
산해(山海)의 인후(咽喉)282)로다.
성지(城池)도 금탕(金湯)283)이요

---

276) 입담(立談) : 서서 이야기를 나눔.
277) 본진(本鎭) : 여기서의 본진은 조선시대 부산진(釜山鎭)임.
278) 이슥하다 : 여기서는 동래부 남문 밖이 이미 밤이 깊어 조용하다는 뜻.
279) 안석(案席) : 사람이 앉을 때에 몸을 기대는 기구.
280) 황산(黃山) : 조선시대 경상도 양산군(梁山郡)에 있었던 황산역(黃山驛).
281) 영가대(永嘉臺) : 지금의 부산광역시의 명소. 조선시대에는 통신사행들이 배를 타기 전에 바다 귀신에게 제를 바치던 곳으로 유명함.
282) 산해(山海)의 인후(咽喉) : 부산 바다의 입구.

권1 61

여염(閭閻)284)도 장(壯)하구나.
왜관(倭館)285)과 절영도(絶影島)286)는
팔짱처럼 환포(環抱)287)하고,
그 밖은 무변대양(無邊大洋)288)
하늘에 닿아 있고,
그 안은 호수(湖水)처럼
안온(安穩)하고 광활(廣闊)하다.
슬프다! 임진년(壬辰年)289)에
이 같은 좋은 지리(地理)
충무공(忠武公) 이장군(李將軍)290)이
지키어 방비(防備)하면,
왜병(倭兵)이 강(强)타 한들
제 어이 등륙(登陸)291)하리?
삼경(三京)292)이 함몰(陷沒)하고,
승여(乘輿)가 파천(播遷)293)하사

영가대(永嘉臺)

---

283) 금탕(金湯) : 금성탕지(金城湯池)의 준말. 방비가 매우 견고함을 말함.
284) 여염(閭閻) : 민가(民家).
285) 왜관(倭館) : 조선시대에 지금의 부산 광역시내 동구 초량동에 있었던 일본인들이 머물러 살며 무역하던 곳.
286) 절영도(絶影島) : 부산(釜山) 앞 바다에 있는 섬. 지금의 영도(影島)를 말함.
287) 팔짱처럼 환포(環抱) : 팔짱을 껴서 껴 안 듯 둘러 싸안은 모양.
288) 무변대양(無邊大洋) : 끝없이 펼쳐진 넓고 큰 바다.
289) 임진년(壬辰年) : 선조 25(3925, 1592)년. 곧 임진왜란(壬辰倭亂)이 일어난 해.
290) 이장군(李將軍) : 이순신(李舜臣 : 3878-3921, 1545-1598) 장군. 충무공은 그의 시호(諡號).
291) 등륙(登陸) : 육지에 오름.
292) 삼경(三京) : 조선시대에 이르던 세 서울. 조선의 수도 서울[漢城]과 고려국의 수도이었던 송경(松京, 開城)과 고구려의 수도였던 서경(西京, 平壤)을 이름.

거의 망(亡)케 되었더니,
황은(皇恩)294)이 망극(罔極)하여
천병(天兵)295)이 나온 후에
겨우 회복(回復)하였으나,
간신(奸臣)이 오국(誤國)296)하여
강화(講和)297)는 무슨 일고?
부끄럽고 분한 길298)을
열한 번째299) 하는구나!
한 하늘 못 일 원수300)
아주 잊고 가게 되니,
장부(丈夫)의 노한 터럭
관(冠)을 질러 일어선다.
석양(夕陽)이 거의 되니
사행(使行)이 내려오네.
빈일헌(賓逸軒)301)에 들어가서

왜관도(倭館圖)

---

293) 파천(播遷) : 임금이 서울을 떠나 난리를 피함. 여기서는 선조대왕이 의주(義州)로 파천(播遷)하신 일을 이름.
294) 황은(皇恩) : 여기서는 명황제(明皇帝) 신종(神宗)의 은혜(恩惠).
295) 천병(天兵) : 명나라 군사. 천자의 군사라는 말.
296) 오국(誤國) : 나라를 망침. 나라를 망하게 함.
297) 강화(講和) : 교전국(交戰國)끼리 서로 화의(和議)함. 여기서는 선조 25(3925, 1592)년에 임진왜란 때에 명(明)나라의 심유경(沈惟敬 : ?-3933, 1600)이 왜장(倭將) 소서행장(小西行長 : 일본음 고니시유끼나가)과 화의한 것을 이름.
298) 부끄럽고 분한 길 : 여기서는 왜(倭)에 통신사행(通信使行)으로 가는 길.
299) 열한 번째 : 지은이가 동행한 계미 통신사행(癸未通信使行)이 임진왜란 이후 11차이었음을 이른 것임.
300) 한 하늘 못 일 원수 : 불공대천지수(不共戴天之讎). 한 하늘 아래서 함께 살 수 없는 원수라는 말.

삼사신(三使臣)께 참알(參謁)하고
관덕당(觀德堂)에 내려오니,
종사상(從事相)이 하는 말씀
"응구첩대(應口輒對)302)하여
글 하나 지어내면
창원 기생(昌原妓生) 운정(雲晶)303)이를
상(賞)을 줌세. 어서 짓소!"
나이 많고 졸(拙)한304) 선비
괴로이 사양(辭讓)하니,
"사나이 아니로세.
잔말 말고 어서 짓소!"
문방사우(文房四友)305) 내어놓고,
성화(星火)처럼 재촉하니,
종시(終始)히 아니하면,
좋은 뜻이 매몰(埋沒)하매,
먹[墨] 갈아 종이 펴고,
붓 한 번 두루치니,
"이태백(李太白) 청평사(淸平詞)306)를
경각(頃刻)에 차운(次韻)커라."

---

301) 빈일헌(賓逸軒) : 조선시대 동래부(東萊府)에 있었던 건물.
302) 응구첩대(應口輒對) : 묻는 대로 그 자리에서 바로 대답함.
303) 운정(雲晶) : 취음하여 옮기었음.
304) 졸(拙)한 : 남보다 좀 모자라 못난.
305) 문방사우(文房四友) : 옛날 선비들이 공부하는 방에 두고 가까이 지낸 종이·붓·먹·벼루 등의 네 가지 필수품.
306) 청평사(淸平詞) : 악부(樂府)의 하나. 당 현종(唐玄宗)이 양귀비와 침향정(沈香亭)에서 모란을 완상할 때에 이백(李白)이 명을 받들어 지은 것임.

또 네 기생(妓生) 내어놓고,
비장(裨將)들로 제비뽑아
하나씩 상(賞)을 주니,
이끌고 가는구나!
일장(一場)은 박소(拍笑)³⁰⁷⁾하고,
숙소(宿所)로 돌아오니,
운정(雲晶)이 먼저 와서
수청차(守廳次)로 앉았구나.
의복(衣服)도 치레하고,
교태(嬌態)³⁰⁸⁾도 그지없다.
평생(平生)에 정(定)한 뜻³⁰⁹⁾이
저를 보고 변(變)할소냐?
자리 펴고 촉(燭) 물리며
"나가 자라!" 재촉하니,
무료(無聊)하고 수괴(羞愧)하여
몸 둘 땅이 없어 하네.

❈ 8월 24일 ❈

사방(使房)에서 통인(通引) 와서
가만히 엿보다가,
이 거동(擧動) 보고 가서

---

307) 박소(拍笑) : 박장대소(拍掌大笑)의 준말.
308) 교태(嬌態) : 예쁘고 아양스러운 태도.
309) 평생(平生)에 정(定)한 뜻 : 여기서는 부인 이외의 여인과는 함께 자지 아니하겠다는 지은이의 굳은 의지(意志).

권1 65

낱낱이 아뢰오니,
이튿날 종사상(從事相)이
날 보고 웃으시되,
"옹졸(壅拙)은 하거니와
어렵다도310) 하리로다."
쉰 다섯 동행들이
각 사차(各事次)311)로 돌아오니,
일천 리(一千里)312) 멀고 먼 길
스무 날에 오겠구나.
영 이남(嶺以南) 칠십 이주(七十二州)
차례로 지참(支站)하니,
"대읍(大邑)은 나흘이요,
중읍(中邑)은 사흘하나,
지잔(地殘)한 고을들은
이틀씩 한다." 하네.
끓느니 사람이요,
천(賤)할 손 음식이다.

🌠 8월 25일 🌠

죽조반(粥朝飯) 먹은 후에
영가대(永嘉臺) 다시 가니,

---

310) 어렵다도 : 어려운 처사라고도. 남자로서 색을 멀리하기가 쉬운 일이 아니라는 뜻.
311) 각 사차(各事次) : 각기 맡은 바 일을 수행하기 위하여.
312) 일천 리(一千里) : 조선시대 서울에서 지금의 부산까지의 거리.

삼방(三房)313)의 비장(裨將)들이
격군(格軍)314)을 점고(點考)315)하네.
도해(渡海)하려 여섯 배를
차례로 매었으니,
"통영(統營)과 좌수영(左水營)서
배가 왔다." 하는구나.
크기도 그지없고,
높기도 장(壯)할시고.
열두 발 쌍 돛대는
전후로 세워 있고,
열세 간(間)316) 널로 한 방(房)
좌우로 만들었다.
그 아래 집을 짓고,
그 위는 누(樓)이로세.
여섯 척(隻) 지은 물력(物力)
십만 냥(十萬兩)이 들었다네.

❈ 8월 28일 ❈

두어 날 몸을 쉬어

---

313) 삼방(三房) : 여기서는 삼사신의 각방에 딸린 비장들.
314) 격군(格軍) : 큰 배에서 노질하는 사공(沙工).
315) 점고(點考) : 낱낱이 조사함. 인원을 점검할 때 한 사람 한 사람 그 이름에 점을 쳐가며 자세히 확인하는 일.
316) 간(間) : 조선시대에 쓰던 길이와 넓이의 단위. 요즈음 m법으로는 약 2m의 길이 또는 2㎡의 넓이에 해당함.

장대(將臺)에 올라갈 때,
노송(老松)과 대 속으로
굴곡(屈曲)하여 길이 났네.
맨 위층 올라가니,
지세(地勢)도 좋을시고.
평연(平然)한 잔디밭이
말을 타고 달림직다.
어주(漁舟)와 상고선(商賈船)317)은
해변(海邊)에 왕래하고,
개운포(開雲浦) 두목개[豆毛浦]318)는
눈앞에 벌여 있다.
유영장(柳營將)319) 있는 데 가
병(病) 묻고 돌아오니,
영산(靈山)320)의 아전(衙前) 기생(妓生)
기다린 지 오래구나.
창원(昌原) 지공(支供) 맞고321) 가니,
"칠원(漆原)이 한다." 하네.
합천군수(陜川郡守) 심대중(沈大中)322)은
부방(副房) 지공(支供)하러 와서
어젯밤 전갈(傳喝)하되,

---

317) 어주(漁舟)와 상고선(商賈船) : 고기잡이배들과 장사하는 사람들의 배들.
318) 개운포(開雲浦) 두목개[豆毛浦] : 조선시대 동래부(東萊府)에 딸렸던 항구들.
319) 유영장(柳營將) : 성명은 유달원(柳達源)임.
320) 영산(靈山) : 조선시대 밀양도호부(密陽都護府)에 딸렸던 지명.
321) 맞고 : 마치고의 준말.
322) 심대중(沈大中) : 앞 주의 『해사일기』 8월 29일 조에 의하면, 합천군수(陜川郡守)의 성명은 심용(沈鏞)으로 되어 있으니, 대중은 아마도 그의 자(字)인 듯함.

밤들어 못 가 보고,

8월 29일

이튿날 부방(副房)에서
뭇 군관(軍官)과 노니더니,
다정히 찾아와서
손잡고 반겨한다.
인(因)하여 배를 타니
뭇 기생(妓生) 따라오네.
고인(鼓人)과 취수(吹手)323)들은
각 배에 올랐구나.
저녁밥 예서 먹고,
촉(燭)불을 밝히고서,
조선달(趙先達)324) 노래하고
덕심(德心)325)이 검무(劍舞)하네.
웅천(熊川) 거창(居昌) 곤양원(昆陽員)326)이
지참(支參)하러 모두 왔네.

악공의 한 사람

---

323) 고인(鼓人)과 취수(吹手) : 고인은 북치는 사람. 취수는 나팔 부는 사람. 즉 악공을 말함.
324) 조선달(趙先達) : 성명은 조철(趙瞰)인 듯함.
325) 덕심(德心) : 기생의 이름인데, 음역하였음.
326) 웅천(熊川) 거창(居昌) 곤양원(昆陽員) : 웅천현은 조선시대 창원도호부(昌原都護府)에 딸리었던 고을이며, 영조 계미년 당시의 현감은 김광한(金光漢)공이고, 거창은 지금의 경상남도 거창군인데, 영조 계미년 당시의 거창부사(居昌府使)는 최정창(崔挺昌)공이고, 곤양은 지금의 경상남도 사천시 곤양면으로, 영조 계미 당시의 곤양군수(昆陽郡守)는 조관(趙瓘)공임.

9월 1일

초하루 망궐례(望闕禮)를
관복(官服) 없어 불참(不參)하니,
정상(正相)327)이 이르시되,
"자네 비록 선비라도
사용(使用)을 부쳐 있고,
왕사(王事)로 길을 가니,
삭망(朔望)에 망하례(望賀禮)328)를
아니키 불가(不可)하니,
그대의 사력(私力)으로
장복(章服)을 어이할꼬?
내 얻어 줄 것이니,
이후는 참례(參禮)하고,
유생(儒生)으로 관복(官服)하기
수괴(羞愧)하고 민망(憫憫)하나,
도리(道理)가 그러하니,
사양(辭讓)치 못할노라!"

9월 2일

아침밥 먹은 후에
합천군수(陜川郡守)329) 잠깐 보고

---

327) 정상(正相) : 정사(正使) 조엄(趙曮)공을 이름.
328) 망하례(望賀禮) : 앞에서 "삭망(朔望)에"라는 전제가 있는 것으로 보아 여기서는 망궐(望闕) 하례(賀禮)를 이르는 말임.

상방(上房)으로 들어가니,
삼사신(三使臣) 다 모였다.
일행 상·중·하관(上中下官)이
일곱 고을 수령(守令)330)들과
백여 명 기생(妓生)들로
서너 패 삼현(三絃)잡이331)
빈일헌(賓逸軒) 너른 청(廳)에
가득히 앉았구나.
대구(大邱)기생 옥진(玉珍)332) 형제(兄弟)
황창무(黃倡舞)333)를 일등(一等) 하네.
삼사신(三使臣) 체자(替資)334) 돈과
열읍(列邑) 수령 행하(行下)335)한 것
장(壯)함도 장(壯)하구나!
오백 냥(五百兩) 거의로다.336)

다대포 객사

---

329) 합천군수(陜川郡守) : 성명은 심용(沈鏞)임.
330) 일곱 고을 수령(守令) : 앞 주의 『해사일기』에 따르면, 여기서 말하는 일곱 고을은 지대(支待)를 위하여 부산(釜山)에 와 있는 거창부사(居昌府使), 곤양군수(昆陽郡守), 기장현감(機張縣監), 웅천현감(熊川縣監), 초계군수(草溪郡守), 합천군수(陜川郡守), 현풍현감(玄風縣監) 등 일곱 고을 원들을 이름.
331) 삼현(三絃)잡이 : 가야금, 거문고, 당비파의 세 가지 현악기(絃樂器)를 연주하는 사람.
332) 옥진(玉珍) : 음역함.
333) 황창무(黃倡舞) : 황창랑무(黃倡郎舞)의 준말. 신라 때 화랑(花郎) 황창랑이 백제(百濟)에 들어가서 가면을 쓰고 칼춤을 추다가 백제왕을 죽이고 피살된 일이 있다고 함. 또 일설에는 황창랑이 낙랑태수의 자객으로 백제왕을 죽였다고도 함.
334) 체자(替資) : 상품 대신 주는 돈.
335) 행하(行下) : 아랫사람의 수고를 갚거나 또는 경사가 있을 때 자축(自祝)하는 뜻으로 주는 돈이나 물건.
336) 오백 냥(五百兩) 거의로다. : 삼 사신과 지방 수령들이 내려 준 격려금의 액수가

오늘 밤 이 놀음이
이리 온 후 처음일세.
초계(草溪)337) 현풍(玄風)338) 병참(並參)한다.

9월 3일

곤양(昆陽) 지대(支待) 오늘 하네.
문 닫고 드러누워
조리(調理)하니 조금 낫네.
식후(食後)에 삼사상(三使相)이
해운대(海雲臺)339) 가신다네.
내 숙소(宿所) 매우 멀어
상마포(上馬砲)340) 들은 후에
비로소 말을 타니,
사행(使行)이 벌써 갔네.
비장(裨將)과 군관(軍官)들이
군복(軍服)하고 늘어섰다.
나하고 삼문사(三文士)341)는

해운대의 달맞이 공원

오백 냥(兩)에 가까움.
337) 초계(草溪) : 지금의 경상남도 합천군 초계면(慶尙南道陜川郡草溪面). 조선시대에는 현감이 다스리던 곳이었음.
338) 현풍(玄風) : 지금의 대구광역시 달성군 현풍면(大邱廣域市達城郡玄風面). 조선시대에는 현감이 다스리던 곳이었음.
339) 해운대(海雲臺) : 지금의 부산광역시 해운대구에 있는 달맞이동산 자리.
340) 상마포(上馬砲) : 사신(使臣)네가 말에 오름을 알리기 위하여 쏘는 포.
341) 삼문사(三文士) : 지은이 퇴석(退石)을 뺀 제술관(製述官) 남옥(南玉)공과 상방 서기(上房書記) 성대중(成大中)공과 부방 서기(副房書記) 원중거(元重擧)공 등임.

첩로(捷路)342)로 바로 갈 새,
좌수영(左水營)343) 남문 들어
동문(東門)으로 내달으니,
누선(樓船)344)일 척 꾸며내어
선창(船艙)에 매었거늘,
"작은 배에 인마(人馬) 실어
바로 건너가라!" 하고,
삼료(三僚)345)로 배에 올라
순풍(順風)에 노를 저어,
수 십 격군(格軍)들이
일시(一時)에 노래하니,
쾌(快)하고 편(便)하기가
육로(陸路)에 비할소냐?
정종방(正從房)346) 두 행차(行次)는
동래부(東萊府) 대로(大路)에서
군악(軍樂) 치고 오시다가,
우리 배 바라보고,
비장(裨將)들과 수령(守令)들이
불워하기 측량(測量)없네.

사행 당시의 성대중(成大中)공

---

342) 첩로(捷路) : 빠른 길. 지름길.
343) 좌수영(左水營) : 지금의 부산광역시 수영구(水營區)에 있었던 조선시대 경상남도 해군기지.
344) 누선(樓船) : 갑판 위에 누각을 세운 배.
345) 삼료(三僚) : 삼방(三房)의 동료(同僚). 여기서는 지은이를 제외한 세 사람의 문사(文士)들.
346) 정종방(正從房) : 정사(正使)와 종사관(從事官)에 딸린 일행.

우리가 처음에는
늦게야 떠났기에,
따라갈 길 전혀 없어
부득이 배 탔더니,
불워할 줄 어이 알리?
우습고 다행(多幸)하다.
배 내려 뒤에 따라
해운대(海雲臺)에 올라가니,
안계(眼界)도 멈도 멀다.
수천(水天)이 일색(一色)이다.
주먹만한 대마도(對馬島)347)는
구름 밖에 명멸(明滅)한다.
태산(泰山)348)같은 높은 수동(水棟)349)
반공(半空)에 가렸으니,
저길 어찌 가잔 말고?
마음이 서늘하다.
동래 기생(東萊妓生) 대구기생(大邱妓生)
청홍(靑紅)으로 무리 지어,
무수(舞袖)가 편편(翩翩)350)하여

대마도(쌍섬→ 쓰시마)

---

347) 대마도(對馬島) : 지금의 일본국의 쓰시마. 원래는 우리나라 땅으로 쌍섬이 잘 못 발음되었음.
348) 태산(泰山) : 산동성 태안현(山東省泰安縣)에 있는 현 중국 오악(五嶽)의 하나. 일명 대산(岱山), 대종(岱宗), 동악(東嶽). 높이 1,545m. 여기서는 그냥 큰 산이라는 뜻임.
349) 수동(水棟) : 파도가 일어 기둥처럼 서 있는 것. 물기둥. 또는 물 집채.
350) 무수(舞袖)가 편편(翩翩) : 무수(舞袖)는 춤추는 기생의 옷소매. 편편은 옷소매가 펄럭이는 모양.

행운(行雲)이 머무는 듯,
가성(歌聲)이 청원(淸怨)하니
물색(物色)을 슬퍼한다.
풍류(風流)를 마친 후에
생복(生鰒)따는 구경하세.
삼십 명(三十名) 포잠한(鮑潛漢)351)이
일시(一時)에 옷을 벗고,
허리에 망태 차고,
노(櫓) 끝에 뒤웅 매어,
억만 장(億萬丈) 풍도중(風濤中)352)에
거꾸로 뛰어들어
땅으로 머리 가고
하늘로 발이 가게
헤엄하여 가는 상(狀)이
개구리 모양이다.
생복(生鰒)을 따 가지고,
뒤웅에 걸엎디어,
호흡(呼吸)을 두루고서
또 다시 들어가니,
무섭고 불쌍하여
심골(心骨)이 서늘하다.
인인(仁人) 군자(君子)353) 보게 되면,

---

351) 포잠한(鮑潛漢) : 물속에 잠수하여 고기잡이나 전복을 따는 사람. 잠수부(潛水夫).
352) 풍도중(風濤中) : 바람 치는 파도 속.
353) 인인(仁人) 군자(君子) : 어진 사람과 교양이 있는 사람.

생복(生鰒)을 먹을손가?
좌수사(左水使)354) 포이만호(包伊萬戶)355)
차담[茶啖]을 하는구나!
처음에 나올 때는
풍우(風雨)가 대작(大作)하니,
이러한 좋은 경치(景致)
못 볼까 하였더니,
오후에 청명(淸明)하여
비 개고 날씨 좋아
승지(勝地)의 장한 놀음
하늘이 주셨구나.
일모(日暮) 서산(西山)하니356),
파연(罷宴)하고 돌아올 때
무수한 횃불 빛이
삼십 리(三十里)에 벌였구나!
순식간(瞬息間)에 돌아오니,
삼경(三更)357)이 거의로다.

---

354) 좌수사(左水使) : 좌수영(左水營)의 우두머리. 영조 계미 당시의 좌수사는 심인희(沈仁希)공임.
355) 포이 만호(包伊萬戶) : 포이는 조선시대 동래부(東萊府)에 있었던 포이포(包伊浦)이고, 만호는 각 도와 모든 진(鎭)에 딸린 무관직(武官職)의 하나. 영조 계미년 당시의 포이 만호는 구선형(具善亨)공이었음.
356) 일모(日暮) 서산(西山)하니 : 해가 저물어 서산으로 넘어가니.
357) 삼경(三更) : 한 밤중. 밤 11시-1시 사이. 다른 이름으로 병야(丙夜)라고도 함.

9월 5일

초오일(初五日) 청명(淸明)커늘
몰운대(沒雲臺)358)를 보려하고,
합천 군수(陜川郡守) 한가지로
개운포(開雲浦)로 지나오니,
부방(副房)의 비장(裨將)들이
풍류(風流)하고 앞에 섰네.
말을 몰아 함께 오니,
김영장(金營將)359)이 먼저 왔네.
재에 올라 간간 쉴 때,
유영장(柳營將)360) 서중화(徐中和)361)가
세 기생(妓生) 데리고서
뒤 좇아 따라왔네.
서너 영(嶺) 다시 넘어
바다를 옆에 끼고
다대개[多大浦] 동문(東門)으로
회원루(懷遠樓)362) 들이달아
호두각(虎頭閣)363) 들어가니,
주진첨사(主鎭僉使)364) 기다린다.

몰운대 전경

---

358) 몰운대(沒雲臺) : 지금의 부산광역시 사하구 다대동(沙河區 多大洞)의 다대곶에 있는 언덕. 지금도 다대포 객사 건물이 있음.
359) 김영장(金營將) : 성명은 김상옥(金相玉)임.
360) 유영장(柳營將) : 성명은 유달원(柳達源)임.
361) 서중화(徐中和) : 성명은 서유대(徐有大)임.
362) 회원루(懷遠樓) : 다대진(多大鎭)에 있는 회원관(懷遠館).
363) 호두각(虎頭閣) : 다대진(多大鎭)에 있는 수호각(睡虎閣).

난간 앞에 감[柿] 석류(石榴)가
휘어지게 열렸거늘,
따다가 먹어 보니,
그 맛이 이상하다.
지형(地形)도 좋을시고,
용호(龍虎)가 환포(環抱)365)하여
해문(海門)을 가리우니,
선창(船艙)이 절로 되어
전선(戰船)을 매었으니,
이 실로 관방(關防)366)이다.
지리(地利)를 의논(議論)하면,
"부산(釜山)보다 낫다." 할다.
남문(南門)을 내달아서
몰운대(沒雲臺)를 찾아가니,
평지(平地)에 행룡(行龍)367)하여
봉(峰) 하나가 일어서서,
닭 우리 자루처럼
바다에 뻗쳤으매,
대(臺) 위에 올라앉아
좌우(左右)를 돌아보니,

---

364) 주진첨사(主鎭僉使) : 여기서는 다대포 첨사(多大浦僉使)로 당시의 첨사는 전명좌(全命佐)공임.
365) 용호(龍虎)가 환포(環抱) : 좌우로 산줄기가 팔깍지를 끼듯 에워싸 안은 모양. 동쪽 곧 왼편 산줄기가 용(龍), 오른편 곧 서쪽 산줄기가 호(虎)임.
366) 관방(關防) : 요새(要塞).
367) 행룡(行龍) : 산맥이 흘러내려 간 것을 용이 꿈틀거린 것에 비유함.

바둑처럼 벌인 섬이

예도 있고 제도 있어,

형형(形形) 색색(色色)으로,

기기(奇奇) 괴괴(怪怪)하여,

괴석(怪石) 같은 것도 있고,

소라 같은 것도 있어

창망(滄茫)368)한 운연(雲煙) 밖에

만산(萬山)이 은영(隱映)한다.

심대중(沈大中) 이를 보고,

손등 치고 차탄(嗟歎)하되,

"'관동 구군(關東九郡)369) 좋다.' 하나,

이런 데는 못 보았네."

"'우리나라 해산 중(海山中)에

제일이라.' 하리로다."

"광활(廣闊)하고 통창(通敞)키는

해운대(海雲臺)만 못하여도

기묘(奇妙)하고 절승(絶勝)키는

매우 낫다." 하리로다.

삼현(三絃)을 크게 치고,

---

368) 창망(滄茫) : 넓고 멀어서 아득함.
369) 관동 구군(關東九郡) : 우리나라 강원도의 대관령(大關嶺) 동쪽의 관동 팔경(關東八景)이 있는 아홉 고을. 조선시대 강원도(江原道)에 딸리었던 간성(杆城)의 청간정(淸澗亭)·강릉(江陵)의 경포대(鏡浦臺)·고성(高城)의 삼일포(三日浦)·삼척(三陟)의 죽서루(竹西樓)·양양(襄陽)의 낙산사(洛山寺)·울진(蔚珍)의 망양정(望洋亭)·통천(通川)의 총석정(叢石亭)·평해(平海)의 월송정(月松亭)이 관동 팔경(關東八景)인데, 사람에 따라서는 평해의 월송정 대신에 흡곡(歙谷)의 시중대(侍中臺)를 팔경에 넣기도 하므로, 관동 구군(關東九郡)은 흡곡(歙谷)까지 포함됨.

일장(一場)을 진탕(盡蕩)하니,

묘리(妙理) 있는 주진장(主鎭將)370)이

성찬(盛饌)을 장(壯)히 하여

온갖 실과(實果) 넣은 떡과

연한 고기 가는 회(鱠)를

차차로 들이고서

벙거지371)를 먹인 뒤에

생복(生鰒) 잡아 난팽(暖烹)372)하고,

고기 잡아 탕(湯)을 하여

석반(夕飯)을 또 드리고,

감배(酣杯)373)로 개위(開胃)하니,

대접(待接)도 묘리(妙理) 있고,

음식(飮食)도 맛이 좋네.

서울서 떠난 뒤에

처음으로 배부르다.

경치(景致)를 매양 보랴?

해 진 뒤 길을 돌려

왜관(倭館) 지나 원문(轅門)374) 나서

횃불 켜고 돌아와서

배불러 밥 못 먹고,

---

370) 주진장(主鎭將) : 다대포진 첨사 전명좌(全命佐)공.
371) 벙거지 : 조선시대 군인이나 하예(下隷)들이 쓰던 털로 만든 모자. 여기서는 군인 또는 하예들을 이른 말.
372) 난팽(暖烹) : 따뜻하게 삶음.
373) 감배(酣杯) : 맛나는 술과 그 잔.
374) 원문(轅門) : 군문(軍門).

그저 누워 자렸더니,

종상(從相)375)이 부르거늘,

들어가 문후(問候)하니,

해산 승경(海山勝景) 자세 묻고,

"나가 쉬라!" 하는구나.

지례현감(知禮縣監) 편지하여

약과(藥菓) 한 궤(櫃) 보내었고,

모르는 통제사(統制使)376)도

신행(贐行)377)을 하는구나.

9월 6일

초팔일(初八日) 제해(祭海)378)하려

수사(水使)379)께 습의(習儀)380)할 때,

오각대(烏角帶)381) 흑단령(黑團領)382)은

종사상(從事相)이 빌리시고,

---

375) 종상(從相) : 종사관(從事官) 김상익(金相翊)공.
376) 통제사(統制使) : 조선시대 경상(慶尙)·전라(全羅)·충청(忠淸) 등 3개 도(道)의 수군(水軍)을 통솔(統率)하던 무관직(武官職).
377) 신행(贐行) : 먼 길을 떠나는 이에게 주는 글 또는 돈 따위.
378) 제해(祭海) : 바다에 제를 드림.
379) 수사(水使) : 수군절도사(水軍節度使)의 준말. 여기서는 당시 좌수사 이인희(李仁希)공.
380) 습의(習儀) : 의례(儀禮)를 익힘. 현대어로 바꾸면 일종의 예행연습에 해당함.
381) 오각대(烏角帶) : 검은 물소 뿔을 조각하여 만든 허리띠로 관복을 입을 때에 허리에 맴.
382) 흑단령(黑團領) : 소매가 길고, 길이가 긴 검은 빛깔의 관복(官服).

사모(紗帽)383)와 전후 흉배(前後胸背)384)
최판사(崔判事)385)가 보내었다.
삼사상(三使相) 뒤를 따라
영가대(永嘉臺) 들어가서
예의(禮儀)를 얼른 하고,
상방(上房)에 들어가니,
제술관(製述官)386) 지은 제문(祭文)
정상(正相)이 내어놓고,
수 십자(數十字) 에우치고387),
"고쳐 지어 들이라!"네.
돌아와 자고 깨니,
진해(陳咳)388) 적게 하는구나.

9월 7일

식후(食後)에 객사(客舍)에 가
정상(正相)께 문후(問候)하니,
"고쳐 지은 제해문(祭海文)을
보았느냐?" 물으시네.
이윽고 남시온(南時韞)389)이

---

383) 사모(紗帽) : 관복(官服)을 입을 때에 쓰던 사(紗)로 만든 모자.
384) 전후 흉배(前後胸背) : 관복(官服)의 가슴과 등에 붙이는 수(繡)놓은 헝겊.
385) 최판사(崔判事) : 성명은 최봉령(崔鳳齡).
386) 제술관(製述官) : 성명은 남옥(南玉).
387) 에우치고 : 지우고
388) 진해(陳咳) : 오래된 기침.

가지고 왔거늘,
펴놓고 내려보니,
전보단 매우 낫네.
시온(時韞)이 나간 뒤에
사람을 치우시고,
나에게 이르시되,
"엊그제 제술관(製述官)이
글 지어 보내면서
'기생(妓生) 달라' 하였으되.
주지 아닌 이내 뜻을
그대 응당(應當) 짐작(斟酌)하리.
저 불러 계책(戒責)390)하되,
남모르게 하였으나,
성서기(成書記)391) 마침 와서
한가지로 들었으매,
그대는 노성(老成)하니,
내 어찌 속이겠나?
나 젊은 동류(同類)들과
들지 아니하는 뜻을
내 비록 불명(不明)하나,
자네 뜻 내 모를까?"
저녁에 종사상(從事相)이

---

389) 남시온(南時韞) : 이름은 옥(玉). 시온은 그의 자(字)임.
390) 계책(戒責) : 경계하여 꾸짖음.
391) 성서기(成書記) : 상사(上使)의 서기 성대중(成大中)공.

영가대(永嘉臺)에 올라앉아
"제문(祭文) 받자!" 하시거늘
장복(章服)하고 따라오니,
전사관(典祀官)392) 한가지로
성기성생(成期成牲)393) 하는구나.
오후부터 구토(嘔吐)하고,
몸이 심히 거북하여
숙소(宿所)로 돌아와서
석식(夕食)을 전폐(全廢)하고,
신음(呻吟)하고 누웠으니,
참사(參祀)394)를 어찌 하리?
무리하여 소세(梳洗)395)하고,
0시밤[三更夜]에 관복(官服)하고,
전사관(典祀官) 곳에 가서
신음(呻吟)하고 앉았더니,
이윽고 삼사신(三使臣)이
차례로 나오거늘
외의(外儀)396) 위로 바로 가니,
사신(使臣)네도 앉았구나.

---

392) 전사관(典祀官) : 제사에 관한 일을 맡아서 수행하는 임시직.
393) 성기성생(成期成牲) : 약속대로 기한에 맞추어 제수(祭需)를 장만함.
394) 참사(參祀) : 제사에 참예함.
395) 소세(梳洗) : 세수하고 머리를 빗어 손질함.
396) 외의(外儀) : 겉으로 드러내는 위의(威儀).

9월 8일

자시(子時)397)를 기다려서

안 반열(班列)에 들어가서

제물(祭物)을 진설(陳設)하니,

삼사신(三使臣)이 삼헌(三獻)398)하고,

시온(時韞)은 대축(大祝)399)이오.

사집(士執)400)은 집례(執禮)401)하고,

봉향(奉香)402)은 내가 하고,

봉로(奉爐)403)는 자재(子才)404)로세.

현태익(玄泰翼)405)은 사관(査官)406)하고,

진표(進幣)407)는 최학령(崔鶴齡)408)이

전폐(奠幣)409)는 이명윤(李命尹)410)이

---

397) 자시(子時) : 밤 12시 경.
398) 삼헌(三獻) : 제사를 지낼 때에 신위께 바치는 석 잔의 술. 초헌(初獻), 아헌(亞獻), 종헌(終獻)을 이름.
399) 대축(大祝) : 종묘(宗廟)나 문묘(文廟) 제향(祭享)에 축문(祝文)을 읽던 임시 벼슬. 여기서는 해신제 축문을 읽는 사람.
400) 사집(士執) : 정사(正使)의 서기 성대중(成大中)공. 사집은 그의 자(字).
401) 집례(執禮) : 제향(祭享) 때에 예식을 주관하는 일을 맡아보게 둔 임시직.
402) 봉향(奉香) : 제향(祭享) 때에 향(香)불을 피우는 일을 맡아보는 임시직.
403) 봉로(奉爐) : 제향(祭享) 때에 향로(香爐)를 받드는 일을 맡아보는 임시직.
404) 자재(子才) : 부방(副房)의 서기(書記) 원중거(元重擧)공.
405) 현태익(玄泰翼) : 종사관(從事官)의 수역(首譯).
406) 사관(査官) : 여기서는 제수(祭需)의 진설(陳設)에 빠진 것이 없는가를 살피는 일을 맡은 임시직.
407) 진폐(進幣) : 제향(祭享) 때 신위(神位)께 올릴 폐백(幣帛)을 가져오는 일을 맡은 임시직. 원문에는 "진표"로 되어 있음.
408) 최학령(崔鶴齡) : 정사(正使)의 수역(首譯).
409) 전폐(奠幣) : 나라의 큰 제향(祭享) 때에 신위(神位)께 폐백을 바치는 일.

의원 남두민(南斗旻)공

사축(司祝)⁴¹¹⁾은 이좌국(李佐國)⁴¹²⁾이
현태심(玄泰心)⁴¹³⁾은 사준(司尊)⁴¹⁴⁾이오.
이명화(李命和)⁴¹⁵⁾는 찬자(贊者)⁴¹⁶⁾였다.
현계근(玄啓根) 이인호(李仁祜)⁴¹⁷⁾는
알자(謁者)⁴¹⁸⁾를 하였으며,
남두민(南斗旻)⁴¹⁹⁾ 이언진(李彦瑱)⁴²⁰⁾은
호창(呼唱)을 하는구나.
성월(星月)은 소삭(蕭索)⁴²¹⁾하고,
서풍(西風)이 소슬(蕭瑟)⁴²²⁾하니,
동해신(東海神) 아명씨(阿明氏)⁴²³⁾가
흠향(歆饗)⁴²⁴⁾을 하시는가?

410) 이명윤(李命尹) : 부사(副使)의 수역(首譯).
411) 사축(司祝) : 제향(祭享) 때에 축문(祝文) 관리를 맡은 임시직.
412) 이좌국(李佐國) : 계미 통신사행(癸未通信使行)의 양의 한량(良醫閑良). 원문에는 "니최욱"으로 되어 있으나, 잘못인 듯하여 고쳤음.
413) 현태심(玄泰心) : 삼방(三房) 압물 통사(押物通事).
414) 사준(司尊) : 제향(祭享) 때에 쓸 술그릇을 관리하는 일.
415) 이명화(李命和) : 상방(上房)의 차상통사(次上通事).
416) 찬자(贊者) : 제향(祭享) 때에 식순(式順)을 알리는 일을 맡은 사람.
417) 이인호(李仁祜) : 앞 주의 책 『해사일기』에 따르면 사자관(寫字官) 이언우(李彦佑)의 잘못인 듯함.
418) 알자(謁者) : 큰 행사가 있을 때에 그 행사에 온 손님을 안내하는 사람.
419) 남두민(南斗旻) : 계미 통신사행(癸未通信使行)에 동행한 의원(醫員).
420) 이언진(李彦瑱 : 4073-?, 1740-?) : 본관은 경주(慶州). 자는 우상(虞裳). 이 사행에는 이방(二房) 소속 한학 압물 통사(漢學押物通事)임.
421) 소삭(蕭索) : 분위기가 아주 쓸쓸함.
422) 소슬(蕭瑟) : 가을바람이 불어 으스스 춥고 쓸쓸함.
423) 아명씨(阿明氏) : 동해신의 이름.
424) 흠향(歆饗) : 신명(神明)이 제물(祭物)을 받아 먹음.

신판 축문(神板祝文) 소화(燒火)하고,
양시생(羊豕牲) 서직반(黍稷飯)425)을
작은 배에 실어다가
해수(海水)에 넣은 후에
제파(祭罷)하여 돌아오니,
계삼창(鷄三唱)426)이 되었구나.
울산수(蔚山守)427)와 이의숙(李宜淑)428)이
"왔노라"고 전갈(傳喝)하되,
몸 아파 못 가보니,
섭섭도 하온지고!
늦은 뒤 일어나서
상방(上房)에 문후(問候)하고,
부삼방(副三房) 잠깐 거쳐
울산수(蔚山倅) 보고 오니,
"성주원(星州員) 청도원(淸道員)429)이
왔노라."기별 왔네.
내일(來日)은 구일(九日)이라
등고(登高)를 하여 보세.

---

425) 양시생(羊豕牲) 서직반(黍稷飯) : 양시생은 희생으로 바친 양고기와 돼지고기를 가리키고, 서직반은 제수(祭需)로 바친 기장떡과 밥을 이름.
426) 계삼창(鷄三唱) : 닭이 세 번 홰를 치며 시간을 알림. 곧 날이 새었음을 알림.
427) 울산수(蔚山守) : 울산부사(蔚山府使) 홍익대(洪益大).
428) 이의숙(李宜淑) : 음역하였음.
429) 성주원(星州員) 청도원(淸道員) : 성주목사(星州牧使) 한덕일(韓德一)과 청도군수(淸道郡守) 이수(李琇)공.

9월 9일

아침에 부삼방(副三房)이
몰운대(沒雲臺)로 가신다네.
진해 관속(鎭海官屬) 물러가고,
울산지공(蔚山支供) 와서 하니,
밥 먹고 말 타고서
민명천(閔明川)430)을 가서 보고,
유영장(柳營將)431) 양선전(梁宣傳)432)과
장대(將臺)로 올라가니,
남촌별장(南村別將)433) 포이만호(包伊萬戶)434)
뒤에 따라 올라오네.
밀양(密陽) 경주(慶州) 김해(金海) 기악(妓樂)
다 몰려 올라왔네.
서중화(徐中和)435) 조도사(曺都事)436)는
뒤따라서 오는구나!
다정할사 합천수(陜川倅)437)가
지공(支供)하고 돌아갈 때
일행(一行)들 먹고 놀라

---

430) 민명천(閔明川) : 성명은 민혜수(閔惠洙).
431) 유영장(柳營將) : 성명은 유달원(柳達源).
432) 양선전(梁宣傳) : 성명은 양용(梁墒).
433) 남촌별장(南村別將) : 남촌(南村)을 지키는 하급 군관(軍官)으로, 당시의 별장은 신식(申植)공임.
434) 포이만호(包伊萬戶) : 당시의 포이만호는 구선형(具善亨)공임.
435) 서중화(徐中和) : 성명은 서유대(徐有大)임.
436) 조도사(曺都事) : 성명은 조학신(曺學臣)임.
437) 합천수(陜川倅) : 합천군수(陜川郡守) 심용(沈鏞)공을 이름.

소 하나 주고 갔네.
근검(勤儉)한 주진 첨사(主鎭僉使)438)
이 소 잡고 설찬(設饌)하니,
음식(飮食)도 무던하고,
검무(劍舞)도 봄직하다.
글 두 수 지어내어
가절(佳節)을 갚은 후에
부삼방(副三房) 오시거늘
잠깐 가 문후(問候)하고,
상방(上房)에 얼른 다녀
숙소(宿所)로 돌아오니,
밀양 기생(密陽妓生) 와서 뵈니,
걸진 귀분(傑珍貴芬) 취연(翠蓮)439)이다.
청가(淸歌) 수 곡(數曲) 들어보니,
객회(客懷)를 잊겠구나.
수사 연향(水使宴饗)440) 내일(來日)이라.

9월 10일

일 일어 들어가니,
빈일헌(賓逸軒) 동대청(東大廳)이
오히려 좁은지라.

---

438) 주진 첨사(主鎭僉使) : 부산진 첨사(釜山鎭僉使) 이응혁(李應爀)공.
439) 걸진 귀분(傑珍貴芬) 취연(翠蓮) : 세 사람의 기녀. 음역하였음.
440) 수사 연향(水使宴饗) : 경상 수군 절도사(慶尙水軍節度使) 심인희(沈仁希)공이 베푸는 잔치.

그런 장한 넓은 뜰을
부계441) 매어 포진(布陣)442)하고,
삼사상(三使相) 남향(南向)하고,
수사(水使)는 북향(北向)이라.
우리 네 문사(文士)는
서향(西向)하여 앉았으며,
삼방(三房)의 군관(軍官)들은
우리 옆에 남향(南向)하고,
역관(譯官) 양의(良醫) 사자관(寫字官)은
수사(水使) 뒤에 앉아 있고,
마상재(馬上才) 별파진(別破陣)443)과
전악 이마(典樂理馬)444) 반인(伴人)들은
뭇 역관(譯官) 앉은 뒤에
좌우로 갈라 앉고,
육선장(六船將) 삼집사(三執事)는
마상재(馬上才) 뒤에 있고,
각방(各房)의 노자(奴子)들은
뜰 가운데 앉았으니,
위의(威儀)도 정제(整齊)하고,
풍류(風流)도 장(壯)할시고.
"경상도(慶尙道) 일도 기생(一道妓生)

---

441) 부계 : 멱서리의 사투리. 짚으로 만든 곡식 담는 그릇. 가마니와 흡사한 용도의 그릇.
442) 포진(布陣) : 펴서 널어놓음.
443) 별파진(別破陣) : 조선시대 군기시(軍器寺)에 딸리었던 벼슬의 하나.
444) 전악 이마(典樂理馬) : 조선시대 장악원(掌樂院)의 정6품 잡직(雜職).

다 모여 왔다."하네.
위로는 사신(使臣)부터
아래로 기생(妓生)까지
이 연석(宴席)에 드는 이는
채화(彩花)445)를 다 꽂았네.
풍악(風樂)을 사철(乍撤)446)하고,
잔상(盞床)이 드는구나.
저 연상(宴床) 구경하소.
장(壯)하고 거룩하다.
크나큰 교족상(交足床)447)을
네 놈이 겨우 들어
사신(使臣)네는 네 상(床)이오.
우리들은 세 상(床)인데,
그릇 수를 얼른 세니,
한 상(床)에 팔십이오.
모두 다 왜 화기(倭畵器)448)에
수륙 진찬(水陸珍饌) 다 올랐다.
상(床)마다 칼과 수저,
다 새로 만들었다.
궁유(窮儒)449)의 채장(菜臟)450)으로

---

445) 채화(彩花) : 채색하여 만든 가화(假花).
446) 사철(乍撤) : 잠깐 물리고. 잠깐 쉼.
447) 교족상(交足床) : 혼례(婚禮) 때에 나조반을 올려 놓는 상(床). 나조반은 상징적 조명기구인 나좃대를 올려놓는 쟁반.
448) 왜 화기(倭畵器) : 그림이 그려진 일본산 도자기.
449) 궁유(窮儒) : 가난한 선비.

먹을 길 전혀 없다.
줄이는 일가친척(一家親戚)
나눠 먹여 보고 싶다.
구작 칠미(九嚼七味)451) 다 들이고,
공연(公宴)을 파(罷)한 뒤에
개복(改服)하고 다시 드니,
새 연상(宴床) 또 들인다.
그릇마다 묘찬(妙饌)이오.
음식마다 먹음직다.
가난한 좌수사(左水使)가
허비(虛費)도 장(壯)할시고.
좌우(左右)로 굿 보는 이452)
그 수(數)를 어이 세리?
성(城)도 타고 담도 타고,
집 위에도 올랐으며,
처마에도 가득하고,
나무 위에 더욱 많다.
잔치의 성(盛)하기와
풍악(風樂)의 장(壯)하기는
서왕모(西王母) 반도연(蟠桃宴)453)이

---

450) 채장(菜臟) : 채식(菜食)만 먹던 창자.
451) 구작 칠미(九嚼七味) : 아홉 번에 걸쳐 갖가지 음식이 나오고, 음식이 너무 맛이 있다는 뜻.
452) 굿 보는 이 : 구경하는 사람.
453) 서왕모(西王母) 반도연(蟠桃宴) : 서왕모가 한무제(漢武帝)에게 일곱 개의 반도를 바친 일에 관한 절설. 서왕모는 성은 구(緱), 이름은 회(回), 자는 완령(婉姈)

이에서 더하겠나?
내 기운 거북하여
맨 먼저 사퇴(辭退)하고,
이튿날 호궤(犒饋)454)하리.

🕆 9월 11일 🕆

비 마침 장(壯)히 오네.
삼방(三房)의 여섯 군관(軍官)455)
영기(令旗) 세고 군악(軍樂) 치며,
뭇 격군(格軍) 다 먹이러
육선(六船)으로 바로 가고,
사신(使臣)네와 상중관(上中官)은
어제처럼 벌어 앉아
삼현(三絃) 치고 가무(歌舞)하며,
한 상씩 들이는고.
파연에 정사상(正使相)이
부채 한 봉 내어놓고,
일행(一行) 제인(諸人)들을
각 하나씩 나눠주고,
웃으시며 이르시되,
"이것이 바람내어

또는 태허(太虛)임.
454) 호궤(犒饋) : 조선시대에 군사(軍士)에게 음식을 주어 먹이며 위로하던 일.
455) 여섯 군관(軍官) : 종사관(從事官) 김상익(金相翊)공이 인솔한 6명의 군관. 여기서는 나장(羅將) 6명을 이르는 듯함.

바다에 건너갈 때,
순풍(順風)을 내자구나!"
오늘도 몸이 아파
일찍이 돌아오니,
경주 기생(慶州妓生) 와서 뵈니,
취정 취섬(翠晶翠蟾) 취애(翠愛)456)로다.
술부시 부운 적457)에
다 가까이 하였다네.

9월 12일

이튿날 웅천지공(熊川支供)
참혹(慘酷)도 할서이고.
종사상(從事相) 좌수(座首) 치고458),
예방비장(禮房裨將) 공형(公兄)459) 첬네.

9월 13일

십삼일(十三日) 대전 탄일(大殿誕日)460)

---

456) 취정 취섬(翠晶翠蟾) 취애(翠愛) : 세 사람의 경주 기생. 이름은 음역임.
457) 술부시 부운 적 : 앞뒤 문맥으로 보아서는 "슬며시 부은 정"의 뜻 같으나, 잘 모르겠음. 국립 중앙 도서관 필사본에는 "술부시 부운 적의"로 되어 있으나, 임기중, 『가사문학전집』16 쪽 143에는 "솜보시 부운 정의"로 되어 있다.
458) 좌수(座首) 치고 : 웅천(熊川) 좌수에게 벌을 주어 곤장(棍杖)을 치고. 좌수는 조선시대 지방 각 고을의 향청(鄕廳)의 우두머리를 이름. 다른 이름으로 수향(首鄕) 또는 아관(亞官)이라고도 함.
459) 공형(公兄) : 삼공형(三公兄). 공형은 조선시대 각 고을의 이방(吏房)·수형리(首刑吏)·호장(戶長)을 이름.

망궐례(望闕禮)461)하온 후에
승선 택일(乘船擇日)462) 오늘이라.
재촉하여 조반(朝飯)하고,
비단 도포(緋緞道袍) 정자관(程子冠)463)을
처음으로 입고 쓰니,
재인 광대(才人廣大) 모양이라.
소견(所見)이 수괴(殊怪)464)하다.
포변(浦邊)으로 바로 가니,
역관(譯官)들도 다 모였다.
국서(國書)를 모시고서
삼사신(三使臣)이 나오신다.
식파루(息波樓) 바로 들어
일행(一行)이 다 모이니,
정사상(正使相) 맨 앞에서
상선(上船)으로 올라가니,
부종상(副從相) 남여(藍輿) 타고,
차례로 승선(乘船)할 때
일기선(一騎船) 돌아보니,
여섯 군관(軍官) 세 역관(譯官)이

---

460) 대전 탄일(大殿誕日) : 임금님의 탄신일(誕辰日). 여기서는 영조(英祖)의 탄신일을 가리킴.
461) 망궐례(望闕禮) : 조선시대 신하들이 초하루와 보름날에 대궐을 향하여 궐패(闕牌)에 절을 하던 의식. 여기서는 13일에 이 의식을 가졌다는 뜻.
462) 승선 택일(乘船擇日) : 배를 타고 출발하는 날로 골라잡은 날.
463) 정자관(程子冠) : 송(宋)나라 유학자 정자(程子)가 쓰던 선비의 모자.
464) 수괴(殊怪) : 평상시와 달라서 이상함.

모시고 올랐으며,
부기선(副騎船) 돌아보니,
육비장(六裨將) 일서기(一書記)와
서너 역관(譯官) 올랐구나.
시온 사집(時韞士執)465) 장사군관(壯士軍官)
정복선(正卜船)466) 타 있으며,
별파군(別罷軍)467)과 대엿 역관(譯官)
부복선(副卜船) 타 있구나.
나하고 삼비장(三裨將)과
홍초관(洪哨官)468) 두 역관(譯官)은
삼기선(三騎船)을 타 있으며,
양의 전악(良醫典樂) 마상재(馬上才)469)와
두 사자관(寫字官) 두 역관(譯官)은
삼복선(三卜船)을 타 있구나.
닻 들고 노역(櫓役)하여
반양(半洋)으로 내릴 적에
세 배 탄 왜(倭)놈들이
점선차(點船次)470)로 나오다가

---

465) 시온 사집(時韞士執) : 제술관 남옥(南玉)공과 정사의 서기 성대중(成大中)공.
466) 정복선(正卜船) : 정사의 짐을 실은 배.
467) 별파군(別罷軍) : 여기서는 일방(一房) 소속의 허규(許圭)공과 이방(二房) 소속 유두억(劉斗億)공.
468) 홍초관(洪哨官) : 삼방(三房) 소속 반인(伴人) 홍선보(洪善輔)공. 초관은 조선시대 군영에서 1초를 거느리던 위관(尉官).
469) 양의 전악(良醫典樂) 마상재(馬上才) : 여기서의 양의는 이좌국(李佐國), 전악은 김태성(金泰成)과 정덕귀(鄭德龜)이고, 마상재는 정도행(鄭道行)과 박성적(朴聖迪) 공들임.

삼사신(三使臣) 만나보고,
돛 지우고 닻을 준다.
맨 대가리 벌건 다리
처음으로 만나보니,
인형(人形)471)이 전혀 없어
놀랍고 더럽구나.
삼현(三絃)소리 들느라고
선두(船頭)에 묶어 서서
가리키고 들래는 상(狀)472)
소견에 경해(驚駭)473)하다.
인(因)하여 회선(回船)할 때
돛 달고 중류(中流)474)하여
육선(六船)이 취타(吹打)하고,
선창(船艙)으로 들어가니,
이날에 굿 보는 이
모여들어 가득하다.

9월 14일

삼상(三相)이 국서(國書) 모셔
객사(客舍)로 가시거늘,

---

470) 점선차(點船次) : 조선(朝鮮) 사행(使行)의 배들을 점검하기 위함.
471) 인형(人形) : 사람의 생김새.
472) 가리키고 들래는 상(狀) : 손가락으로 가리키며 떠들어대는 모양.
473) 경해(驚駭) : 놀랍고도 이상함.
474) 중류(中流) : 중간쯤 돌아옴.

경주부윤(慶州府尹)475) 잠깐 보고,

숙소(宿所)로 돌아오니,

우병사(右兵使)476) 편지(便紙)하고,

의자 식물(倚子食物) 보내었네.

9월 15일-16일

십오일(十五日) 십육일(十六日)은

창원(昌原) 고을 지공(支供)이다.

9월 17일

십칠일(十七日) 언양 지공(彦陽支供)

피폐(疲弊)477)도 가이 없다.

9월 18일

십구일(十九日)478) 의흥 지공(義興支供)

원(員)479)의 부자(父子) 보고 가네.

"한가지로 놀자" 하되,

병들어 못 가니라.

---

475) 경주부윤(慶州府尹) : 여기서는 이해중(李海重)공임.
476) 우병사(右兵使) : 조선시대 경상도 진주(晉州)에 있었던 병영(兵營)의 으뜸 벼슬. 경상우도병마 절도사(慶尙右道兵馬節度使)의 준말.
477) 피폐(疲弊) : 지치고 쇠약하여짐.
478) 십구일(十九日) : 십팔일(十八日)의 잘못.
479) 원(員) : 여기서는 의흥현감(義興縣監) 김상무(金相戊)공.

9월 19일

이튿날 유영장(柳營將)480)이
문병(問病)하고 가는구나.
상방 비장(上房裨將)481) 편지(便紙) 보니,
원자재(元子才)482) 욕(辱)을 보고,
어젯밤 삯말 타고,
서울로 올라가니,
남제술(南製述) 성서기(成書記)483)가
만류(挽留)하되 우겨 가네.
들으매 놀라우나,
병(病)들어 못 가기에
예방(禮房)484)에게 편지(便紙)하여
곡절(曲折)을 자세 아니,
원자재(元子才) 본진(本陣)에 가
첨사(僉使) 보러 들어갈 때
일기 선장(一騎船將) 김구영(金龜永)485)이
안연(晏然) 부동(不動)하고,

---

480) 유영장(柳營將) : 성명은 유달원(柳達源).
481) 상방 비장(上房裨將) : 정사 일행에 딸린 비장. 여기서는 김상옥(金相玉 : 4060
-?, 1727-?)공인 듯함.
482) 원자재(元子才) : 부사(副使)의 서기(書記) 원중거(元重擧)공.
483) 남제술(南製述) 성서기(成書記) : 남제술은 제술관 남옥(南玉)이고, 성서기는 정
사의 서기(書記) 성대중(成大中)공임.
484) 예방(禮房) : 여기서는 정사의 일행에 딸린 예방(禮房) 이매(李梅 : 4036-?, 1703
-?)공임.
485) 김구영(金龜永) : 앞 주의 책 『해사일기』에 의하면, 일기선장(一騎船將)은 김용
화(金龍和)로 되어 있는 것을 보면, 이 사람은 끝내 해임된 듯하다. 이름은 음역함.

마루에 높이 앉아
무례(無禮)하기 심한지라.
원자재(元子才) 속소(宿所)에 가
사령(使令)으로 부르라니,
거역(拒逆)하고 아니 오고,
다섯 번째 겨우 와서
청죄(請罪)도 아니하고,
방(房)에 들어앉으려니,
분함을 못 이기어
"도로 가라!" 호령(號令)하니,
구영(龜永)이 발악(發惡)하고,
불공(不恭)한 말 많이 하니,
하인(下人) 불러 분에(忿恚)486)하고,
정사상(正使相)께 아뢰오니,
선장(船將) 불러 화해(和解)하니,
할 일 없어 나올 때에
선장(船將)이 중로(中路)에서
자재(子才)의 소매 잡고,
노기(怒氣)가 발발(勃發)487)하여
무수(無數)히 훼욕(毀辱)488)하니,
사방(使房)에 다시 뵙고,
욕(辱)본 말 다 아뢰니,

---

486) 분에(忿恚) : 분노(忿怒).
487) 발발(勃發) : 일이 갑자기 터져 일어남.
488) 훼욕(毀辱) : 헐뜯어 욕함.

선장(船將)과 자재(子才) 종을
오도씩[五度式] 결곤(決棍)489)하니,
자재(子才)가 절분(絶憤)하여
삯말 타고 올라갈 때
남시온(南時韞) 성사집(成士執)이
북문(北門)에 가 보내는데,
불승(不勝) 강개(慷慨)490)하여
손목 쥐고 눈물지니,
경주기생(慶州妓生) 연이(蓮伊)491)게도
시온(時韞)의 소면(所眄)으로
한가지로 나왔다가
제 역시 우다 하네.
상방(上房)의 예방비장(禮房裨將)492)
사상(使相)께 아뢰오되,
"영기(營紀)493)로 잡아다가
징집(懲執)494)을 하게 하오."
병무군관(兵武軍官) 이 말 듣고,
일시(一時)에 간(諫)하오되,
"아무리 서기(書記)오나,

---

489) 오도씩[五度式] 결곤(決棍) : 다섯 대씩 곤장(棍杖)을 때림.
490) 불승(不勝) 강개(慷慨) : 의기(義氣)가 복받치어 원통하고, 슬퍼함을 견디어 낼 수 없음.
491) 연이(蓮伊) : 취음함.
492) 예방비장(禮房裨將) : 여기서는 이매(李梅)공임.
493) 영기(營紀) : 감영(監營)에서 지켜야 하는 기강(紀綱).
494) 징집(懲執) : 벌을 줌. 징계(懲戒)를 집행(執行)함.

비장(裨將)과 다르옵고,
글 읽는 선비오니,
잡아오든 못 하리다."
정상(正相)이 옳이 여겨
편지하되 아니 오고,
자제 비장(子弟裨將) 조자구(趙貲九)⁴⁹⁵⁾로
"데려오라!" 또 보내니,
애달프다! 원자재(元子才)가
삼일(三日)만에 도로 오니,
김구영(金龜永) 상방(上房)에서
다만 결곤(決棍) 삼도(三度)하니,
자재(子才)도 인입(引入)⁴⁹⁶⁾하고,
두 문사(文士) 칭병(稱病)하네,
이날은 각방 복물(各房卜物)
다 배에 싣는지라.
행구(行具)를 모두 차려
삼선(三船)으로 보낸 후에
이리 헤고 저리 헤되,
자재설치(子才雪恥)⁴⁹⁷⁾ 하기 전엔
아니 감이 옳은지라.
병세(病勢)를 강잉(强仍)⁴⁹⁸⁾하여

---

495) 조자구(趙貲九) : 상방의 자제군관(子弟軍官)으로, 조씨(趙氏)는 조철(趙㫤 : 4057 -?, 1724-?)공이나, 그의 자(字)는 사통(士通)이니, "자구"는 또 다른 자(字)인지 잘 몰라 음역하였음.
496) 인입(引入) : 끌어들임. 잡아들임.
497) 자재설치(子才雪恥) : 원중거(元重擧)가 욕본 부끄러움을 씻음.

🏵 9월 20일 🏵

이십일(二十日) 겨우 일어
미음을 조금 먹고,
삼방(三房)으로 들어가니,
시온(時輼) 사집(士執) 앉았구나.
하직(下直)고 물러갈 말
누누이 아뢰오니,
처음은 종사상(從事相)이
극력(極力)하여 말리더니,
아무래도 못 갈 말을
자세히 베푸오니,
"그대 소집(所執)그러하니,
나도 과연(果然) 못 말리니,
시험(試驗)하여 상방(上房)에 가
사면(辭免)을 하여 보소."
바로 일어 상방(上房)에 가니,
기침(起寢)499) 아니하였기에
부방(副房)으로 내려와서
못 갈 연고(緣故) 자세 하니,
자네 소집(所執) 그러하니,
임의(任意)로 할지어다.
그리로서 자재(子才) 보고,

---

498) 강잉(强仍) : 마지못하여 그대로 함. 여기서는 억지로.
499) 기침(起寢) : 잠자리에서 일어남.

욕(辱) 본 말 위로(慰勞)하고,
인하여 손목 잡고,
내 한 말 들어 보소.
"세 가지 그릇한 일
아는가 모르는가?
선장(船將)이 무례(無禮)할 때
못 본 체 하는 것이
제일(第一) 양책(良策)인데,
일어나지 않는 놈을
잡으러 보낼 적은
욕 볼 취재[取資]500) 하나이고,
사군자(士君子)의 출처 행신(出處行身)
응용 불박(應容不迫)501)할 것인데,
밤중에 남모르게
급급(急急)히 길을 차려
도망(逃亡)하듯 올라가니,
잘못함이 둘이오.
그 욕(辱)을 보고서는
아무래도 못 갈지라.
떠났거든 아주 가지
무엇하러 도로 온고?
전후(前後)에 그릇한 일

---

500) 취재[取資] : 꼬투리를 만듦.
501) 응용 불박(應容不迫) : 나에게 불리하더라도 받아드리며 억지로 이로움을 추구 하지 아니함.

이것이 세 가지네."
원자재(元子才) 내 말 듣고,
격절(擊節)502)하고 칭사(稱謝)하되,
"노형(老兄)의 하시는 말
절절(節節)이 옳다." 하네.
"나는 시방(時方) 하직(下直)하고,
아주 돌아가려 하네."
삼문사(三文士) 함께 하되,
"말씀은 옳사오나,
말초(末梢)503)까지 생각하고,
상심(詳尋)504)하여 하오소서."
"서울서 올 때부터
한 물에 아니 든 줄
내 뜻을 모르고서
용열(庸劣)히 여긴지라.
내 말 비록 이러하나,
못 할까 염려(念慮)하네."
내 웃고 일어나서
상방(上房)으로 바로 가서
문 열고 들어가니,
사상(使相)이 감기 있어
옹금(擁衾)505)하고 누웠다가

---

502) 격절(擊節) : 무릎을 침.
503) 말초(末梢) : 나뭇가지의 아주 가는 끝.
504) 상심(詳尋) : 자세히 살핌.

나를 보고 앉는지라.
나아가 문후(問候)하고,
정색(正色)하고 물러앉아
다시 꿇어 여쭈오되,
"이번의 천리(千里) 길을
모시고 내려와서
외국(外國)에 가게 되니,
바라옴이 태산(泰山)같고,
정(情)이 역시(亦是) 깊습니다.
전후(前後)의 불평(不平)한 일
전혀 없지 아니하되,
부질없는 작은 일을
결각(決却)506)을 아니 내려
봉령(奉令)하고 승교(承敎)하여
죄(罪)없이 왔삽더니,
오늘은 박부득이(迫不得已)507)
작죄(作罪)하러 왔나이다."
사상(使相)이 물으시되,
"무슨 일로 그러한고?"
"다른 일이 아니오라
원서기(元書記) 일이옵니다."
"원봉사(元奉事) 욕(辱)본 일을

---

505) 옹금(擁衾) : 이불을 끌어안고 있음.
506) 결각(決却) : 물리침을 결정함.
507) 박부득이(迫不得已) : 일이 급박하여 어찌할 수가 없음.

김진사(金進士) 가로맡아
부질없이 생성(生成)하여
과거(過擧)508)를 하려는고?"
내 고쳐 하온 말이
"그렇지 아니하오.
사람은 다르오나,
서기(書記)는 한 가지니,
머리를 삶사오면,
권들 아니 익사올까?
한 서기(書記) 욕(辱) 보고서
처치(處置)를 하기 전(前)은
행중(行中)의 네 문사(文士)가
다 먹은 작시오니,
완만(緩慢)509)한 선장(船將)놈을
결곤 삼도(決棍三度) 겨우 하고,
비록 '태거(笞去)510)하다' 하나,
출대(黜隊) 아직 안 했으니,
금명간(今明間) 순풍(順風) 얻어
급히 배를 타올 때에
인입(引入)하여 데려가면,
서기의 거취(去就)들은
이를 것 없거니와

---

508) 과거(過擧) : 지나치게 일을 키움.
509) 완만(頑慢) : 성질이 모질고 거만함.
510) 태거(笞去) : 곤장을 때려 보냄.

토교(土校)511)를 사랑하고,
선비를 천대(賤待)하면,
청문(聽聞)이 어떻겠소?
서기(書記)노릇 하는 양반(兩班)
비록 심히 비미(卑微)512)하나,
임하(林下)에서 독서(讀書)하고,
자호(字號)하는 선비로서
욕(辱)본 땅에 앉았다가
배 탄 후 또 욕(辱)보면,
하늘로 못 오르고,
바다로도 못 들지라.
뒷발 디딜 평지(平地)에서
하직(下直)하고 가나이다."
사상(使相)이 하오시되,
"김진사(金進士) 이런 말은
진실로 의외(意外)로다.
그대 입시(入侍)하여
특명(特命)으로 글 지이고,
이국(異國)에 보내시니,
천은(天恩)513)을 감격(感激)하여
화국(和國)하고 돌아옴이
분의(分義)에 옳삽거늘

---

511) 토교(土校) : 지방의 토박이 군교(軍校).
512) 비미(卑微) : 비천(卑賤).
513) 천은(天恩) : 임금님께서 베풀어 주신 은혜.

별반시비(別般是非) 끌어내어
김진사(金進士) 아니가면,
저 세 사람 어찌 갈까?
넷이 다 못 갈진대
사행(使行)인들 어찌 갈까?
나라일 그릇되면,
김진사(金進士) 탓 아닌가?"
"어저 그 말 마오시오.
예부터 선비 출처(出處)
나라 일과 남의 일을
순편(順便)케 하려하고,
제 몸 먼저 더럽힌 일
사책(史册)에도 없삽나니,
다른 서기(書記) 일이라고
아니 돌아가게 되면,
용렬(庸劣)한 이 선비를
무엇에 쓰오리까?"
사상(使相)이 다시 하되,
"내 이미 치죄(治罪)하고,
태거(笞去)를 하였으니,
장수(將帥)를 다투어서
과(過)한 거조(擧措) 부대 말고,
내 말을 시행(施行)하소."
"하교(下敎) 비록 유리(有理)하나,
천려(賤慮)와 다르외다.

다른 장교(將校) 같사오면,
혹시 용서(容恕)하려니와
하물며 이 장교(將校)는
동래부사(東萊府使) 와 계실 때
친근(親近)히 사환(使喚)하여
소아(小兒)처럼 부렸으니,
그 놈이 이를 믿고,
방약(傍若) 무인(無人)514)하여
양반(兩班) 욕(辱)한 죄(罪)가
사(赦)하기 어렵거늘
볼기 셋 치오시고,
전(前)과 같이 후대(厚待)하니,
일도(一道)의 상하 인민(上下人民)
성내외(城內外)에 다 왔으니,
군관(軍官)을 보내오셔
물의를 들어보오.
'토교(土校)를 애석(愛惜)하여
서기(書記)를 천대(賤待)한다.'
인심(人心)이 분울(憤鬱)하여
저마다 분개(憤慨)하니,
이놈뿐 아니오라
이번 길 가는 중에
이 같이 부리던 놈

---

514) 방약(傍若) 무인(無人) : 마치 옆에 아무도 없는 듯이 방자히 행동함.

하나 둘이 아니오니,
저마다 효칙(效則)하면,
그 욕이 오죽하오?
육지(陸地)에 있을 때에
하직(下直)하고 가려오니,
소생(小生)은 이번 길에
득죄(得罪)한 일 없사오니,
부질없이 자재(子才)처럼
서울로 아니 가고,
이 근처(近處)에 있삽다가
사신(使臣)네 가오실 때
선두(船頭)에 배별(拜別)하고,
연(連)해 투비(投費)515)하려 하오.
각관(各官)의 지공(支供)들을
이제는 못 먹으리니,
일찍이 나가와서
먹을 도리(道理) 하렵니다."
인(因)하여 일어서서
나오려 하올 때에
사상(使相)이 일어서서
급급(急急)히 손을 잡고,
위로(慰勞)하며 이르시되,
"성의(誠意)가 불부(不孚)516)하여

---

515) 투비(投費) : 식사를 한 뒤에 그 값을 자비로 따로 지불함.
516) 불부(不孚) : 미쁘지 아니함.

처사(處事) 잘못 한 탓이니,
내 장차(將次) 회심(悔心)함세."
누누(累累)히 개유(開諭)하고,
회오(悔悟)하는 뜻을 뵈니,
이 말씀 듣자오니,
마음이 풀리인다.
또 꿇어 여쭈오되,
"소생(小生)이 우직(愚直)하와
허다(許多)하온 추언어(醜言語)517)를
외람(猥濫)히 아뢰오니,
번연(翻然)히 깨달아서
인구(引咎)518)를 하오시니,
존안(尊顔)코 당돌(唐突)하오나,
이미 돌아가게 되니,
속에 있는 먹은 말씀
다 주어 하오리다.
관복(官服)일로 이르와도
무진년(戊辰年)519)에 통신(通信) 갔던
문사에게 묻사와서
학창의(鶴氅衣)520) 정자관(程子冠)을
전례(前例)로 지었더니,

---

517) 추언어(醜言語) : 더러운 말.
518) 인구(引咎) : 잘못을 스스로 인정함.
519) 무진년(戊辰年) : 영조 24(4081, 1748)년임.
520) 학창의(鶴氅衣) : 빛이 희고 소매가 넓고, 가를 검은 색으로 꾸민 선비들이 입던 웃옷.

저번에 승선(乘船)할 때
상방(上房)의 한 비장(裨將)이
고담(高談) 대언(大言)으로
내달아 이르오되,
'정자관(程子冠) 와룡관(臥龍冠)521)은
사신(使臣)들 쓰시는 것
생심(生心)도 못 쓰리라.'
내 듣고 통분(痛憤)하여
대답하여 이르오되,
'삼백년(三百年) 유래 고규(由來古規)
그대 어이 모르고서
역관(譯官) 못 쓰기에
그 놈과 부동(附同)하고,
말둑 전립(氈笠)522) 써 있기에
부끄럽고 용심 내어
예부터 하는 관복(冠服)
저희는523) 무슨 일고?
그러면 서기(書記)들도
그대처럼 군복(軍服)할까?'
그 비장(裨將) 고쳐 하되,
'상하 귀천(上下貴賤) 다르거든
등분(等分)이 없을소냐?

---

521) 와룡관(臥龍冠) : 말총으로 만든 선비들이 쓰던 갓.
522) 전립(氈笠) : 군뢰들이 쓰던 복다기. 일명 벙거지.
523) 저희는 : "저허하는"의 준말. 꺼려하는.

사또께 여쭙고서
다시 변통(變通)하여
복색(服色)을 정하리라.'
들으매 분(憤)이 나나,
다투기 점지 않아
인분(忍憤)524)하고 돌아와서
내두(來頭)를 보렸더니,
과연(果然) 수일후(數日後)에
이 비장(裨將)의 말과 같이
관복 하교(官服下敎) 내리시니,
유래(由來)하여 오는 제도(制度)
한 비장(裨將)의 참소(讒訴)말로,
일조(一朝)에 그릇되니,
내 비록 궁로(窮老)하나,
비장(裨將)에게 조롱(嘲弄) 받아
굴수(屈首) 무언(無言)하여
한 말도 아니할까?
늙고 병 든 이 서기(書記)는
화국(和國)할 재주 없기
구충(苟充) 기수(其數)525)하여
승핍(乘乏)526)하여 왔거니와
남원성(南元成)527) 세 사람은

---

524) 인분(忍憤) : 분함을 참음.
525) 구충(苟充) 기수(其數) : 어떤 상황 속에서 그 인원의 수(數)만을 채움.
526) 승핍(乘乏) : 인재가 없어서 재능이 없는 사람이 벼슬을 함.

일대(一代)의 문장(文章)이오.
하물며 서기(書記)노릇
일시(一時)에 극선(極選)이라.
'천리마(千里馬) 좋다.' 하고,
가리어 데려다가
네 굽을 동여매면,
제 어이 걸을소냐?
글만 읽은 선비들은
예로부터 오활(迂闊)528)하여
윗사람 되시는 이
너그러이 조용(調用)하여
잔 허물 보지 말고,
구속(拘束)하지 않게 하면,
우유(優遊) 자재(自在)529)하여
걸린 데 없은 후에
사절(使節)도 기운(氣運)이오.
글짓기도 기운(氣運)인데,
어쩌다 조절(調節)키를
하류(下流)와 같이하오?"
사상(使相)이 이르시되,
"처음에 원봉사(元奉事)가
생심(生心)이나 내 선장(船將)을

---

527) 남원성(南元成) : 남옥(南玉)·원중거(元重擧)·성대중(成大中)공 세 사람.
528) 오활(迂闊) : 마음이 미치지 아니함.
529) 우유(優遊) 자재(自在) : 한가히 노닐면서 멋대로 살아감.

어이 하여 나입(拏入)530)할까?"

분연(奮然)히 여쭈오되,

"그는 그러 아니하오.

그래도 서기(書記)들이

제 집에 있을 때에

장교(將校) 하나 두르기는

남의 힘을 아니 비니,

하물며 봉명(奉命)하고,

이역(異域)에 가올 때에

행중(行中)의 한 토교(土校)를

못 처치(處置)하오리까?

기해년(己亥年)531) 통신(通信) 갈 때

제술관(製述官) 이현(李礥)532)이가

수역(首譯)을 끌어들여

무수(無數)히 둘렀으되,

그 때의 사람들이

'그르다' 아니하고,

이현(李礥)이 데려온 종

결곤(決棍)한 일 없사오니,

국외(局外)533)의 선비들은

사행(使行)에 가는 장교(將校)

---

530) 나입(拏入) : 죄인을 잡아 강제로 데려감.
531) 기해년(己亥年) : 숙종 45(4052, 1719)년임.
532) 이현(李礥) : 이현공이 제술관으로 일본에 간 것은 숙종 37(4044, 1711)년 신묘 통신 사행이었으니, 기해(4052, 1719)년은 잘못임.
533) 국외(局外) : 어떠한 일의 국면(局面) 밖.

못 처치(處置)하려니와
행중(行中)에 가는 서기(書記)
장교(將校) 하나 두르고서
볼기 맞기 옳사올까?"
그밖에 잡 말씀을
무수(無數)히 진정(陳情)하되,
사상(使相)이 어지셔서
뉘534) 아니 보시고서
온언(溫言)으로 달래시고,
"가지 말라!" 하오시니,
절하고 여쭈오되,
"오늘 하직(下直)하렸더니,
하교(下敎)가 감격(感激)하니,
아직 물러가 있다가
처치(處置)를 기다리와
내일 물러가오리다."
인하여 문(門)을 나서
중계(中階)에 내려서니,
역리통인(驛吏通引) 급창기생(及唱妓生)535)
전에 거만하던 것이
다 뜰에 내려와서
부복(俯伏)536)하여 보내는고.

---

534) 뉘 : 쌀 속에 있는 벼알. 여기서는 정사가 지은이를 뉘로 보고 골라내지 아니함을 이른 말.
535) 역리 통인(驛吏通引) 급창 기생(及唱妓生) : 역리(驛吏)와 통인(通引)과 급창(及唱)과 기생(妓生)들.

처음에 들어올 때
잔망(孱妄)537)한 이좌보(李佐甫)538)가
내 기색(氣色) 먼저 알고,
난처(難處)한 일 볼까 하여
제비처럼 나가 서서
창 밖에서 엿듣다가
이제야 마주 와서
치하(致賀)하고 가는구나.
벽 대청에 나와 앉아
잠깐 비겨 쉬올 때에
집사(執事)539)를 급히 불러
김구영(金龜永) 나입(拿入)하여
사령(使令) 세 놈 팔을 갈아
낱낱이 고찰(考察)하여
십오도(十五度) 결곤(決棍)하고,
인하여 퇴거(退去)하네.
착하시다. 우리 사상(使相).
전환양(轉換樣)540)이 갸륵하사
미친 놈 어린541) 말을

---

536) 부복(俯伏) : 무릎을 꿇어 엎드림.
537) 잔망(孱妄) : 잔약하고 용열함.
538) 이좌보(李佐甫) : 전현감(前縣監) 이서표(李瑞彪)공. 앞 주의 『해사일기』「酬唱錄(수창록)」에 의함.
539) 집사(執事) : 일을 맡아 보는 사람. 여기서는 상방(上房) 소속 도훈도(都訓導) 최천종(崔天宗)공임.
540) 전환양(轉換樣) : 이리저리 바꾸어 변하는 모양.
541) 어린 : 어리석은.

"그르다" 아니시고,
광명쇄락(光明灑落)542)한 처치(處置)
경각(頃刻)에 내리시니,
우리 무리 영감(靈感)키는
이르도 말려니와543)
사행(使行)이 빛나기가
만장(萬丈)이나 더하도다.
남성원(南成元) 세 사람이
궁금하여 할 것이니,
말 타고 그리 가서
전후사연(前後事緣) 다 이르니,
누웠던 원자재(元子才)가
용약(踊躍)544)하여 일어나서
손벽 치고 웃고 하되,
"내 무슨 병(病)이런고?
다만 심병(心病) 어렵더니,
노형(老兄)의 한 말씀에
숙병(宿病)이 나으리니,
쾌활(快活)하여 날 듯하니,
기특(奇特)하고 장(壯)한지라
탄복(歎服)할 뿐 무엇할까?"
저녁밥 예서 먹고,

---

542) 광명쇄락(光明灑落) : 밝고 환하여 기분이 상쾌하고도 시원함.
543) 이르도 말려니와 : 말할 것도 없거니와.
544) 용약(踊躍) : 좋아서 뜀.

주진(主鎭)545)으로 들어가니,
유서이(柳徐李)546) 세 사람이
일시(一時)에 치하(致賀)하되,
"좌하(座下)의 한 말씀에
대사(大事)를 완득(完得)547)하여
허다(許多)한 일행(一行)으로
기용여산(氣聳如山)548)하게 하니,
'봉명조양(鳳鳴朝陽)549)하다' 말을
옛글에 보았더니,
오늘날 이 거동(擧動)은
'학립부산(鶴立釜山)550)이라' 할네.
하 장(壯)하고 갸륵하니,
우리 일어 절하네라.551)"
나 역시 절을 받고,
추연(惆然)552)하여 대답하되,
"불행(不幸)한 날을 만나
광망(狂妄)553)한 잡 말씀을

---

545) 주진(主鎭) : 여기서는 부산진(釜山鎭).
546) 유서이(柳徐李) : 상방 군관 유달원(柳達源), 서유대(徐有大), 이해문(李海文)공 세 사람.
547) 완득(完得) : 온전히 성취함.
548) 기용여산(氣聳如山) : 기운이 산을 뽑아 올릴 것 같음.
549) 봉명조양(鳳鳴朝陽) : 아침 따뜻한 햇볕 아래 봉황이 노래함.
550) 학립부산(鶴立釜山) : 학이 부산에 서 있는 듯함.
551) 일어 절하네라. : 일어나서 절합니다.
552) 추연(惆然) : 슬픈 모양.
553) 광망(狂妄) : 미친 듯이 망녕됨.

고저(高低)도 모르고서
마음껏 하였더니,
사상(使相)이 현명(賢明)하사
'그르다' 아니시고,
일일 청종(一一聽從)554)하오시니,
내 무슨 힘이리오?"
부방 삼방(副房三房) 잠깐 뵙고,
낱낱이 여쭈오니,
"김진사(金進士)555) 이번 일은
이 실로 쾌(快)하도다."
오다가 예방(禮房) 보니,
임오 이인(任吳二人)556) 앉았다가
기경(起敬)557)하고 칭찬(稱讚)하되,
"장하고 거룩하다.
우리 사상(使相) 전갈(傳喝)하사
'치소서' 권(勸)하오되,
들은 체 아녔더니,
한 말에 깨치오니,
우리는 녹록(碌碌)558)하여
무엇에 쓰잔 말가?"
그 밖에 보는 사람

---

554) 일일 청종(一一聽從) : 하나하나 빼지 아니하고 다 듣고 따름.
555) 김진사(金進士) : 여기서는 지은이 퇴석(退石) 김인겸(金仁謙)선생.
556) 임오 이인(任吳二人) : 임흘(任屹)과 오재희(吳載熙)공 두 사람인 듯.
557) 기경(起敬) : 일어나서 경의를 표함.
558) 녹록(碌碌) : 하잘 것 없음.

저마다 탄복(歎服)하니,
괴롭고 웃으울사
숙소(宿所)로 돌아오니,
내게 온 마두(馬頭)놈이
엎디어 아뢰오되,
"소인(小人)이 이리 와서
모시고 다니다가
쾌(快)하고 기쁜 일을
오늘이야 보았네다[559].
진사(進士)님 객사(客舍)에서
상사도(上使道)와 다투실 때
각관(各官)의 아전 관속(衙前官屬)
문밖에 다 모여서
혀 차고 이르오되,
'이 사또 감사(監司) 때에
경주 안동(慶州安東) 동래부사(東萊府使)
다 모두 겁(怯)을 내고
그 밖 열읍(列邑) 원(員)님네가
꿈적도 못하더니,
이번에 김진사(金進士)는
어떠한 양반(兩班)인지
정사도(正使道)의 위엄(威嚴)으로
휘우지 못하여서
그 말대로 시행(施行)하니,

---
559) 보았내다 : 보았나이다. 보았습니다.

사납고도 무섭기가
아국(我國)에 없다' 하고,
지점(指點)하고 기리는 양
소인(小人)이 쾌(快)하기를
비할 데 없나이다."
우습고 기괴(奇怪)하여
꾸짖어 물리치고,
방에 누워 생각하니,
내 소범(所犯) 많았으니,
일변(一邊)으로 구연(懼然)하고,
일변(一邊)으로 부끄럽다.

9월 21일

아침에 일어나니,
상방(上房)에서 부르거늘
객사(客舍)로 들어가니,
서기 제술(書記製述) 모였구나.
나아가 문후(問候)하고,
다시 꿇어 여쭈오되,
"어제 일은 광망(狂妄)하와
존비(尊卑)를 모르고서
작죄(作罪) 많이 하였으니,
대죄(待罪)를 하나이다."
사상(使相)이 하오시되,

"이번에 전후(前後) 일은
정의 불부(情誼不附)560)한 탓이니,
이후는 힘을 써서
상하(上下)가 교면(交勉)하여
그른 일 없게 하세."
인하여 주진(主鎭)에 가
"삼문사(三文士) 오라!" 하여
의성 기생(義城妓生) 윤매 봉매(允梅蓬梅)561)
중춤[僧舞] 추니 구경하고,
숙소(宿所)로 돌아오니,
영산(靈山)의 김필순(金弼淳)562)이
금산 행수(金山行首)563) 무용(茂容)이가
와 보고 가는구나.

🅧 9월 22일 🅧

밤에 자고 일어나니,
금산 지공(金山支供) 와서 하네.

🅧 9월 25일 🅧

이십오일(二十五日) 미우(微雨)하되,

---

560) 정의 불부(情誼不附) : 사귀어 친하여진 정이 붙지 아니함.
561) 윤매 봉매(允梅蓬梅) : 기생 이름. 음역함.
562) 김필순(金弼淳) : 음역함.
563) 김산 행수(金山行首) : 조선시대 선산도호부(善山都護府)에 딸리었던 금산군(金山郡)의 으뜸 한량(閑良).

우장(雨裝)하고 성(城)에 들어
세 문사(文士) 찾아보니,
양의(良醫)564)도 거기 왔다.
시온(時韞)의 수청 기생(守廳妓生)
비점(翡點)565)의 조카로서
말 잘하고 협기(俠氣) 있어
저희 중에 대기(大妓)로다.
세 사람이 글을 지어
노래로 불려 보니,
불구(不久)에 떠날지라.
애원 강개(哀怨慷慨)566)하여
장사(壯士)가 충관(充冠)567)하고,
행인(行人)이 단장(斷腸)568)할 때,
남으로 내려온 후
이 놀음 으뜸이다.
내 역시 글을 지어
부채에 써서 주고,
돌아와 자고 깨니,
자인 지공(慈仁支供)569) 와서 한다.

---

564) 양의(良醫) : 여기서는 이좌국(李佐國)공임.
565) 비점(翡點) : 경주(慶州) 노기(老妓)의 이름.
566) 애원 강개(哀怨慷慨) : 슬픈 소리로 원망하며 의기가 복받침.
567) 충관(充冠) : 머리털이 갓 밖으로 치솟음.
568) 단장(斷腸) : 창자가 끊어짐.
569) 자인 지공(慈仁支供) : 자인은 조선시대 경주부(慶州府)에 딸린 고을 이름이고, 지공은 지대(支待)와 같은 말임.

9월 26일

양선전(梁宣傳)570) 병을 묻고,
유장흥(柳長興)571)을 찾아오니,
부방비장(副房裨將)572) 들어와서
하는 말 들어 보니,
"경주 기생(慶州妓生) 종애(鍾愛)573)란 연
유지574)의 소면(所眄)으로
자식 역질(子息疫疾) 핑계하고,
도망(逃亡)하여 내려오되,
죽기를 기약(期約)하고,
호혈(虎穴)로 말을 몰아
하룻밤 하루 낮에
이백 리(二百里)를 달려오니,
동경백(東京伯)575) 대로(大怒)하여
잡으러 군노(軍奴) 왔네."
이비장(李裨將)576) 할 일 없어
유장흥(柳長興)577)을 와서 보고,

---

570) 양선전(梁宣傳) : 여기서는 양용(梁瑢)공임.
571) 유장흥(柳長興) : 여기서는 유진항(柳鎭恒)공.
572) 부방비장(副房裨將) : 여기서는 민혜수(閔惠洙)공.
573) 종애(鍾愛) : 경주 기생의 이름 음역함.
574) 유지 : 수지(綏之)의 잘못. 수지는 부방(副房)의 자제군관(子弟軍官) 이덕리(李德履)의 자(字).
575) 동경백(東京伯) : 경주부윤(慶州府尹). 여기서는 이해중(李海重)공.
576) 이비장(李裨將) : 부방(副房)의 자제 군관이면서 예방 비장(禮房裨將)이었던 이덕리(李德履)공.
577) 유장흥(柳長興) : 여기서는 유진항(柳鎭恒)공을 이름.

어쩔까 의논(議論)하니,
유장흥(柳長興) 이른 말이
"이 일을 주선(周旋)할 이
김진사(金進士)578) 밖 할 이 없네."
내 생각하여 보니,
"제 비록 기생(妓生)이나,
정인(情人)을 보려 하고,
모사(冒死)579)하고 달려 온 일
그 뜻이 가상(可賞)이오.
협기(俠氣)도 있다." 할세.
정사상(正使相) 가 보고서,
이 뜻을 다 하오니,
조비장(曺裨將)580) 불러다가
삼방(三房)에 전갈(傳喝)하되,
"경주부윤(慶州府尹) 친하기는
날보다 나으시니,
계서 편지하오시고,
머물러 두오소서."
삼방(三房)에서 대답하되,
"쾌(快)한 허락(許諾) 아녔거늘581),
그릇될까 염려(念慮)하여
부방(副房)에 가 도모(圖謀)하고,

---

578) 김진사(金進士) : 여기서는 퇴석(退石) 김인겸(金仁謙)선생.
579) 모사(冒死) : 죽음을 무릅씀.
580) 조비장(曺裨將) : 여기서는 상방(上房) 소속 비장(裨將) 조신(曺信)공.
581) 아녔거늘 : 자수율(字數律)을 맞추기 위하여 "아니하거늘"을 줄인 것임.

삼방(三房)으로 즉시(卽時) 오니,
종사상(從事相)이 묻자오되,
"상방(上房)에서 전갈(傳喝)한 일
어이 하면 좋을손가?
이 기생(妓生)의 호협기(豪俠氣)는
쇠세(衰世)에는 드문지라.
이리 좋은 풍류사(風流事)를
성취(成就)를 하오소서."
종사상(從事相) 내 말 듣고,
경주 노자(慶州奴子) 불러 들여
편지(便紙)하고, 전갈(傳喝)하고,
종애(鍾愛)를 아니 주니,
이비장(李裨將)582) 대락(大樂)하고,
장흥(長興)583) 기뻐하네.

9월 27일

이십 칠일(二十七日) 흰 죽 먹고,
동행 숙소(同行宿所) 두루 다녀
홍초관(洪哨官)584) 둘러보니,
수청기생(守廳妓生) 운월(雲月)585)이는

---

582) 이비장(李裨將) : 여기서는 비장 이덕리(李德履)공.
583) 장흥(長興) : 유장흥 곧 유진항(柳鎭恒)공.
584) 홍초관(洪哨官) : 여기서는 홍선보(洪善輔)공임.
585) 운월(雲月) : 음역함.

음녀 속공(淫女屬公)586)한 것으로
홍초관(洪哨官)을 얻어 만나
온갖 일에 태(態)도 하고587),
날마다 밤에 나가
오쟁이588)만 지우고서
밤늦게야 돌아오되,
홍비장(洪裨將)589)은 전혀 속고,
대혹(大惑)590)하여 아주 빠져
각읍(各邑)에 얻은 돈을
다 들어 내어 주고,
나 보는데 희롱(戱弄)하고,
홍비장(洪裨將)을 많이 치니,
홍비장(洪裨將)도 굿거워591)
아프다고 에라하니592),
소견(所見)이 절도(絶倒)593)하고,
도리어 불쌍하다.594)

종사관 반인 홍선보(洪善輔)공

---

586) 음녀 속공(淫女屬公) : 음탕한 여자가 관기(官妓)가 됨.
587) 태(態)도 하고 : 교태(嬌態)도 많고.
588) 오쟁이 : 짚으로 엮어 만든 작은 섬. 여기서는 자기의 계집이 다른 사내와 사통(私通)함을 이른 말임.
589) 홍비장(洪裨將) : 여기서는 홍선보(洪善輔)공임.
590) 대혹(大惑) : 무엇에 몹시 빠짐.
591) 굿거워 : 그냥 두고 보기에는 지나침.
592) 에라하니 : 피(避)하려 하니
593) 절도(絶倒) : 포복절도(抱腹絶倒)의 준말로, 아주 우스워서 배를 움켜쥐고 기절하여 넘어짐.
594) 林基中,『歷代歌辭文學全集』16(驪江出版社, 1988) 쪽 173에는 "일동장유가 제1권이 끝나고, "데이"로 시작됨.

권 2

🕸 9월 28일 🕸

이튿날 비안지공(比安支供)1)

차모 선애[茶母善愛]2) 현신(現身)한다.

임도사(任都事)3) 와서 보고,

촛불 켜고 말하더니,

유서민(柳徐閔)4) 세 비장(裨將)이

미복(微服)하고 가만히 와

창(窓) 밖에서 전갈(傳喝)하되,

"임도사(任都事) 나으리를

상방(上房)에서 부르신다"

임도사(任都事) 소리 듣고,

서중화(徐中和)5)-ㄴ 줄 사뭇 알고,

대질(大叱)하고 욕(辱)을 하니,

세 사람이 크게 웃고,

방으로 들어와서

---

* 일동장유가 권지 2.
1) 비안 지공(比安支供) : 비안은 조선시대 경상도(慶尙道)에 딸리었던 고을 이름임.
2) 차모 선애[茶母善愛] : 음식 심부름을 하는 여자. 선애의 한자는 음역함.
3) 임도사(任都事) : 여기서는 임흘(任屹)공임.
4) 유서민(柳徐閔) : 유달원(柳達源), 서유대(徐有大), 민혜수(閔惠洙)공 세 사람.
5) 서중화(徐中和) : 여기서는 서유대(徐有大)공.

조용히 말하다가
밤 깊어 가는구나.

🕯 9월 29일 🕯

내일은 영천 지공(永川支供)
통인 차모(通引茶母) 현신(現身)한다.
창녕(昌寧) 고을 관속(官屬)들이
상방 지공(上房支供)하러 와서
열여섯 아전 통인(衙前通引)
열다섯 기생 관비(妓生官婢)
비 맞고 들어와서
뛰놀고 반겨한다.
창녕 통인(昌寧通引) 하대윤(河大潤)[6]이
숨 없이 급(急)히 와서
"편지지 다 없으니,
일 나게 되었다."고
가슴 치고 슬피 우니,
불쌍키도 한(限)이 없어
팔십 폭 비안 간지(比安簡紙)[7]
내어 주니 좋아한다.

---

6) 하대윤(河大潤) : 음역임.
7) 비안 간지(比安簡紙) : 비안에서 가져온 편지지.

🞮 10월 3일 🞮

"초삼일(初三日) 지공관(支供官)은
삼가(三嘉)8)라" 하는구나.
아침에 왜(倭)놈이 와
"배 타라" 간청(懇請)하되,
우리나라 사공(沙工)들이
점풍(占風)하고 돌아와서
"역풍(逆風)이 나리라"고
승선(乘船)을 막았더니,
오후(午後)에 그 말처럼
과연 역풍(果然逆風) 나는구나.
왜(倭)놈들의 말을 따라
만일 배를 탔더라면,
낭패(狼狽)를 아니할까?
다행(多幸)도 하였구나.

🞮 10월 4일 🞮

오늘은 영일 지공(迎日支供)
통인 차모[通引茶母] 현신(現身)한다.
"순풍(順風)이 분다." 하고,
"배 타라!" 영(슈)이 났네.
여기 와 오래 묵어

---

8) 삼가(三嘉) : 조선시대 경상도(慶尙道)에 딸리었던 고을 이름.

사십 여일(四十餘日) 되었으니,
굼굼하고 답답(沓沓)터니,
배를 타면 시원할까?

❈ 10월 5일 ❈

사경(四庚)9)에 밥을 먹고,
선소(船所)로 바로 가니,
일행(一行)이 다 모여서
각각 배로 오르는고.
격군(格軍)의 부모 처자(父母妻子)
다 주어 모여 와서
옷도 잡고 손도 잡고,
통곡(痛哭)하고 떠나는 양(樣)
참혹(慘酷)하고 불쌍하여
차마 못 보겠구나.
내게 두 아들도 왔더면,
나도 저러 하였겠다.
각방 수청(各房守廳) 기생(妓生)들은
등불 잡고 바자니며10),
정인 이별(情人離別) 하는 양(樣)과
행중(行中)의 삼방 동행(三房同行)11)

---

9) 사경(四庚) : 새벽 2시쯤의 시간.
10) 바자니며 : 부질없이 왔다 갔다 하며
11) 삼방 동행(三房同行) : 사행단의 일행들.

각각 기생(各各妓生) 붙들고서
차마 못 떠나는 양(樣)
우습고 기괴(奇怪)하다.
그려두고 뵈고 싶네12).
안장(鞍裝)과 쓰던 것은
주인 불러 맡기고서.
배에 올라서서 보니,

🞛 10월 6일(좌수포) 🞛

때 십월(十月) 초육일(初六日)이라.
성두(城頭)가 소삽(蕭颯)13)하고,
서북풍(西北風)이 매우 분다.
상선포(上船砲)14) 세 번 놓고,
거정포(擧碇砲)15) 한 소리에
배를 다 정돈(整頓)한 후
일시(一時)에 닻을 주니,
천금(千金) 같은 이내몸이
죽기로 치우치니,
마음이 활발(濶潑)하여
걸릴 것이 전혀 없어

---

12) 그려다가 뵈고 싶네 : 그림으로 그려다가 그들에게 보여주고 싶네.
13) 소삽(蕭颯) : 바람이 차갑고 음산함.
14) 상선포(上船砲) : 배에 오르라는 신호로 쏘는 총 소리.
15) 거정포(擧碇砲) : 닻을 들어 올리라는 신호로 쏘는 총포(銃砲).

나라 일로 나왔다가
죽은 들 어찌하리?
사나이 세상에 나
아무 일도 못 이루고
처자(妻子)의 손 가운데
골몰(汨沒)하여 지내다가
녹록(碌碌)한 부유(蜉蝣)16)처럼
심심히 종신(終身)하면,
그 아니 느꺼운가?17)
이 역시 쾌(快)하구나.
창해(滄海)를 건너가서
부상(扶桑)18)에 배를 매고,
삼신산(三神山)19)에 올라가서
불사약(不死藥) 캐어내어
돌아와 사배(四拜)하고,
구중(九重)20)에 드리오면,
성명(聖明)하신 우리 임금
만수무강(萬壽無疆)하오시면,
이에서 더한 경사(慶事)

도해선(渡海船)

---

16) 부유(蜉蝣) : 하루살이.
17) 느꺼운가? : 어떤 느낌이 일어나겠는가?
18) 부상(扶桑) : 해가 뜨는 동쪽에 있다는 나무 또는 그 지명. 일본의 다른 이름으로도 일컬어짐.
19) 삼신산(三神山) : 신선들이 산다는 전설상의 세 산(山). 발해(渤海) 상에 있다는 봉래(蓬萊), 방장(方丈), 영주(瀛洲)의 세 산을 이름.
20) 구중(九重) : 구중궁궐(九重宮闕)의 준말. 여기서는 임금님.

또 어디 있단 말가?

신자(臣子)의 직분(職分)이라.

행리(行李)를 정돈(整頓)하고,

배방을 살펴보니,

제일방(第一房)은 종상(從相)이요,

제이방(第二房)은 내가 들고,

제삼방(第三房)은 예방비장(禮房裨將)[21]

제사방(第四房)은 임도사(任都事)[22]요,

제오방(第五房)은 공방비장(工房裨將)[23]

제육방(第六房)은 사공(沙工) 드네.

후면(後面)으로 돌아보니,

홍초관(洪哨官)[24] 반적지기

수역(首譯)[25]과 건량판사(乾糧判事)[26]

각각 한 방(房) 차지하고,

도훈도(都訓導)[27] 기선장(騎船將)[28]들은

한 방에 들었으며,

---

21) 예방비장(禮房裨將) : 여기서는 삼방(三房) 소속 이징보(李徵輔)공임.
22) 임도사(任都事) : 여기서는 임흘(任屹)공.
23) 공방비장(工房裨將) : 삼방(三房)에는 공방비장이 없었다. 고도숙랑(高島淑郎)의 『日東壯遊歌』쪽 127에 의하면, 일공 담당 비장(日供擔當裨將) 오재희(吳載熙)로 보았다.
24) 홍초관(洪哨官) : 홍선보(洪善輔)공임.
25) 수역(首譯) : 여기서는 삼방 소속의 수역이므로, 현태익(玄泰翼 : 4044-?, 1711-?)공임.
26) 건량판사(乾糧判事) : 여기서는 삼방 소속 일공 담당(日供擔當)이므로, 유도홍(劉道弘 : 4051-?, 1718-?)공임.
27) 도훈도(都訓導) : 여기서는 삼방 소속 도훈도(都訓導)이므로, 정윤복(鄭潤復)공임.
28) 기선장(騎船將) : 여기서는 삼방 소속 기선장(騎船將)이므로 변박(卞璞)공임.

가운데 큰 한 방(房)은
선신(船神)을 위하였고,
말째칸 좁은 방(房)은
왜인(倭人)이 들었구나.
왜사공(倭沙工) 세 놈하고,
금도(禁徒)29) 하나 통사(通事) 하나
다섯이 올라와서
온갖 일을 다 살피고,
장풍(長風)에 돛을 달고,
육선(六船)이 함께 떠나
삼현(三絃)과 군악(軍樂) 소리
해산(海山)을 진동(振動)하니,
물속의 어룡(魚龍)들이
응당(應當)히 놀라리라.
해구(海口)를 얼른 나서
오륙도(五六島)30) 뒤 지우고,
고국(故國)을 돌아보니,
야색(夜色)이 창망(滄茫)하여
아무 것도 아니 뵈고,
연해(沿海) 각진포(各鎭浦)에
불빛 두어 점이
구름 밖에 뵐만하다.

오륙도(五六島)

---

29) 금도(禁徒) : 범법자들을 살피며 집단의 규율을 어기지 아니하도록 하는 일을 맡은 왜(倭)의 임시 벼슬아치.
30) 오륙도(五六島) : 지금의 부산광역시 남구 용당동에서 바라다 보이는 돌바위 섬으로 썰물 때에는 6도, 밀물 때에는 5도로 보이어 5·6도라고 이르는 경치 좋은 섬.

배방에 누워 있어
내 신세(身勢)를 생각하니,
가뜩이 심란(心亂)한데,
대풍(大風)이 일어나서
태산(泰山) 같은 성난 물결
천지(天地)에 자욱하니,
크나큰 만곡주(萬斛舟)31)가
나뭇잎 불리이듯
하늘에 올랐다가
지함(地陷)32)에 내려지니,
열두 발 쌍 돛대는
차아(叉枒)33)처럼 굽어 있고,
쉰 두 폭 초석(草席) 돛은
반달처럼 배불렀네.
굵은 우레 잔 벼락은
등[背] 아래서 진동(振動)하고,
성난 고래 동(動)한 용(龍)은
물속에서 희롱(戲弄)하니,
방(房) 속의 요강 타구(尿缸唾具)
자빠지고 엎어지며,
상하 좌우(上下左右) 배방 널은
잎잎이 우는구나.

---

31) 만곡주(萬斛舟) : 여기서는 큰 배를 이름. 일곡(一斛)은 십두(十斗)임.
32) 지함(地陷) : 땅이 움푹하게 주저앉은 곳.
33) 차아(叉枒) : 나무의 줄기에서 곁가지가 벋어나가는 분기(分岐).

이윽고 해 돋거늘
장관(壯觀)을 하여 보세.
일어나 배 문(門) 열고,
문설주 잡고 서서
사면(四面)을 돌아보니,
어와 장(壯)할시고!
인생(人生) 천지간(天地間)에
이런 구경 또 있을까?
구만리(九萬里) 우주(宇宙) 속에
큰 물결뿐이로다.
등 뒤쪽을 돌아보니,
동래(東萊) 산이 눈썹 같고,
동남(東南)을 바라보니,
바다가 가이 없어
위 아래로 푸른 빛이
하늘 밖에 닿아 있다.
슬프다! 우리 길이
어디로 가는 건가?
함께 떠난 다섯 배는
간 데를 모르겠다.
사면(四面)을 돌아보니,
이따금 물결 속에
부채만한 작은 돛이
들락날락 하는구나!
배 안을 돌아보니,

저마다 수질(水疾)하야
똥물을 다 토(吐)하고,
혼절(昏絶)34)하여 죽게 앓네.
다행(多幸)할사 종사상(從事相)은
태연(泰然)히 앉았구나.
배방에 도로 들어
눈 감고 누웠더니,
"대마도(對馬島) 가깝다"고
사공(沙工)이 이르거늘
다시 일어 나와 보니,
십 리(十里)는 남았구나.
왜선(倭船) 십여 척(十餘隻)이
예선차(曳船次)로 모두 와서
그제야 돛 지우고,
뱃머리에 줄을 매어
왜선(倭船)으로 던져 주니,
왜(倭)놈이 줄을 받아
제 배에 매어놓고,
일시(一時)에 노 저으니,
선행(船行)이 안온(安穩)하여
좌수포(佐須浦)35)로 들어가니,
신시(申時)36)는 하여 있고,

---

34) 혼절(昏絶) : 정신이 아찔하여 까무러짐.
35) 좌수포(佐須浦) : 일본음 사스나. 일명 좌수나(佐須奈 : 일본음 사스나)라고도 씀.
36) 신시(申時) : 오후 3-5시 사이. 곧 저녁나절.

복선(卜船)은 먼저 왔다.
포구(浦口)로 들어가서
좌우를 돌아보니,
봉만(峰巒)이 삭립(削立)하여
경치가 기절(奇絶)하다.
송삼죽백(松杉竹栢) 귤유등(橘柚橙)감37)
다 모두 동청(冬靑)38)일세.
왜봉행(倭奉行)39) 여섯 놈이
금도청(禁徒廳)40)에 앉았구나.
인가(人家)가 소조(蕭條)하여
여기 세 집 저기 네 집
합(合)하여 세게 되면,
사오십호(四五十戶) 더 아니라.
집 형상(形狀)이 궁흉(穹匈)41)하여
노적(露積)더미 같고나야.
굿 보는42) 왜인(倭人)들이
산에 앉아 구경한다.
그 중에 사나이는
머리를 깎았으되,

좌수포(佐須浦)

---

37) 송삼죽백(松杉竹栢) 귤유등(橘柚橙)감 : 소나무, 삼나무, 대나무, 잣나무, 귤, 유자, 등, 감.
38) 동청(冬靑) : 사철나무.
39) 왜봉행(倭奉行) : 조선 통신사행을 맞이하는데 시중 드는 일본인.
40) 금도청(禁徒廳) : 검문소(檢問所) 같은 일을 보는 관청.
41) 궁흉(穹匈) : 지붕의 모양이 무지개 같고 매우 높음.
42) 굿 보는 : 구경하는.

꼭뒤만 조금 남겨
고추상투 하였으며,
발 벗고 바지 벗고,
칼 하나만 차 있으며,
왜녀(倭女)의 치장(治裝)들은
머리는 아니 깎고,
밀기름 듬뿍 발라
뒤쪽에 잡아매어
족두리 모양처럼
둥글게 꾸며 있고,
그 끝은 휘어다가
비녀를 꽂았으며,
무론 노소(毋論老少) 귀천(貴賤)43)하고,
얼레빗44)을 꽂았구나.
의복(衣服)을 보아하니,
무45) 없는 두루마기
한 동46) 단 막은 소매
남녀(男女) 없이 한 가지요,
넓고 큰 접은 띠를
느직이 둘러 띠고,
일용 범백(日用凡百) 온갖 것을

우창의 가라코춤
(조선사행의 소동춤을 모방한 놀이)

---

43) 무론 노소(毋論老少) 귀천(貴賤) : 노인과 젊은이나 귀한 사람과 천한 사람까지 말할 것 없음.
44) 얼레빗 : 빗살이 드문드문 성긴 큰 빗.
45) 무 : 웃옷의 좌우에 댄 딴 폭.
46) 동 : 저고리 소매 끝.

가슴속에 다 품었다.
남편(男便) 있는 계집들은
이에 까만 칠을 하고,
뒤쪽에 띠를 매고,
과부 처녀(寡婦處女) 갓난애는
앞으로 띠를 매고,
이에 칠을 않았구나.
외총 낸 고은 집신
남녀(男女) 없이 신었구나.
비단 옷에 성적(成赤)47)하고,
곳곳이 앉았고나.
그 중의 두 계집이
새하얀 설면자(雪綿子)48)로
머리 싸고 앉았거늘
통사(通事)더러 물어보니,
"벼슬 있는 사람들의
처첩(妻妾)이라" 하는구나.
부기선(副騎船) 부복선(副卜船)49)은
해질 때에 들어오되,
일기선(一騎船) 일복선(一卜船)은
초경(初更)50)에도 아니오니,
염려(念慮)가 가이 없어

---

47) 성적(成赤) : 혼인날에 신부의 얼굴에 연지 찍고 분을 바르는 일.
48) 설면자(雪綿子) : 풀솜.
49) 부기선(副騎船) 부복선(副卜船) : 부사(副使)의 일행들이 탄 배와 그 짐들을 실은 배.
50) 초경(初更) : 오후 7-9시 사이의 시간. 일명 갑야(甲夜).

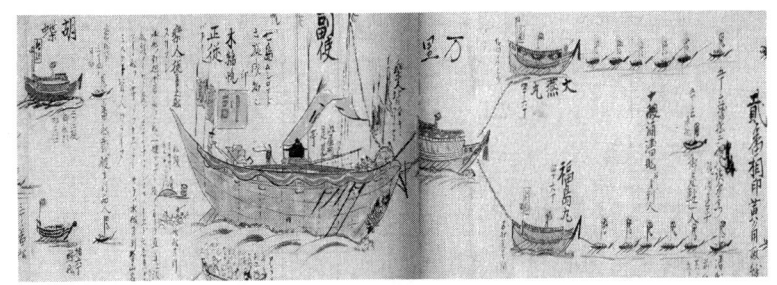
부기선(副騎船)

사공(沙工)을 탐후(探候)하니,
비로소 현영(現影)하여
복선(卜船)과 함께 오니,
"상부방(上副房) 두 사상(使相)은
수질(水疾)을 않았다"네.
기쁘기 측량없어
상부방(上副房)에 급히 가서
배례(拜禮)하고 묻자오니,
"상선 치목(上船鴟木) 부러져서
이제야 들어오고,
부방(副房)은 더욱 궂겨
두 번을 치절(鴟折)하여
황황(惶惶)히 위태할 때
민명천(閔明川)이 악몽(惡夢) 꾸고,
적삼 벗어 던졌다"네.
위경(危境)을 겪었으나,
사백(四百) 팔십 리(八十里)를
무사(無事)히 건너오니,

천행(天幸)이라 하리로다.
이경(二更)51)에 국서(國書) 모셔
삼사상(三使相)이 한가지로
관소(館所)로 내려가니,
접대(接待)도 가이 없네.
"왜공(倭供)이 오늘부터
연(連)하여 한다." 하네.
배고프고 밤이 드니,
내 배에서 시켜 먹고,
숙소(宿所)로 내려가서
숙공(熟供)52)을 받아 보니,
밥 한 그릇 국 한 그릇
잡탕(雜湯) 한 기(器) 장(醬) 한 종지
또 무엇 드리는고?
큰 접시 하나 속에
녹육(鹿肉) 차어[鰹] 총채(葱菜)하고,
대엿 가지 마른 것을
조금씩 한데 놓고,
세 번째 드리는 것
가지김치 한 조각과
무우 장과(醬菓) 일기(一器)로다.
맨 나중 한 그릇에
감자를 가로 베어

---

51) 이경(二更) : 저녁 9-11시 사이의 시간. 일명 을야(乙夜).
52) 숙공(熟供) : 일본 측에서 제공하는 조리된 식량.

돈 같은 세 조각과

귤병(橘餠) 같은 누런 떡을

두 낱씩 놓아다가

영리(怜悧)한 왜소동(倭小童)이

차례로 와 들이니,

보기에 가소(可笑)롭다.

나하고 여섯 비장(裨將)

한 방(房)에서 함께 자고,

자재 시온(子才時韞) 사집(士執)53)이는

"선방(船房)에 가 잔다." 하네.

🕮 10월 7일 🕮

초칠일(初七日) 청명(淸明)하여

배 놓기 좋건마는

수험(搜驗)도 못하였고,

치목(鵄木)도 주변차(周變次)로

여기서 묵게 되니,

궁금하기 가이 없다.

타루(柁樓)54)에 올라앉아

삼현(三絃)을 크게 치고,

선장(船將) 전악(典樂) 마상재(馬上才)가

---

53) 자재 시온(子才時韞) 사집(士執) : 자재는 원중거(元重擧), 시온은 남옥(南玉), 사집은 성대중(成大中)공이다.
54) 타루(柁樓) : 배의 키를 조종하는 선실(船室)의 높은 곳.

일어나 대무(對舞)하니,
무수(無數)한 남녀 왜(男女倭)가
배 타고 와 굿을 보네.
영접관(迎接官)55) 한 사람과
봉행(奉行)56) 하나 재판(裁判)57) 둘이
삼사신(三使臣)께 재배(再拜)하니,
사신(使臣)네는 읍(揖)하신다.
부방(副房)에 들어가니,
세 분이 한데 모여
말씀하고 헤어질 때
종사상(從事相)의 뒤를 따라
삼방(三房)으로 들어가니,
임이오홍(任李吳洪)58) 다 왔구나.
왜(倭)놈이 보낸 음식(飮食)
내어놓고 자세 보니,

---

55) 영접관(迎接官) : 일명 영빙사(迎聘使). 앞 주의 고도숙랑(高島淑郞)의 『日東壯遊歌』 쪽 130에 의하면, 대마 번주(對馬藩主)의 가로(家老) 표평마(俵平磨 : 일본음 다와라히라미가)인데, 앞 주의 『해사일기』 11월 3일조에는 영접관 대신 "호행정관(護行正官)"이라 하고, 등여경(藤如卿 : 일본음 후지고도시게이)

56) 봉행(奉行) : 앞 주의 고도숙랑(高島淑郞)의 『日東壯遊歌』 쪽 131에 의하면, 다전감물(多田監物 : 일본음 오오다간모노)로 되어 있으나, 앞 주의 『해사일기』 10월 7일조에는 "영접 봉행(迎接奉行)"이라고 하여 평여민(平如敏 : 일본음 히라고도 시빈)이라고 하였음.

57) 재판(裁判) : 앞 주의 고도숙랑(高島淑郞)의 『日東壯遊歌』 쪽 131에 의하면, 평전소 좌위문(平田所左衛門)과 길촌귤 좌위문(吉村橘左衛門)인데, 앞 주의 『해사일기』 10월 7일조에는 평여림(平如林 : 일본음 히라고도시린)이라고만 되어 있음.

58) 임이오홍(任李吳洪) : 임은 임흘(任屹), 이는 이징보(李徵輔), 오는 오재희(吳載熙), 홍은 홍선보(洪善輔)공임.

네 모 진 세 층 합(盒)을
삼목(杉木)으로 만든 것을
"삼중(杉重)이라" 이름하고,
매 한 층에 두 가지씩
격격(隔隔)이 넣었으니,
합하여 여섯 가지
한 가지는 송풍(松風)이니,
빛 누렇고 산자(饊子)59) 같고,
유화(釉華)라 하는 것은
백강잠(白殭蠶)60) 형상(形狀)이오.
소륜(小輪)과 화편(花片) 떡은
오화당(五花糖)61) 모양이오.
낙안(落雁)62) 세 가지는
붉고 희고 누렇구나.
반월형(半月形) 같은 떡과
"반룡형(蟠龍形)63) 같은 과즐
찹쌀가루 설탕 타서
만들었다." 하는구나.
갓가지로 먹어 보니,

---

59) 산자(饊子) : 찹쌀가루 반죽을 얇게 조각내어 기름에 지진 것에다가 밥풀 튀긴 것을 조청이나 꿀로 붙인 유밀과.
60) 백강잠(白殭蠶) : 저절로 죽어서 빛깔이 희게 된 누에.
61) 오화당(五花糖) : 오색의 사탕.
62) 낙안(落雁) : 일명 간과자(干菓子). 초분(炒粉 : 일본음 이리꼬)에 사탕을 입히어 여러 가지 모양과 빛깔로 만든 과자.
63) 반룡형(蟠龍形) : 용이 서리어 또아리를 튼 것 같은 모양.

맛이 들큼하고 나야.
열다섯 생복(生鰒)에서
서넛을 얻어내어
벽해수(碧海水)에 삶아내니,
그 맛이 기절(奇絶)하다.
왜(倭)놈이 만홀(漫忽)64)하여
일공(日供)65)을 아니 주매,
유영장(柳營將)66)과 오선전(吳宣傳)67)이
꾸짖고 재촉하니,
내일(來日)로 바쳐지라
손 묶어 애걸(哀乞)하네.

❊ 10월 8일 ❊

선방(船房)에 와서 자고,
늦게야 일어나니,
내배 파(把) 박한중(朴漢中)68)이
불공(不恭)키 짝이 없어
어제 오늘 조반 죽(朝飯粥)을
늦도록 아니 주니,
선상(船上)에 나와 앉아

---

64) 만홀(漫忽) : 등한하고 소홀함.
65) 일공(日供) : 매일매일 제공하는 먹거리.
66) 유영장(柳營將) : 여기서는 유달원(柳達源)공임.
67) 오선전(吳宣傳) : 여기서는 오재희(吳載熙)공임.
68) 박한중(朴漢中) : 음역함.

결태 십도(結씀十度) 한 후(後)
이비장(李裨將)69)의 방에 가니,
향고직(饗庫直)70) 퇴거(退去)하고,
가합(可合)한 이 못 얻거늘
최영래(崔英來)71) 천거(薦擧)하니,
"어려워라 마다"하데.
이 놈을 채정(採定)하다.
다섯 동행 쌍륙(雙六)72) 처서
다승첩(多勝捷)73) 하온 후에
급급(急急)히 가서(家書) 써서
장계편(狀啓便)74)에 부치었다.
왜인(倭人)의 5일 지공(支供)
오늘이야 바치는데,
무수(無數)히 조롱(嘲弄)75)하니,
절통(切痛)키 측량(測量) 없다.

❈ 10월 9일 ❈

초구일(初九日) 새벽 비에

---

69) 이비장(李裨將) : 이징보(李徵輔)를 이름.
70) 향고직(饗庫直) : 먹거리를 관리하는 창고지기.
71) 최영래(崔英來) : 음역하였음.
72) 쌍륙(雙六) : 주사위를 써서 궁(宮)에 먼저 들어가기를 다투는 놀이의 한 가지.
73) 다승첩(多勝捷) : 여러 판을 이김.
74) 장계편(狀啓便) : 사신이 본국의 왕께 올리는 글월을 보내는 인편.
75) 조롱(嘲弄) : 비웃고 놀림. 여기서는 왜인(倭人)들이 조선 사행(使行)들에게 하였다는 뜻임.

뜸 치느라76) 잠을 깨니,
풍세(風勢)가 불순(不順)하여
또 묵으니 민망(憫惘)하다.

10월 10일

초십일(初十日) 비 개고서
월색(月色)이 매우 좋아
타루(柁樓)에 올라앉아
진주 공인(晉州工人) 불러다가
삼현(三絃)을 치이면서
객수(客愁)를 지우더니,
비장(裨將)들 나와 하되,
"사상(使相)이 들으시고,
웃으시고 하오시되,
'김진사(金進士)의 풍류(風流)하기
늙어도 쇠지 않으니,
기특(奇特)다.' 하신다."네.
전악(典樂)이 저[笛]를 불고,
선장(船將)이 별곡(別曲)하여
새도록 즐기다가
계명(鷄鳴)에 취침(就寢)하다.

---

76) 뜸 치느라 : 한의학(韓醫學)에서 아픈 곳에 마른 쑥을 놓고 불을 붙여 치료하는 의술의 한 가지.

❈ 10월 11일(대포) ❈

십일일(十一日) 청명(淸明)커늘
육선(六船)이 노역(櫓役)하여
포구(浦口)로 나오면서
조선(朝鮮)을 바라보니,
역력(歷歷)히 다 뵈는고.
반갑기도 반가울사.
왼편에 바다 끼고,
오른 편에 뫼를 끼고,
혹선 혹후(或先或後)하여
돛 달고 나아가니,
밀물과 바람결이
사납고도 거슬려서
갈 길이 전혀 없다.
일기선(一騎船) 방포(放砲)하고,
대포(大浦)77)로 들어가니,
다섯 배 뒤를 따라
만회(灣回) 굴곡(屈曲)78)하여
육칠 리(六七里)나 들어가니,
인가(人家)는 4-5호(戶)요,
빈잔(貧殘)이 참혹(慘酷)하다.
배 위에 앉았다가

---

77) 대포(大浦) : 일본음 오오우라.
78) 만회(灣回) 굴곡(屈曲) : 대포항의 바닷가 굽이가 구불구불하여 빙빙 돌음.

왜금도(倭禁徒)를 만나보고,
성명(姓名)을 물어보니,
질화도순길(質樺島淳吉)79)일세.
여기서 부중(府中)까지
얼만가 물어보니,
"육로(陸路)는 이백 리(二百里)요,
수로(水路)는 더 멀다"네.
선창(船艙)이 험(險)하기에
상부방(上副房) 못 다니고,
홍초관(洪哨官)과 사방(使房)에 가
쌍륙(雙六) 치고 돌아오니,
오선전(吳宣傳) 와서 보고,
밤늦게야 돌아가네.

🌟 10월 12일 🌟

십이일(十二日)80) 풍우(風雨)하여
못가고 묵게 되니,
식후(食後)에 상방(上房)에 가
사상(使相)네게 잠깐 뵙고,
동행(同行)들 찾아보고,
내 방으로 돌아와서
임도사(任都事)81) 홍비장(洪裨將)82)

---

79) 질화도순길(質樺島淳吉) : 음역하였음.
80) 십이일(十二日) : 원문에는 "십일일".

장기(將棋)로 소일(消日)하다.

❈ 10월 13일 ❈

십삼일(十三日) 역풍(逆風)으로
또 묵으니 심란(心亂)하다.
삼선(三船)으로 두루 다녀
장기 쌍륙(將棋雙六) 소일(消日)하고,
저녁에 비 갠 후에
달빛이 매우 좋아
가국(家國)을 생각하니,
객수(客愁)가 더욱 깊다.

❈ 10월 14일 ❈

십사일(十四日) 닭 울 때에
대풍(大風)하고 우박(雨雹)하여
흉흉(洶洶)히 성난 물결
산처럼 일어서니,
육선(六船)이 진탕(震盪)하여
다 서로 부딪히고,
뱃줄이 끊어지니,
뭇 배의 격군(格軍)들이

---

81) 임도사(任都事) : 여기서는 임흘(任屹)공임.
82) 홍비장(洪裨將) : 여기서는 홍선보(洪善輔)공임.

소리 치고 구원(救援)하여
다른 줄로 고쳐 맬 때
배방이 일렁거려
잠 한숨을 어이 자리?

10월 15일

아침에 일 일어서
동행(同行)들 만나보고,
위태(危殆)코 무섭던 줄
서로 치위(致慰)하는구나.
왜공(倭供)83)은 아니 주고,
오늘도 묵게 되니,
굼굼하고 심란(心亂)하기
한 붓으로 다 쓸소냐?
오늘은 보름이라
망궐례(望闕禮) 사배(四拜)하고,
삼선(三船)으로 두루 다녀
각각(各各) 문후(問候) 잠깐 하고,
왜사공(倭沙工) 와서 하되,
"비록 바람 아니 부나,
물결이 사나워서
못가리라." 하는구나.

---

83) 왜공(倭供) : 일본인들이 제공하는 먹거리.

"도중(島中)이 토박(土薄)하여
생리(生利)가 가난(家難)하기
효자토란(孝子土蘭)84) 심어두고,
그로 구황(救荒)한다."커늘
쌀 서되 보내어서
사다가 쪄 먹으니,
모양은 하수오(何首烏)85)요,
그 맛은 극히 좋아
마[薯]같이 무르지만,
달기는 더 났구나.
이 씨를 내어다가
아국(我國)에 심어두고,
가난(家難)한 백성(百姓)들을
흉년(凶年)에 먹게 하면,
참으로 좋겠으되,
시절(時節)이 통한(痛寒)86)하여
가져가기 어려우니,
취종(取種)87)을 어이 하리?
비 개고 달이 밝아
야경(夜景)이 기특(奇特)커늘
종사상(從事相) 모시고서

---

84) 효자토란(孝子土蘭) : 오늘날의 고구마를 이름.
85) 하수오(何受烏) : 새박뿌리로 한의학(韓醫學)에서는 약재(藥材)로 씀.
86) 통한(痛寒) : 몹시 심하게 추움.
87) 취종(取種) : 씨를 받아 재배하는 일.

임이오홍(任李吳洪)88) 네 비장(裨將)과

판옥(板屋)에 올라앉아

사면(四面)을 돌아보니,

건곤(乾坤)89)은 요략(嫪略)90)하여

한 점 구름 전혀 없고,

만산(萬山)은 그림 같이

한편에 둘려 있고,

물결은 잔잔(潺潺)하여

기름처럼 고여 있고,

이따금 큰 고기가

물속에 뛰는구나.

신세(身勢)는 일평(一萍)91)이오.

고국(故國)은 만리(萬里)로다.

오늘밤에 여기 와서

이리 놀 줄 어이 알리?

세상에 모를 것은

사나이 일이로다.

10월 16일

십육일(十六日) 풍우(風雨)하여

---

88) 임이오홍(任李吳洪) : 임흘(任屹), 이징보(李徵輔), 오재희(吳載熙), 홍선보(洪善輔)공들임.
89) 건곤(乾坤) : 하늘과 땅.
90) 요략(嫪略) : 위태한 모양으로 간들거림.
91) 일평(一萍) : 물 위에 떠도는 한 조각의 마름 풀.

또 못 가게 되니,
상선(上船)의 이강령(李康翎)92)과
장기(將棋) 세 번 이기오니,
정상(正相)이 기리시고,
부채 하나 상(賞) 주시네.

10월 17일

십칠일(十七日) 순풍(順風) 부나,
정상(正相)이 병환(病患) 있고,
부상(副相)도 자저(赵趄)93)하여
좋은 바람 허송(虛送)하니,
애닯고 심심하여
여러 동행(同行) 데리고서
왜선(倭船) 한 척 빌어 타고,
중류(中流)하여 풍류(風流)하고,
예 가 보고 제 가 보니,
왜인(倭人)들이 막는구나.
오늘이야 오일공(五日供)을
비로소 가져오나,
찬물(饌物)은 아니 주고,
다만 쌀만 주는구나.

---

92) 이강령(李康翎) : 여기서는 이해문(李海文)공임.
93) 자저(赵趄) : 걷기 어려움.

🕮 10월 18일 🕮

십팔일(十八日) 종사상(從事相)과
식전(食前)에 쌍륙(雙六)치고,
상선(上船)에 가 세 문사(文士)로
원로시(遠路詩)94) 차운(次韻)하니,
정상(正相)이 보오시고,
지필묵(紙筆墨) 상(賞)을 주네.

🕮 10월 19일(서박포) 🕮

십구일(十九日) 서북풍(西北風)에
비로소 닻을 달고,
육선(六船)이 차례로
악포(鰐浦)95)를 지나오니,
병풍(屏風) 같은 험(險)한 바위
울산(蔚山)부터 여기까지
오백 리(五百里)를 가로막아
물속에 숨어 있고,

---

94) 원로시(遠路詩) : 먼 길을 떠나며 지은 시. 소무(蘇武)의 "나그네는 길이 먼 것을 걱정하고[征夫懷遠路], 놀이꾼은 고향을 생각하여 못 떠난다[遊子戀故鄕]"라는 시가 유명하다. 퇴석이 지은 시는 아래와 같다.
   厭狀不方亦不尖   그 모양 모지거나 뾰족하지 아니하고.
   頂門有穴似經乏   이마 위에 있는 구멍 뜸질함과 같아 뵈네.
   老君八卦羅前後   태상노군 팔괘들이 앞뒤로 벌려 있어
   豈獨燒丹可煮鹽   금단뿐 아니라 소금도 구을거네.
95) 악포(鰐浦) : 일본음 와니우라.

배 한 척 지날 만치
한 골이 터졌으니,
만일 조금 그릇하면,
경각(頃刻)에 파선(破船)하매,
왜(倭)놈이 두 척 배를
두 편에 벌어 서서
뱃길을 내어놓고,
"그 사이로 가라!" 하니,
구당(瞿唐)96)과 염려퇴[灎澦堆]97)들
이에서 더 험(險)할까?
여섯 배 조심하여
차례로 넘어갈 때
여섯 배 조심하여
차례로 넘어갈 때
물결이 사나워서
설산(雪山)98)이 일어서니,
배가 못 견디어
틀리어 땀이 나네.
위태(危殆)하고 황공(惶恐)하기
비할 데 전혀 없다.
거기를 넘어서니,
긴 숨이 나는구나.

---

96) 구당(瞿唐) : 양자강(揚子江) 가에 있는 험한 곳.
97) 염려퇴[灎澦堆] : 구당협(瞿唐峽)의 입구에 있는 큰 바위의 이름.
98) 설산(雪山) : 여기서는 은빛 파도를 눈에 비유한 말.

바람이 사나워서
서박포(西泊浦)99)로 들어가니,
인가(人家)는 수삼호(數三戶)요.
경치(景致)도 기절(奇絶)하다.
역관(譯官)이 "마을 뒤에
서복사(西福寺)100)가 있다."커늘
두어 동행(同行) 데리고서
구경하러 올라가니,
빽빽한 수목(樹木) 속에
수십 층 석계(石階) 올라
문 열고 앉아 보니,
계정(溪亭)101)이 소쇄(瀟灑)하여,
화초(花草)가 기이(奇異)하여
크나큰 동백(冬栢)남기
붉은 꽃 만발(滿發)하여
열 길이나 높았으니,
종려자단(棕閭紫檀)102) 노송감자(老松柑子)103)
영산홍(暎山紅) 남천화(南天花)104)는
난만(爛漫)히 피어 있고,
그밖에 기화이초(奇花異草)

---

99) 서박포(西泊浦) : 일본음 니시도마루우라. 지금의 서박(西泊 : 일본음 니시도마루).
100) 서복사(西福寺) : 일본음 사이후꾸지.
101) 계정(溪亭) : 시냇가 정자.
102) 종려 자단(棕閭紫檀) : 종려나무와 자단나무.
103) 노송 감자(老松柑子) : 늙은 소나무와 귤(橘)나무.
104) 남천화(南天花) : 매자나무과에 딸린 상록 관상목(常綠觀賞木).

무수(無數)히 둘렸으며,
때 비록 겨울이나
예가 홀로 봄이로다.
절 뒤의 온 산 나무
모두가 춘백(椿栢)105)일세.
절 집이 삼간(三間)인데,
등매를 듬뿍 깔고,
상탁(床卓)이 정결(淨潔)하여
티끌 하나 없구나야.
자그마한 법당(法堂) 속에
금부처[金佛] 셋이 있네.
안계(眼界)를 굽어보니,
바다가 호수(湖水)되어
대 수풀 속서부터
은영(隱映)하여 뵈는구나.
아국(我國)에 있게 되면,
"절승(絶勝)타" 하리로다.
중의 모양 보아하니,
머리를 다 깎고서
아무 것도 아니 쓰고,
천릭(天翼)106) 같은 거문 옷을
담뿍이 입은 위에
가사(袈裟)107)를 메었으되,

---

105) 춘백(椿栢) : 참죽나무와 잣나무.
106) 천릭(天翼) : 조선시대 무관(武官)이 입던 공복(公服)의 하나.

뼈로 만든 흰 고리를
가슴에 달고 있다.
저물도록 해풍(海風) 쏘여
두통(頭痛)이 심하기에
저녁밥 끓여 먹고,
배방에 누웠더니,
어두운 후 비가 오니,
심란(心亂)키 가이 없다.

10월 20일

이십일(二十日) 서풍(西風) 불매
서박포(西泊浦) 묵게 되니,
삼사상(三使相)이 서복사(西福寺) 가
종일(終日)토록 완경(玩景)108)하되,
나는 몸이 심히 아파
조리(調理)하고 누었었다.

10월 21일

이십일일(二十一日) 조반(朝飯) 때에
유한상(劉漢祥)109) 와서 보고,

---

107) 가사(袈裟) : 중이 입는 법의(法衣).
108) 완경(玩景) : 경치를 구경하며 즐김.
109) 유한상(劉漢祥) : 여기서는 의인(醫人) 유성필(劉聖弼)공임.

"정기산(精氣散)110) 먹으라"기
세 첩 지어 한 첩 먹다.
"태풍(颱風)이 불리라"고
재판(裁判)이 저히더니111),
과연 황혼(黃昏) 때에
비 오고 바람 분다.
감자(柑子)와 강고도리
왜(倭)놈이 드리오니,
종상(從相)이 나누실 때
내게도 보내었다.

❈ 10월 22일 ❈

이십이일(二十二日) 종일 대풍(終日大風)하니,
배가 못 가고 병(病)도 들어
배방에 들어 누워
두시(杜詩)112)를 차운(次韻)하니,
"종상(從相)도 감기(感氣) 얻어
끓인 밥 하신다"네.

---

110) 정기산(精氣散) : 감기에 먹는 한방(韓方) 약.
111) 저히더니 : 두려워하더니.
112) 두시(杜詩) : 당(唐)나라 시성(詩聖)이라는 두보(杜甫)가 지은 시. 여기서는 두보가 지은 700자의 "북정시(北征詩)"를 가리키는데, 3사신과 4문사가 연구(聯句)로 지은 것이라 글이 많아서 소개하지 아니함.

10월 23일

이십삼일(二十三日) 병(病)이 나아
삼선(三船)113)으로 두루 다녀
왜(倭)놈은 "가자" 하되,
일선 사공(一船沙工) 막는구나.
내 병(病) 들고 위박(危迫)114)한 줄
정상(正相)이 들으시고,
상(傷)할까 염려(念慮)하사
양피(羊皮)요 보내었네.

10월 24일

염사일(念四日) 풍역(風逆)하여
또 못 가니 답답(沓沓)하다.
유영장(柳營將)115) 병(病)이 들어
서복사(西福寺)서 조리(調理)하네.

10월 25일

염오일(念五日) 배를 타고,
채복군(採鰒軍)116) 데리고서

---

113) 삼선(三船) : 정사·부사·종사의 삼사신이 탄 세 척의 배.
114) 위박(危迫) : 위험하고 급박함.
115) 유영장(柳營將) : 성명은 유달원(柳達源).
116) 채복군(採鰒軍) : 생복을 잡는 사람.

풍류(風流) 치고 포구(浦口)에 가
생복(生鰒) 잡아 회(膾)를 먹고,
대풍(大風)이 매우 부니,
배방(房)으로 돌아와서
민명천(閔明川) 병(病)을 묻고,
18시[酉時]에 방(房)에 가니,
약과 홍시(藥菓紅柿)117) 먹이거늘,
유영장(柳營將) 보러 가니,
일행(一行) 제인(諸人)들이
많이 와 앉았구나.
돌아와 밥을 먹고,
또 다시 올라가서
밤 깊도록 말하다가
돌아와 자고 깨니,

❈ 10월 26일(금포) ❈

이 날은 염육(念六)이라.
천명(天明)에 배를 타니,
풍조(風潮)가 구역(俱逆)118)하기
돛 지우고 노역(櫓役)하여
금포(琴浦)119) 와 배를 대니,

---

117) 약과 홍시(藥菓紅柿) : 약과와 홍시 감.
118) 구역(俱逆) : 바람과 물결이 모두가 순조롭지 아니함.
119) 금포(琴浦) : 일본음 긴우라.

육십 리(六十里)를 겨우 왔다.
정종방(正從房) 기복선(騎卜船)120)은
포북(浦北)에 닻을 주고,
부방(副房)의 기복선(騎卜船)은
포남(浦南)에 닿았으니,
그 사이 매우 멀어
왕래(往來)할 길 전혀 없다.
수십 여호(數十餘戶) 마을 앞에
어망(漁網)을 널었으되,
빛은 검고 길이 길어
몇 발인 줄 모르겠다.
저녁에 비선편(飛船便)121)에
서울 기별(寄別) 들어 보니,
가국(家國)이 무사(無事)하니,
기쁘기 가이 없으나,
회서 기별(回書寄別)122) 못 들으니,
궁금키도 가이 없다.

10월 27일(대마도)

염칠일(念七日) 북풍(北風)부니,
새벽에 발선(發船)하여

---

120) 기복선(騎卜船) : 사람이 탄 배와 짐을 실은 배.
121) 비선편(飛船便) : 매우 빨리 달리는 배.
122) 회서 기별(回書寄別) : 답장으로 보낸 편지에 관한 소식.

방포압뢰(芳浦鴨瀨)123) 흑도(黑島)124) 지나,

선두포(船頭浦)125) 저만 보고,

부중(府中)으로 들어가며

왼편을 돌아보니,

천해(天海)가 망망(茫茫)하여

너르기 가이 없고,

우편(右便)을 돌아보니,

기암(奇巖)과 괴석(怪石)들이

굽이굽이 절승(絶勝)하여

응접 불가(應接不可)126) 하리로다.

삼현(三絃) 치고 돛 지우고,

포구(浦口)로 들어가니,

도주(島主)127)와 정암승(酊庵僧)128)이

배타고 와서 맞네.

도주(島主)의 배를 보니,

---

123) 방포 압뢰(芳浦鴨瀨) : 방포(芳浦)와 압뢰(鴨瀨). 방포는 지금의 호포(芦浦 : 일본음 요시가우라)이고, 압뢰는 지금의 압거뢰(鴨居瀨 : 일본음 가모이세)임.
124) 흑도(黑島) : 일본음 구로시마.
125) 선두포(船頭浦) : 일본음 센도우우라.
126) 응접 불가(應接不可) : 가까이 접근할 수가 없음.
127) 도주(島主) : 대마도(對馬島)의 통치자. 당시 도주는 종의석(宗義錫 : 4074-4111, 1741-1778)이었음.
128) 정암승(酊庵僧) : 이정암승(以酊庵僧)의 잘못. 이정암승은 일본 측에서 조선과의 외교상 서간의 일을 전담할 사람이 필요함을 알고, 경도(京都 : 일본음 교토오)의 오산(五山)의 중 1인을 차출하여 대마도에 상주(常住)하게 하되, 이정암(以酊庵)에 머물게 하며 "이정암장로(以酊庵長老)"라고 일컬으며 조선에서 오는 통신사행의 접대를 맡아 하였음. 당시의 이정암승은 자(字)를 와운(臥雲), 호를 계암(桂巖)이라 한 용방장로(龍芳長老 : 4052-?, 1719-?)이었다.

오색 비단(五色緋緞) 장막 모양(帳幕模樣)
모상각(帽上角)129) 모양이요,
기(旗)와 독(纛)과 창(槍)과 총(銃)을
어지럽게 꽂은 속에
핏빛 같은 성성전(猩猩氈)130)을
교의(交椅)에 걸치고서
그 위에 앉았으며,
이정승(以酊僧)131)의 배를 보니,
붉은 일산(日傘) 꽂았는데,
다홍 대단(茶紅大緞) 옷을 입고,
평상(平床)에 앉았다가
사신(使臣)이 들어가니,
일시(一時)에 일어나서
두 번씩 읍(揖)을 하니,
사상(使相)네도 답읍(答揖)하네.
두 편에 굿 보는 이132)
남녀노소(男女老少) 귀천(貴賤) 없이
언덕에 매어 있고,
바위에 묶어 서서
배도 타고 와서 보니,
그 수를 어이 알리?
사신(使臣)네 계실 데를

---

129) 모상각(帽上角) : 모자 위의 뿔.
130) 성성전(猩猩氈) : 성성의 털로 짠 천. 붉은 빛 융단.
131) 이정승(以酊僧) : 이정암승(以酊庵僧).
132) 굿 보는 이 : 구경하는 사람

서산사(西山寺)로 정하였다.
부치(府治)가 터가 좁아
들 하나도 전혀 없다.133)
언덕을 싸 올리며,
바위에 의지(依支)하여
제비집 붙여 짓듯
집들이 달리었다.
[저녁에 밥을 먹고,
서산사(西山寺)로 올라가니,]134)
삼사신(三使臣) 계신 방이
한간씩 격자(隔子) 두어
바다를 임하여서
경치(景致)가 기특(奇特)하다.
선창(船艙)을 쌓아올려
배를 매었으니,
안온(安穩)하고 기절(奇絶)하여
진실(眞實)로 관방(關防)135)이다.
우리 넷 있을 데는
민가(民家)의 북편(北便)일세.
밤 든 후에 숙공(熟供)136)하니,
옻칠한 세 상(床) 위에

서산사(西山寺)

---

133) [제1책 끝],(국립 중앙도서관 소장 필사본, 승계 고 3613-13). 이하는 제2책임.
134) [ ]의 2구는 모산의 교합본에서 기워 넣음.
135) 관방(關防) : 국경을 지킬 요새(要塞).
136) 숙공(熟供) : 바로 먹을 수 있도록 요리하여 제공한 음식물.

서너 기(器)씩 놓았으니,
먹을 것 전혀 없다.
나중에 들이는 것
떡 같은 유(類)로구나.
방마다 구둘 없어
모두가 마루방에
다담137)을 듬뿍 깔고,
바람벽은 아니하고,
사면(四面)에 밀 장자(障子)로
바람을 막았으며,
그 안에 금병풍(金屛風)을
육첩(六帖)을 쳐 있으며,
벼루 필묵(筆墨) 종이들과
촛대 화로(火爐) 담뱃대를
다 새로 만들어서
다 각각 놓았으며,
비단 이불 비단 요를
사람 수(數)로 들이는데,
이불은 소매 있어
설면자(雪綿子)138)를 위에 두어
두껍기 측량(測量)없고,
요 모양(褥模樣)은 매우 넓어
이불처럼 크다 하고,

---

137) 다담 : 속에 짚을 두둑히 넣어 만든 일본식 돗자리. 일본어 다다미.
138) 설면자(雪綿子) : 풀솜.

솜들을 많이 두어
안팎 다 비단이오.
각색(各色) 빛이 다 있구나.
사신(使臣)네 이불 요는
대단(大緞)으로 하였으며,
격군(格軍)과 노자(奴子)들은
무명으로 하였으니,
그 값을 헤어 보면,
"은(銀) 수 천 냥(兩) 든다" 하네.
[저녁에 밥을 먹고,
서산사(西山寺)로 올라가니,]139)
판옥(板屋)이 소냉(蕭冷)하여
잠자기 어려웠다.
역관(譯官)들 곁에 들어,
무슨 말 의논(議論)는지
새도록 요란(擾亂)하니,
괴롭기 측량(測量) 없다.

🞛 10월 28일 🞛

이튿날 소쇄(瀟灑)하고,
사방(使房)에 들어가니,
삼사신(三使臣) 한 데 모여
삼현(三絃)을 장(壯)히 치고,

---

139) [ ]의 2구는 쪽 170에 기워 넣은 부분과 중복되는데 앞의 것이 나음.

소동(小童)으로 대무(對舞)하며,
재인(才人)으로 덕담(德談)하고,
줄 걸리고 재주 시켜
종일(終日)토록 단란(團欒)하니,
왜(倭)놈들 구경하고,
기특(奇特)고 장(壯)히 여겨
서로 보고 지저귀며
입 벌리고 책책(嘖嘖)한다.
도박 장기(賭博將棋) 매일 하며
가서(家書) 써 부치고서
거처(居處)가 소냉(蕭冷)하여
배방으로 나오려니,
삼문사(三文士)140) 만류(挽留)키에
초 켜고 앉았더니,
격벽(隔壁)의 민명천(閔明川)이
양의(良醫)141)하고 함께 와서
삼현(三絃) 치고 놀다가서
밤 깊어서 가는구나.

❇ 10월 29일 ❇

염구일(念九日)142) 조반(朝飯) 후에

---

140) 삼문사(三文士) : 제술관 남옥(南玉), 정사 서기 성대중(成大中), 부사 서기 원중거(元重擧)공을 이름.
141) 양의(良醫) : 여기서는 이좌국(李佐國)공임.

민명천(閔明川) 보러 가니,
처지(處地)가 고상(高尙)하고,
안계(眼界)가 광활(廣闊)하며,
헌창(軒窓)이 소쇄(瀟灑)143)하되,
화목(花木)이 총울(蔥鬱)하여
숙소(宿所)로 의논(議論)하면,
일행중(一行中) 제일(第一)이다.
부복선장(副卜船將)144) 유진원(兪進元)이
좌수포(佐須浦) 있을 때에
배 구멍 낙상(落傷)하여
병(病) 들어 누었더니,
오늘 예 와 객사(客死)하니,
참혹(慘酷)함도 참혹(慘酷)하다.

🞩 11월 1일 🞩

초일일(初一日) 청(淸)하거늘
망궐례(望闕禮) 새벽 하고,
사방(使房)에 잠깐 다녀
숙소(宿所)로 돌아오니,
이정암(以酊庵)145) 삼사신(三使臣)께
찬합(饌盒) 일비 들였으되,

---

142) 염구일(念九日) : 원문에는 "십구일(十九日)"로 되어 있으나, 잘못이므로 고치었음.
143) 소쇄(瀟灑) : 물을 뿌리고 닦아냄. 여기서는 속세(俗世)를 떠난 느낌이 있다는 뜻.
144) 부복선장(副卜船將) : 부사 일행의 짐을 실은 배의 책임자.
145) 이정암(以酊庵) : 여기서의 이정암은 일본인 용방장로(龍芳長老).

이름은 아니 쓰고,
별호 도서(別號圖書) 쳐 왔기에
"불경(不敬)타"고 도로 주니,
고쳐 이름 써 왔으니,
그제야 받고 보니,
이름이 용방(龍芳)이다.
제술관(製述官) 서기(書記)들과
삼수역(三首譯)146) 삼판사(三判事)147)께
각각 예물(禮物) 하였으되,
"증투(贈投)"148)라 하였기에
아니 받고 도로 주니,
"증유(贈遺)"라 고쳤으나,
무례(無禮)키 한 가지매,
또 다시 내어 주니,
세 번째 고쳤는데,
도서(圖書)149)는 아니 치고,
계암 별호(桂巖別號) 써 왔으니,
그제야 받은 뒤에
우리도 저와 같이
서너 가지 답례(答禮)하고,

---

146) 삼수역(三首譯) : 여기서는 조선의 정사 수역 최학령(崔鶴齡), 부사 수역 이명윤(李命尹), 종사관 수역 현태익(玄泰翼)공임.
147) 삼판사(三判事) : 여기서는 조선의 세 통사(通事) 곧 일방(一房) 상통사 최홍경(崔弘景), 이방 상통사 최봉령(崔鳳齡), 삼방 상통사 오대령(吳大齡)공들을 이름.
148) 증투(贈投) : 선물함.
149) 도서(圖書) : 여기서는 도장(圖章), 곧 인장(印章).

별호(別號) 써 보낸 후에
제 예물(禮物) 떼어 보니,
남초(南草)150) 스무 봉과
선자(扇子)151) 넷이었다.
일행(一行)들 나눠 주니,
다 좋아하는구나.

11월 2일

초이일(初二日) 청명(晴明)하고,
서산사(西山寺)서 또 묵었다.
공인(工人) 둘 격군(格軍) 둘이
병(病) 들어 못 가기에
유진원(兪進元)의 관(棺) 가는데,
동래(東萊)로 보내었다.
봉행(奉行) 셋이 먼저 와서
삼사신(三使臣)께 청알(請謁)하니,
와룡관(臥龍冠) 학창의(鶴氅衣)152)로
삼중석(三重席)에 앉으시고,
군관(軍官)들 군복(軍服)하고,
좌우에 배립(陪立)하니,
봉행(奉行)이 들어와서

---

150) 남초(南草) : 담배의 옛 이름.
151) 선자(扇子) : 부채.
152) 학창의(鶴氅衣) : 빛이 희고 소매가 검은 천으로 꾸민 선비의 웃옷.

공순(恭順)히 재배(再拜)하니,

사신(使臣)네 일어서서

두 번을 답읍(答揖)하고,

차담상[茶啖床] 다 먹인 뒤에

재배(再拜)하고 나가므로,

대마도주(對馬島主) 평의창(平義暢)153)과

이정암(以酊庵) 용방(龍芳)이와

서산장로(西山長老)154) 와서 뵈되,

입고 쓴 것 괴이(怪異)하다.

도주(島主)가 썼는 것은

사모 형상(紗帽形狀) 같았으나,

모자(帽子)는 매우 작고,

뿔 하나 꽂았으되,

언월형(偃月形)155) 모양으로

꼭뒤에 드리웠고,

이정암(以酊庵) 썼는 것은

파리머리 같았으나,

세 면(面)으로 드림156)하여

투구처럼 드리우고,

홍금 가사(紅金袈裟) 곱게 지어

담뿍이 입었으며,

---

153) 평의창(平義暢) : 종의창(宗義暢)의 잘못임.
154) 서산장로(西山長老) : 서산사(西山寺)의 장로(長老) 곧 일본인 본장사조본(本藏司祚本)임.
155) 언월형(偃月形) : 음력 정월 보름 전후의 달 모양.
156) 드림 : 길게 매달아 늘이는 물건.

서산장로(西山長老) 썼는 것은
더구나 괴이(怪異)하여
모양(模樣)은 휘항(揮項)157) 같고,
두 뿔이 뾰족하여
괴기(怪奇)처럼 일어서고,
뿔 하나는 앞에 있다.
사상(使相)네와 상읍(相揖)하고,
자리에 앉은 후에
삼차(蔘茶) 한 잔 먹이고서
차담[茶啖]을 들이오되,
사상(使相)과 도주 장로(島主長老)
좌우 곁상 갖추었고,
서산(西山) 장로(長老)에게
다만 한 상 주온 뒤에
사상(使相)네 저(箸)를 들어
먹기를 권(勸)하오니,
삼인(三人)이 저를 들어
두세 번 집어먹고,
놓았던 데 저(箸) 놓으니,
삼다(蔘茶) 세 순(巡) 들이고서
사상(使相)네 순순(巡巡)마다
저(箸) 들면 저도 든다.
도주(島主)가 앉은 뒤에

---

157) 휘항(揮項) : 휘양. 머리에 쓰는 방한구(防寒具)의 하나.

사모(紗帽) 쓴 놈 셋이 앉고,
두 장로(長老) 앉은 뒤에
상좌(上佐)158) 셋씩 앉았구나.
왜봉행(倭奉行)과 최수역(崔首譯)이
피차 전어(彼此傳語) 서로 한다.
파하여 돌아간 뒤
우리도 돌아왔네.
저녁밥 먹을 때에
유영장(柳營將) 병이 나아
소세(梳洗)하고 나왔으니,
기쁘고 다행(多幸)하다.
무진년(戊辰年)159) 일기(日記) 보니,
기국서(紀國瑞)160)라 하는 놈이
별호(別號)는 난암(蘭庵)이요,
우삼동(雨森東)161)의 제자로서
음흉(陰兇)하고 불량(不良)하여
폐로운 일 많다더니,
일학(一學)이라 이름 고쳐
부산(釜山)서 떠나올 때

우삼동(雨森東)

---

158) 상좌(上佐) : 상좌 중. 행자(行者). 불교에서 사승(師僧)의 대를 이을 사람 중에서 가장 높은 사람.
159) 무진년(戊辰年) : 영조 24(4081, 1748)년.
160) 기국서(紀國瑞) : 제10차 통신사를 접대한 일본 사람.
161) 우삼동(雨森東) : 원 이름은 우삼동오랑(雨森東五郎 : 4001-4088, 1668-1755, 일본음 아메노모리 도우고로우). 대마번(對馬藩)의 유자(儒者)로 호는 방주(芳洲). 저술로『교린수지(交隣須知)』·『교린제성(交隣提醒)』등이 있음.

도선주(都船主)로 나왔다가
예까지 나왔더니,
호행대차(護行貸借) 퇴거(退去) 때에
간사관(幹事官)을 제가(除加)하여
우리와 가게 되니,
근심이 적지 않아
재판(裁判)과 한 가지로
우리를 와서 보되,
키 크고 글 잘하고,
삼국어(三國語)를 다한다네.
얼굴이 검푸르러
소견(所見)이 흉참(凶慘)하다.

11월 3일

초삼일(初三日) 대마도주(對馬島主)
재판(裁判)을 보내어서
수역(首譯)에게 청(請)을 하고,
우리를 "보자" 하되,
기해년(己亥年)[162] 사행(使行) 때에
배례 절차(拜禮節次) 다투어서[163]
가 본 일 없는 고로

---

162) 기해년(己亥年) : 숙종 45(4052, 1719)년.
163) 배례 절차(拜禮節次) 다투어서 : 이 일에 관하여는 당시의 제술관(製述官)이었던 청천(靑泉) 신유한(申維翰)공의 『海遊錄(해유록)』에 자세히 나와 있음.

칭병(稱病)하고 아니 가니,
이정암(以酊庵) 글 보내고,
"차운(次韻)하여 달라" 하되,
율시(律詩) 하나 절구(絶句) 하나
와운산인(臥雲山人) 도서(圖書) 쳤네.
화답(和答)하여 보낸 뒤에
사방(使房)에 들어가니,
칠율(七律) 세 수 지어다가
삼사신(三使臣)께 들이고서
"차운(次韻)하여 달라" 하되,
"사사(使事)164)를 하기 전은
창화(唱和)를 못하노라."
아니 지어 주었구나.
서중화(徐中和)165) 유영장(柳營將)166)이
곁방에 와서 드니,
주야(晝夜)로 단란(團欒)하여
마음이 든든하다.

🕮 11월 4일 🕮

초사일(初四日) 사방(使房) 가니,
사상(使相)네 심심하여

---

164) 사사(使事) : 사신(使臣)이 하여야 할 본래의 목적이 되는 일.
165) 서중화(徐中和) : 성명은 서유대(徐有大).
166) 유영장(柳營將) : 성명은 유달원(柳達源).

촉한(蜀漢) 때 인물(人物)로

일행(一行)을 비교(比較)할 때

장완(蔣琬)167)으로 날 비(比)하고,

시온(時韞)은 장송(張松)168)이오.

자재(子才)는 비위(費緯)169)라고

사집(士執)은 범증(范增)170)이오.

민명천(閔明川)은 관우(關羽)171) 같고,

김영장(金營將)172)은 장비(張飛)173)로다.

서중화(徐中和)174)는 자룡(子龍)175)이오.

이강령(李康翎)176)은 마초(馬超)177)라고

이매(李梅)는 황충(黃忠)178)이오.

---

167) 장완(蔣琬) : 촉한인(蜀漢人). 자는 공염(公琰). 제갈양(諸葛亮)에게 장완은 사직지재(社稷之才)라고 칭송 받음.
168) 장송(張松) : 후한인(後漢人) 재변(才辯)이 있었음.
169) 비위(費禕) : 촉한인(蜀漢人). 자는 문위(文偉). 시호는 경(敬). 벼슬은 유비(劉備) 때에 태자사인(太子舍人)에 이르렀음.
170) 범증(范增) : 진인(秦人). 호는 아보(亞夫). 항우(項羽)를 도와 홍문연(鴻門宴)을 열어 유방(劉邦)을 살해할 것을 권하여 실패함.
171) 관우(關羽) : 촉한인(蜀漢人). 자는 운장(雲長). 촉한 건국의 공이 큼. 명(明)나라 만력 연간(萬曆年間)에 협호국 충의 대제(協護國忠義大帝)에 추봉되었음.
172) 김영장(金營將) : 성명은 김상옥(金相玉).
173) 장비(張飛) : 삼국시대 촉인(蜀人). 자는 익덕(益德), 시호는 환(桓). 어려서 관우(關羽)와 함께 유비(劉備)를 섬김. 촉한(蜀漢) 건국에 공이 컸음.
174) 서중화(徐中和) : 성명은 서유대(徐有大).
175) 자룡(子龍) : 촉한인(蜀漢人) 조운(趙雲). 자룡은 그의 자(字). 원래 공손찬(公孫瓚)을 섬기다가 유비(劉備)를 섬기어 진군장군(鎭軍將軍)에 이름.
176) 이강령(李康翎) : 성명은 이해문(李海文).
177) 마초(馬超) : 초한인(蜀漢人). 자는 맹기(孟起). 시호는 위(威). 촉에서의 벼슬은 표기장군(驃騎將軍)에 이름.
178) 황충(黃忠) : 촉한인(蜀漢人). 자는 한승(漢升). 시호는 강(剛). 벼슬이 정서장군(征

유영장(柳營將)179)은 향총(向寵)180)이오.

임도사(任都事)181)는 마대(馬岱)182)라고

오선전(吳宣傳)183)은 왕평(王平)184)이오.

조도사(曺都事)185)는 위연(魏延)186)이오.

양선전(梁宣傳)187)은 마양(馬良)188)이오.

홍초관(洪哨官)189)은 미축(糜築)이오.

이마(理馬)190)는 주창(周倉)191)일세.

이좌국(李佐國)은 양인[良醫]고로

양의(楊儀)192)라 이름하고,

권기(權琦)193)는 총명(聰明)타고

유기(劉基)194)라 하는구나.

西將軍).
179) 유영장(柳營將) : 성명은 유달원(柳達源).
180) 향총(向寵) : 촉한인(蜀漢人). 유비시(劉備時) 아문장(亞門將)이었음.
181) 임도사(任都事) : 성명은 임흘(任屹).
182) 마대(馬岱) : 촉한인(蜀漢人). 벼슬은 평북장군(平北將軍)에 이르렀음.
183) 오선전(吳宣傳) : 성명은 오재희(吳載熙).
184) 왕평(王平) : 촉한인(蜀漢人). 자는 자균(子均). 벼슬은 진북장군(鎭北將軍)에 이름.
185) 조도사(曺都事) : 조학신(曺學臣).
186) 위연(魏延) : 촉한인(蜀漢人). 자는 문장(文長). 벼슬이 정서대장군(征西大將軍)에 이르렀음.
187) 양선전(梁宣傳) : 성명은 양용(梁瑢).
188) 마양(馬良) : 촉한인(蜀漢人). 자는 계상(季常). 벼슬이 시중(侍中)에 이름.
189) 홍초관(洪哨官) : 성명은 홍선보(洪善輔).
190) 이마(理馬) : 말을 관리하는 담당자.
191) 주창(周倉) : 관우(關羽)의 부장(副將).
192) 양의(楊儀) : 촉한인(蜀漢人). 자는 위공(威公). 벼슬은 중군수(中軍帥)에 이름.
193) 권기(權琦) : 부사(副使)의 자제군관(子弟軍官)으로 동행한 전 찰방(察訪). 자는 기옥(琦玉)임.

일장(一場)이 대소(大笑)하고,
숙소(宿所)로 돌아와서
왕유 궁사(王維宮詞) 열두 수195)를
삼료(三僚)196)로 차운(次韻)하다.

❋ 11월 5일 ❋

초오일(初五日) 정사상(正使相)이
쌀 두 섬 동여 놓고,
일행(一行) 제인 중(諸人中)에
"아무나 들라!" 하되,
아무도 못 들고서
장사군관(壯士軍官) 조만호(曺萬戶)197)가
땅 띠움을 겨우 하니,
그 쌀을 상(賞)을 주네.
왜(倭)놈들 모두 보니,
피연(披演)키 막심(莫甚)하다.

---

194) 유기(劉基) : 오(吳)나라 사람. 자는 경여(敬輿). 14세에 아버지의 상을 당하여 예를 다하여 칭송이 높았음. 벼슬은 낭중령(郞中令)이었음.

195) 왕유 궁사(王維宮詞) 열두 수 : 왕유(王維 : 3032-3092, 699-759)가 지은 궁사(宮詞) 12수(首). 왕유는 당(唐)나라 시인이며 화가. 자는 마힐(摩詰). 벼슬은 상서 우승(尚書右丞)을 지내 세상에서는 "왕우승"이라고 일컬었음. 산수 전원시(山水田園詩)로 유명하며 특히 그의 시를 송(宋)나라 소식(蘇軾)이 "시가 그림이고, 그림이 곧 시이다[詩中有畵畵中有詩]"라고 평하여 더욱 유명하다. 궁사는 궁중에서 일어나는 여러 가지 일이나 사물들을 소재 또는 주제로 하여 지은 사(詞)를 이름.

196) 삼료(三僚) : 문사(文士) 세 사람의 동료(同僚).

197) 조만호(曺萬戶) : 성명은 조신(曺信).

남편(南便) 쪽 언덕 위에
해산사(海山寺)가 있다커늘
삼방(三房)의 제인(諸人)들로
삼현(三絃)을 앞세우고,
구경하고 내려가니,
두 살 바탕 겨우 하다.
술집과 면방(麵房)198) 싸전[米廛]
좌우에 벌였는데,
깊이 있는 왜녀(倭女)들이
풍류(風流) 듣고 다 나오네.
길가 집 한 계집이
문 열고 베를 짜되,
베틀 연장 온갖 것이
조선(朝鮮)과 한 가지다.
층층(層層)한 돌층계(層階)를
매우 높게 올라가니,
대문 중문(大門中門) 들어가서
방사(房舍)도 광활(廣闊)하고,
화초(花草)도 기묘(奇妙)하다.
금(金) 칠한 부처 하나
북벽(北壁)에 앉혀 있고,
동편(東便)의 한 집 속에
도민(島民)들의 부모처자(父母妻子)

---

198) 면방(麵房) : 국수집.

두루 벌어 앉혔으되,
영(影) 지게 옻칠하고,
금(金)으로 장식(裝飾)하여
축(祝)도 같고, 신주(神主) 같다.
북편(北便)의 작은 문(門)을
단단히 잠갔거늘
왜통사(倭通事)를 달래어서
문(門)을 열고 들어가니,
중 하나 앉았으되,
기골(氣骨)이 청수(淸秀)하다.
"필묵(筆墨)을 달라!" 하여
필담(筆談)으로 문답(問答)하니,
다과(茶菓) 내어 먹이고서
글씨를 구하거늘
조생원(趙生員)199)의 큰 붓 얻어
열 아무 장 써서 주고,
오던 길로 도로 나와
광청사(光淸寺) 둘러보니,
경개(景槪)가 절승(絶勝)하여
해안사(海岸寺)에 비하면은
"산빛과 바다경(景)이
매우 낫다." 하리로다.
남루(南樓)에 올라앉아

---

199) 조생원(趙生員) : 성명은 조동관(趙東觀)이고, 자는 성빈(聖賓)이며, 호는 화산재(花山齋)라고 한 정사(正使)의 반인(伴人)임.

종일(終日)토록 조망(眺望)하니,
이역(異域)의 손의 근심
거기 잠깐 잊을로다.
임도사(任都事) 병을 묻고,
삼문사(三文士) 데리고서
유우석(劉禹錫)200)의 죽지사(竹枝詞)201)를
십칠 수(十七首) 차운(次韻)하다.

🞱 11월 6일 🞱

초육일(初六日) 조반(朝飯)하고,
사방(使房)에 올라가니,
도주(島主)가 문안사(問安使)를
일찍이 보내었다.
또 사자(使者) 보내어서
사신(使臣)네를 청하오니,
위의(威儀)를 갖추어서
삼사신(三使臣)이 가오시니,
구십 오필(九十五匹) 안장(鞍裝)말을
도주(島主)가 보내었네.
삼방(三房)의 상종하관(上從下官)

---

200) 유우석(劉禹錫 : 3105-3175, 772-842) : 당(唐)나라 시인. 자는 몽득(夢得). 흉노족(匈奴族)의 후예로, 3125(793)년 진사가 되어 벼슬이 예부상서(禮部尙書)에 이르렀다. 시를 잘 지어 백거이(白居易)와 함께 일컬어져 "유백(劉白)"이라 함. 저술로 『유몽득문집(劉夢得文集)』 40권이 있음.
201) 죽지사(竹枝詞) : 유우석(劉禹錫)이 처음 지은 악부(樂府)의 한 체(體).

다 말을 태우시며,
양의(良醫)202)와 삼수역(三首譯)203)은
가마를 태웠는데,
그 가마 모양 보니,
위에는 옻칠하여
지붕 마루처럼
나무로 하였으며,
사면(四面)은 흰 돛처럼
마치 맞게 베어내어
나무 조각 대고서는
못 박아 꾸몄으며,
왼 옆으로 밀 창(窓)하여
그리로 들게 하고,
앞과 오른 옆은
사(紗) 바르고 밀 창 내고,
등(藤)204)으로 네모 얽어
아래위를 도리고서
아래 체는 아니하고,
길이로 마루 위에
옻칠한 긴 나무를
붙박이로 얹어놓고,

---

202) 양의(良醫) : 여기서는 이좌국(李佐國)공임.
203) 삼수역(三首譯) : 여기서는 일방 수역 최학령(崔鶴齡), 이방 수역 이명윤(李命尹), 삼방 수역 현태익(玄泰翼)공들임.
204) 등(藤) : 종려과(棕櫚科)에 딸린 넝쿨나무. 등나무.

두 놈이 메고 가니,
멜 통과 마치 같다.
우리는 아니 가고
숙소(宿所)로 돌아와서
격군(格軍) 네 놈으로
흰떡을 치이더니,
왜(倭)놈의 아이들이
울 틈으로 엿보고는
상관(上官)을 부르면서
빌면서 "달라!"커늘,
조금씩 나눠 주니,
뛰놀며 좋아한다.
전어관(傳語官)205) 승칠(勝七)206)이가
들어와 뵈옵는데,
위인(爲人)이 참실[眞實]하여
간사(奸詐)치 아녛거늘,
전모(煎牟)207)를 먹게 주니,
조금 떼어 먹어보고,
품에서 종이 내어
싸 가지고 나가더니,
저녁에 또 오는데,

---

205) 전어관(傳語官) : 일본 측 하위 통역.
206) 승칠(勝七) : 일본측 통역으로 본명은 고도숙랑(高島淑郞) 역주 『日東壯遊歌』
　　쪽 168에 의하면, 간영승칠(間永勝七)임.
207) 전모(煎牟) : 보리 가루를 반죽하여 지짐판에 구은 음식의 한 가지.

제 겨레 이길(伊吉)208)이를
밥 들리고 들어와서
"먹으라!" 권하거늘,
"식후(食後)기에 배가 불러
못 먹겠다." 사양(辭讓)하니,
우리가 독(毒) 있다고
아니 먹는 줄로 알고.
제가 조금 맛을 보고,
간절(懇切)히 권하거늘,
인정(人情)에 걸리어서
서너 술씩 맛을 보니,
세 가지 반찬(飯饌)들이
맛이 퍽 무던하다.
화전(華箋)209)으로 답례(答禮)하니,
치사(致謝)하고 돌아간다.
초경량(初更量)에 사신(使臣)네가
취타(吹打)하고 오시거늘,
즉시 가 뵈옵고서
연향절차(宴饗節次) 묻자오니,
사상(使相)네 하오시되,
"연로(沿路)에 굿 보는 이210)
그 수가 무수(無數)하고,

---

208) 이길(伊吉) : 앞 주의 고도숙랑(高島淑郞) 역주『日東壯遊歌』쪽 168에 의하면, 이길(伊吉)의 원 성명은 청유이길(靑柳伊吉)이다.
209) 화전(華箋) : 중국산 편지지.
210) 굿 보는 이 : 구경하는 사람들.

좌우(左右)에 시정(市井)211)들이
번화(繁華)키 극진(極盡)하고,
부중(府中)에 들어갈 때
대문(大門)에 이르러서
말 탄 이 말 내리고,
제이문(第二門)에 이르러서
가마 탄 이 다 내리고,
셋째 문(門)에 다다라서
사상(使相)네 남여(藍輿) 내려
도주(島主)가 나 맞는데,
각(各) 도로(道路) 인도(引導)하여
여러 굽이 들어가서
정청(政廳)에 올라가니,
도주 장로(島主長老)212) 복색(服色)들이
저 때와 한 가지였네.
객동(客東) 주서(主西)213)하여
상대(相對)하여 앉은 뒤에
군관(軍官) 원역(員役)들이
뵌 대로 재배(再拜)하니,
도주(島主)는 보지 않고,
응연(凝然) 부동(不動)하네.
기해(己亥) 무진(戊辰)년214)에

---

211) 시정(市井) : 사람의 집들이 모여 있는 곳.
212) 도주 장로(島主長老) : 대마 도주(對馬島主)와 장로(長老).
213) 객동(客東) 주서(主西) : 손님은 동쪽에 자리잡고, 주인은 서쪽에 자리 잡음.

도주(島主)가 괴씸하여

남편(南便)으로 비껴 앉아

절을 받는 고로

그 때에 다투어서

언약(言約)을 하였기에

이번은 의창(義暢)215)이가

그리 아니하는구나."

공연(供宴)216)을 하올 때는

사신(使臣)네 시복(試服)217)하고,

구작 구미(九嚼九味)218) 마친 뒤에

와룡관(臥龍冠) 난삼(鸞衫)219)으로

[사연(使宴)을 받으시니,

도주(島主)는 관복(冠服) 벗고,

나와서 대좌(對坐)하니,

범왜(凡倭)와 한 가지다.]220)

술 대신에 차를 들여

구작구미(九嚼九味) 또 하는데,

송백 매화(松柏梅花) 가화초(假花草)를

---

214) 기해(己亥) 무진(戊辰)년 : 기해년은 조선 효종 10(3992, 1659)년이고, 무진년은 숙종 14(4032, 1688)년이다.
215) 의창(義暢) : 당시의 대마도주(對馬島主) 종의창(宗義暢)임.
216) 공연(供宴) : 음식을 제공하는 잔치.
217) 시복(試服) : 시험 삼아 음식을 먹어 보임.
218) 구작 구미(九嚼九味) : 아홉 번에 걸쳐 내어오는 음식과 아홉 가지의 맛있는 반찬. 구작 칠미(九嚼七味).
219) 난삼(鸞衫) : 검거나 푸른 빛깔의 예복의 한 가지.
220) [ ]부분 4구는 모산의 교합본에 없는 부분임.

색색(色色)으로 들이오되,
먼저 든 것 내어놓고,
새것 다시 들여온다.
찬품(饌品)은 숙공(熟供) 같고,
복색(服色)은 정묘(精妙)하여
창벽(窓壁)과 기둥들이
금(金)으로 장식(裝飾)하고,
도주(島主)의 채녀(彩女)들은
머리를 풀어내서
왜(倭)밀 기름 많이 발라
꼭뒤로 내리쳤네.
군관 역관(軍官譯官) 중관(衆官)들이
다 각각 자리로 가
따라간 전어관(傳語官)들
음식(飮食)을 빌어먹고,
혹 어떤 못 쓸 놈은
위격(違格)으로 앗아가니,
염치(廉恥)가 도상(都喪)221)하고,
기강(紀綱)이 전혀 없네.
좌우편(左右便) 월랑(月廊) 속에
[백 여(百餘) 자루]222) 조총(鳥銃) 놓고,
위의(威儀)와 집물(什物)들이
심(甚)히 간난(艱難)하여 뵈고,

---

221) 도상(都喪) : 모두 잃음.
222) [ ]의 4자는 모산 교합본에 없는 것임.

그 밖에 뵈는 것들
장려(壯麗)한 것 없는 것을
전(前) 사[람 일기(日記)들이
과장(誇張)인 줄 알만 했다.
유영장(柳營將)223) 문답(問答)할 때]224)
"절 아니 하다." 하네.
임도사(任都事) 이강령(李康翎)225)과
우리 넷이 못 갔기에
여섯 사람 나눠 먹게
삼중(三重) 둘 보내었네.
밤늦도록 말하다가
닭 운 뒤 취침(就寢)하다.

❈ 11월 7일 ❈

초칠일(初七日) 미우(微雨)하고,
서산사(西山寺)서 머물렀다.

❈ 11월 8일 ❈

초팔일(初八日) 풍우(風雨)하매,
네 문사(文士) 사방(使房) 가니,

---

223) 유영장(柳營將) : 유달원(柳達源).
224) [ ]의 3구는 모산 교합본에 없는 것임.
225) 임도사(任都事) 이강령(李康翎) : 임도사는 임흘(任屹)공이고, 이강령(李康靈)은 이매(李梅)공임.

정사상(正使相) 설찬(設饌)하여
동행(同行)들 다 먹이고,
삼현(三絃) 치고 즐기다가
숙소(宿所)로 돌아와서
남산시(南山詩)226) 차운(次韻)하여
대해연구(大海聯句) 짓고 자다.

11월 9일

초구일(初九日) 사례관(謝禮官)을
도주(島主)와 봉행(奉行)에게
전례(前例)대로 보내오니,
구도주(舊島主) 말 보내되,
"무진년(戊辰年)227) 사행(使行) 때에
인삼(人蔘)을 주었으니,
이번도 달라!" 하니,
서근 반[三斤半] 보내었다.
장문창(張文昌)228)의 절구시(絶句詩)를
이십수(二十首) 차운(次韻)하니,
밤이 퍽 깊었거늘,
삼료(三僚)로 함께 자다.

---

226) 남산시(南山詩) : 당(唐)나라 수도 장안(長安)의 종남산(終南山)을 소재로 하여 한유(韓愈)가 지은 102운(韻) 204구(句)의 장편 시임.
227) 무진년(戊辰年) : 조선 영조 24(4081, 1748)년임.
228) 장문창(張文昌) : 당나라 시인 장적(張籍 : 3098-3163, 765-830). 벼슬은 국자사업(國子司業)에 이름. 시집 7권이 전함.

권2 195

11월 10일

초십일(初十日) 청명(淸明)하니,
승선 택일(乘船擇日)229) 오늘인데,
도주(島主)가 저녁때에
배 탔다가 도로 가니,
풍도(風濤)도 험하기에
발선(發船)을 못하였다.

11월 11일-12일

십일일(十一日) 십이일(十二日)은
풍세(風勢)도 좋건마는
도주(島主)가 아니 가니,
할 일없어 앉았더니,
오후(午後)에 삼사상(三使相)이
국서(國書)를 모시고서
[여러 굽이 들어가서
정청(政廳)에 올라서니,]230)
"승선(乘船)한다." 영(令)이 나니,
우리도 배로 가서
뱃머리에 서서 보니,
각선(各船)으로 오르신다.
밤 든 후 "마도주(馬島主)가

---

229) 승선 택일(乘船擇日) : 가려잡은 배 탈 날.
230) [ ] 안의 2구는 모산의 교합본에서 기워 넣음.

또한 배를 탄다."하네.

❈ 11월 13일(일기도) ❈

십삼일(十三日) 진시량(辰時量)에
비로소 발선(發船)할 때
도주(島主)가 앞에 서고,
육선(六船)이 차례로 나
포구(浦口)를 겨우 나니,
서풍(西風)이 매우 불어
배 가기 심히 빨라
물결을 헤치고서
나는 듯 달아나니,
바람과 물소리는
천지(天地)가 진동(震動)하고,
하늘을 돌아보니,
햇빛과 구름덩이
뒤쪽서 돋는구나.
배방이 진탕(震宕)하여
이리 눕고 저리 눕고
돛대가 움직이며
우두둑 하는 소리
하 끔찍 놀라우니,
혼백(魂魄)이 다 빠진다.
배 안의 사람들이

다 모두 구토(嘔吐)하고,
다만 하나 도사공(都沙工)이
치만 잡고 앉았으니,
염라국(閻羅國)231) 십왕전(十王殿)232)이
널 하나만 가렸구나.
슬프다! 죽고 살기
호흡(呼吸)에 달렸더니,
다행(多幸)히 14시[未時量]에
일기도(壹岐島)233) 풍본포(風本浦)234)에
닻 주고 배를 대니,
이제는 살았도다.
오백 리 큰 바다를
세 시(時)만에 들어오니,
왕령(王靈)이 도운 바라.
"하늘이라" 하리로다.
위태할 손 일기선(一騎船)이
삼십 리 못 나와서
한 아름 구목치가
풍도(風濤)에 부러지니,
배가 기울어져
물속에 들락날락

---

231) 염라국(閻羅國) : 염라대왕(閻羅大王)이 다스리는 나라. 죽음의 나라. 명국(冥國).
232) 십왕전(十王殿) : 염라대왕을 비롯한 10명의 왕이 있다는 저승 세계의 대궐.
233) 일기도(壹岐島) : 일본음 이끼시마. 지금의 풍본포(風本浦).
234) 풍본포(風本浦) : 일본음 가제모토우라.

맹렬(猛烈)한 바다 물결
사면으로 일어서서
타루(柁樓) 위에 있는 사람
의복(衣服)이 다 젖는다.
다른 치를 겨우 빼어
바다에 드리치고,
배 굽게 박으려니,
바람에 뛰는 배가
만 장(萬丈)이나 올랐다가
천 장(千丈)이나 내려지니,
인력(人力)이 할 일 없어
속수(束手)하고 앉았더니,
물결이 몰아다가
선혈(船穴)에 절로 드니,
하늘이 도우시고,
귀신(鬼神)의 힘이로다.
바야흐로 황황(遑遑)235)할 때
상서(祥瑞)의 무지개가
배를 걸쳐 호위(護衛)하고,
햇빛이 비추이니,
기특(奇特)하고 이상(異常)한 일
천고(千古)에 드물었다.
정사상(正使相) 도홍(桃紅)띠로

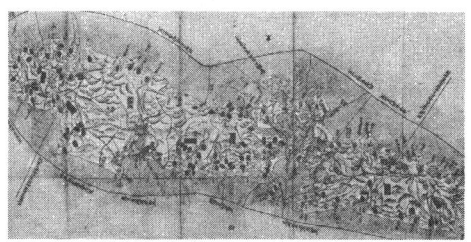

대마도도(對馬島圖)

---

235) 황황(遑遑) : 마음이 몹시 급하여 허둥지둥하는 모양.

국서(國書)를 매어지고,
배 위에 의지하여
한 가지로 빠지렬 때
대구 통인(大邱通引) 백태륭(白兌隆)236)이
"적삼 벗어 달라" 하고
울면서 간청(懇請)하니,
정상(正相)이 이르시되,
"사람이 죽고 살기
한 옷에 달렸으랴?"
종시(終始)히 아니 주니,
정력(精力)이 갸륵하다.
그 때에 부기선(副騎船)이
곁으로 지나갈 때
서중화(徐中和) 유영장(柳營將)이
민명천(閔明川) 바라보고,
손들어 영결(永訣)하니,
그 경색(景色) 생각하니,
참혹(慘酷)하고 망조(罔措)하여
비(比)할 데 전혀 없다.
조김이(曺金李)237) 세 군관(軍官)은
인사(人事)를 못 차리고,
"불쌍할손 최봉령(崔鳳齡)238)이

---

236) 백태륭(白兌隆) : 앞 주의 『해사일기』와 남옥(南玉)공의 『일관기(日觀記)』에 따르면 일방 소속의 소동(小童)으로 되어 있음.
237) 조김이(曺金李) : 조(曺)는 조신(曺信)이고, 김(金)은 김상옥(金相玉)이며, 이(李)는 이덕리(李德履)공임.

일기선(一騎船) 그림

제 형 위태한 거동을
부선(副船)에서 바라보고,
질식(窒息)하여 엎어져서
못 깰 번했다." 하니,
잔인(殘忍)도 한 일이다.
"육지(陸地)에 내린 후도
반송장이 되었다."네.
삼복선(三卜船)239) 부기선(副騎船)240)이
차례(次例)로 들어오고,
일기선(一騎船)241) 일복선(一卜船)242)이
맨 나중에 들어오니,
부종상(副從相)이 상방(上房)에 가
손잡고 눈물지고,
우리도 서로 잡고,

---

238) 최봉령(崔鳳齡) : 이방 소속 상통사(上通事).
239) 삼복선(三卜船) : 삼방 소속 일행들의 짐을 실은 배.
240) 부기선(副騎船) : 부선(副船). 2방 일행들을 태운 배.
241) 일기선(一騎船) : 정사의 일행들이 탄 배.
242) 일복선(一卜船) : 정사 일행의 짐들을 실은 배.

눈물이 절로 난다.
뭇 배를 결선(結船)하여
선창(船艙)을 하였으되,
큰 널로 마루 놓고,
두 편에 난간(欄干)하고,
내리는 배다리도
식난(軾欄)243)을 다 하였네.
사행(使行)을 위하여서
관사(館舍) 새로 지었으니,
일행(一行)이 다 들어도
남은 칸이 더러 있네.
굿 보는 왜인(倭人)들도
마도(馬島)보다 배나 많다.
대접(待接)하는 기구 범백(器具凡百)
마도(馬島)보다 십 배 낫다.
우리들 정한 방(房)을
다른 이 들었기에
서유 양인(徐柳兩人)244) 곁간 얻어
한 가지로 들게 되니,
병장 금침(屛帳衾枕)245) 포진(布陣)한 것
화려(華麗)하고 갸륵하다.

---

243) 식난(軾欄) : 손잡이가 있는 난간.
244) 서유 양인(徐柳兩人) : 서유대(徐有大)와 유달원(柳達源) 두 사람.
245) 병장 금침(屛帳衾枕) : 병풍과 휘장과 이불과 베개.

11월 14일

십사일(十四日) 서풍(西風) 불고,
비 오고 우레 한다.
비전주(肥前州) 봉행재판(奉行裁判)
삼중(杉重)246)을 들이는가?
계암(桂巖)247)의 네 수 글을
차운(次韻)하여 보낸 후에
저녁때 바람비가
아침보다 흉녕(洶獰)248)하여
정선(碇船) 줄이 끊어져서
대양(大洋)으로 나올 때에
봉행 재판(奉行裁判) 발 구르고,
손수 물에 들이달아
다른 줄로 겨우 매어
가까스로 진정(鎭定)하되,
배 난간(欄干) 깨어지고,
배 뜸이 다 날렸다.
선장 격군(船將格軍) 사령(使令)들이
밤새도록 애를 쓰니,
사상방(使相房)이 죽을 쑤어
다 주어 먹이었다.

---

246) 삼중(杉重) : 삼중합(杉重盒)의 준말. 세 층으로 된 음식을 담는 그릇인 합.
247) 계암(桂巖) : 이정암승(以酊庵僧) 용방(龍芳)의 호임.
248) 흉녕(洶獰) : 큰 물결이 세차게 일어나 매우 사나움.

11월 15일

십오일(十五日) 망궐례(望闕禮)를
터 좁아 불참하고,
신기(身氣)가 불평하여
탕반(湯飯) 먹고 조리(調理)하다.

11월 16일

십육일(十六日) 삼문사(三文士)로
뒷산에 올라가서
대마도(對馬島) 바라보니,
희미(稀微)히 뵈는구나.
가국(家國)은 멀어가고,
일신(一身)이 고위(孤危)하되,
마음이 어이없어
도리어 태연(泰然)하다.
"치목(鴟木)을 고치려도
큰 나무 여기 없어
다른 데 가 얻어다가
하노라면 오랠란다."
평호태수(平戶太守)249) 사람 부려
삼중(杉重)을 보내었다.

---

249) 평호태수(平戶太守) : 앞 주 고도숙랑(高島淑郎)의 『日東壯遊歌』 쪽 178에 따르면, 평호태수는 비전 평호번 61,700석 제8대 당주 송포성신(松浦誠信 : 4045-4112, 1712-1779)이라고 함.

11월 17일

십칠일(十七日) 사상(使相)네가
뒷산에 오르시니,
주먹만한 한라산(漢拏山)250)이
건방(乾方)251)에 멀리 뵌다.
악공(樂工) 불러 삼현(三絃) 치니,
굿 보는 이 장(壯)할시고.
도주 서기(島主書記) 평공겸(平公謙)252)이
들어와 우리 보니,
나이 겨우 이십(二十)이오.
미목(眉目)이 청수(淸秀)하다.
소견(所見)이 사랑하매,
필담(筆談)하고 보내었다.
도주(島主)가 "풍악(風樂)을 보자." 하매
진주(晉州) 삼현(三絃) 보내었다.

11월 18일

십팔일(十八日) 동지 문안(冬至問安)
삼방(三房)에 가 두루 하고,
망하례(望賀禮)는 뜰이 좁아

---

250) 한라산(漢拏山) : 제주도에 있는 명산. 일명 영주산(瀛洲山).
251) 건방(乾方) : 24방위의 하나로 서북간.
252) 평공겸(平公謙) : 앞 주 『日東壯遊歌』의 쪽 178에 따르면, 대포 익지진(大浦益之進)의 아들. 동고(東皐)라고 호함.

뒷산에 포설(鋪設)하고,
금관옥패(金冠玉佩)253) 갖추고서
사상(使相)네 남여(藍輿) 타고,
올라가 행례(行禮)한 후
풍류(風流)하고 앉으시고,
행중(行中)의 춤추는 이
차례로 시키셨다.
왜인(倭人)이 숙공(熟供)하되,
흑칠기(黑漆器)254)에 밥을 담고,
검은 깨를 섞었으며,
반찬(飯饌) 담은 칠한 그릇
전혀 중의 풍속(風俗)이라.
우스우나 정결(淨潔)하다.
삼방(三房)에 각각 차려
차담[茶啖]을 들이오니,
한가지로 즐기다가
저녁에 돌아오다.
평호 왜인(平戶倭人) 두 사람이
글 가지고 들어와서
"차운(次韻)하여 달라!"커늘,
즉시(卽時) 지어 보내었다.

남여(藍輿)

---

253) 금관옥패(金冠玉佩) : 금으로 장식한 의관을 하고, 옥으로 꾸민 놀이개를 참.
254) 흑칠기(黑漆器) : 검은 옻칠을 한 그릇.

11월 19일

십구일(十九日) 청명(晴明)하니,
재인(才人) 불러 줄 걸리고,
저물도록 풍류(風流)하되,
병(病) 들어 못 가니라.

마상재도(馬上才圖)

11월 20일

이십일(二十日) 정사상(正使相)이
일행(一行)을 밥 먹였다.

11월 21일

염일일(念一日) 정암승(酊庵僧)이
글 네 수 보내고서
차운(次韻)을 간청(懇請)하매,
즉석(卽席)에서 지어줬다.
뒷산에 올랐을 때
건령구(乾靈具)255) 띄워 보니,
남도(藍島)는 동(東)에 있고,
대마도(對馬島)는 건방(乾方)이요,
대마도(對馬島)서 부산진(釜山鎭)은
해자방(亥子方)256)이 되는구나.

---

255) 건령귀(乾靈龜) : 오늘날의 나침판(羅針板).

예서부터 배 놓기는
"동북(東北)을 간다." 하네.

❈ 11월 22일 ❈

염이일(念二日) 청명(晴明)하니,
상방(上房)에서 밥을 짓고,
성균관(成均館) 식당(食堂)하듯
다 모두 내려앉아
빈 그릇 먼저 놓고,
그 다음 밥을 주고,
국과 나물 식혜들과
좌반 침채(佐飯沈菜) 온갖 것을
차차로 들이고서
한 반(盤)에 술을 들고,
일시(一時)에 숭늉 주고,
일시(一時)에 상(床)을 내니,
상중관(上中官) 합하여서
예순 넷이 되는구나.
글 하는 왜(倭)놈이 와
도미 하나 감자(柑子) 일곱
공경(恭敬)하여 들이거늘,
지필(紙筆)로 대답(對答)했다.

---

256) 해자방(亥子方) : 북쪽 방위.

금옥병풍(金玉屛風) 온갖 것을
왜통사(倭通事) 내어 주고,
"비주(肥州)놈 주라!" 하고,
배방으로 돌아오니,
불측(不測)한 마두(馬頭)놈이
간사(奸詐)하고 욕심(欲心) 많아
"'조선(朝鮮)사람 준다' 하고,
다 가져간다." 하네.

11월 23일

염삼일(念三日) 대풍(大風)하니,
병(病) 들어 누웠더니,
삼문사(三文士) 와 보거늘,
소자(小字)를 몰운(沒韻)하여
대풍 연구(大風聯句) 지을 때에
임비장(任裨將)257) 국수 말고,
계란(鷄卵) 삼고 왜(倭)엿 내어
우리 넷 먹게 하니,
이비장(李裨將)258) 오선전(吳宣傳)259)은
감자(柑子)를 권(勸)하는가?

---

257) 임비장(任裨將) : 성명은 임흘(任屹).
258) 이비장(李裨將) : 성명은 이징보(李徵輔).
259) 오선전(吳宣傳) : 성명은 오재희(吳載熙).

11월 24일

염사일(念四日) 사방(使房)에 가니,
축주태수(筑州太守)260) 사자(使者) 왔네.
십삼일(十三日) 부러진 치(鴟)
축전주(筑前州)가 닿았기에
부러진 장단 형상(長短形狀)
그래서 보내었네.
왜인(倭人)의 우리 대접(待接)
"극진(極盡)타." 하리로다.
오백 리(五百里) 먼 바다에
물결이 밀어다가
하루만에 게를 가니,
기이(奇異)키 측량(測量) 없다.
비주태수(肥州太守)261) 보낸 것이
화복(花鰒)262) 모양 같은 것을
궤(櫃)에 가득 넣어다가
사상(使相)께 들이오니,
동행(同行)들 나눠주고,
왜봉행(倭奉行)263) 덜어주니,

---

260) 축주태수(筑州太守) : 축전주태수(筑前州太守). 앞 주의 고도숙랑(高島淑郎)의 『日東壯遊歌』의 쪽 184에 의하면, 축전주태수는 축전 복강번(筑前福岡藩) 47만 3천 100석 흑전가(黑田家) 제6대 당주(當主) 흑전계고(黑田繼高 : 4036-4108, 1703-1775)이다.
261) 비주태수(肥州太守) : 비전주태수(肥前州太守).
262) 화복(花鰒) : 꽃잎처럼 얇고도 보기 좋게 저민 전복.
263) 왜봉행(倭奉行) : 남옥(南玉)공의 『일관기(日觀記)』에 의하면, 이 사람은 평전장

하나도 아니 받고,
도로 와 들이거늘,
사상(使相)이 물으시니,
왜봉행(倭奉行) 대답하되,
"제 아비 살았을 때
배 속에서 바람 만나
탄 배가 구멍 나서
물이 콸콸 들어오되,
막을 계교(計巧) 전혀 없어
아주 죽게 되었더니,
어디에서 큰 생복(生鰒)이
그 구멍 부딛히니,
물이 전혀 아니 들어
인하여 살아나니,
자손(子孫)에게 유언(遺言)하여
'생복(生鰒) 먹지 말라!' 하매
은혜(恩惠)는 감격(感激)하나,
못 먹고 들입니다."
들으매 기이(奇異)하고,
"비록 못 쓸 왜(倭)놈이나,
아비 유언(遺言) 지키는 양
인심(人心)이 있다." 할다.

감(平田將監)임.

11월 25일-26일

염오일(念五日) 염육일(念六日)은
일기도(壹岐島)서 묵으니라.
부방(副房)에서 밥을 지어
상방(上房)처럼 호궤(犒饋)264)하다.

11월 27일

염칠일(念七日) 잔풍(潺風)커늘
왜선(倭船)에서 삼현(三絃) 치고,
삼방 일행(三房一行) 데리고서
두루 구경하려 하니,
전어관(傳語官)이 배타고 와
못 가게 말리거늘,
"높은 산에 올라가서
조선(朝鮮)을 보려 하니,
너희 비록 무정(無情)하나,
인정(人情)을 막지 말라!"
그 놈이 앞에 서서
인도(引導)하여 오르거늘
건너편 작은 섬에
한 가지로 가서 보니,
사면(四面)이 악석(惡石)이라

---

264) 호궤(犒饋) : 군사 또는 많은 수의 노역자들에게 음식을 주어 위로함.

배를 댈 곳 없는지라.
어이하여 속였느냐?
꾸짖고 회선(回船)하여
마을 집 근처(近處)에 가
두루 구경하려 하니,
전어관(傳語官) 급(急)히 와서
성 내어 말리거늘,
할 일 없이 돌아오니,
애닯고 통분(痛憤)하다.

11월 28일

염팔일(念八日) 순풍(順風) 불매,
사상(使相)이 배 타려니,
일기선(一騎船) 도사공(都沙工)265)이
의논(議論)이 휴이(携貳)266)하여
이렇게 좋은 날을
공연(空然)히 허송(虛送)하니,
애닯은 들 어이하리?
시온(時韞)의 배방에 가
황감시(黃柑詩)267) 연구(聯句)하여
미칠 담(罩)자 몰운(沒韻)268)하다.

---

265) 도사공(都沙工) : 여기서는 김용화(金龍和)공을 이름.
266) 휴이(携貳) : 어떤 주장이 두 가지로 팽팽함.
267) 황감시(黃柑詩) : 노랗게 익은 귤을 소재로 한 시(詩).

11월 29일

염구일(念九日) 종사상(從事相)이
밥과 반찬(飯饌) 많이 하여
정부방(正副房) 하던 대로
일행(一行)을 다 먹였다.
포변(浦邊)의 왜녀(倭女)들이
우리 배 바라보고,
통사(通事)에게 말을 배워
조선(朝鮮)사람 부르거늘,
격군(格軍) 한 놈 대답하되,
"불러 무엇 하려는가?"
"오늘밤 집에 와서
날과 한 데 자고 가소."
격군(格軍)놈이 마다 하니,
왜녀(倭女)가 웃고 하되,
"못생겼다. 못생겼다.
짐승이라 하리로다."
일선(一船)269)의 사람들이
일시(一時)에 대소(大笑)하고,
차후(此後)는 그놈더러
축생(畜生)이라 일컬으니,
열없고 부끄러워

---

268) 몰운(沒韻) : 운을 달지 못함.
269) 일선(一船) : 온 배 안.

할 말 없어 하는구나.
날마다 언덕에서
왜녀(倭女)가 몰려와서
젖 내어 가리키며
고개 조아 "오라!" 하며,
볼기 내어 두드리며
손 저어 청(請)도 하고,
옷 들고 아래 뵈며,
부르기도 하는구나.
염치(廉恥)가 전혀 없고,
풍속(風俗)도 음란(淫亂)하다.

12월 1일

납월(臘月) 초일일(初一日)에
청(晴)하고 동풍(東風)분다.
이정승(以酊僧) 글 보내고,
"차운(次韻)하여 달라!" 하데.
사어(辭語)가 불경(不敬)키에
꾸짖고 도로 주다.

12월 2일

초이일(初二日) 비가 오니,
주중(舟中)에서 묵으니라.

12월 3일(남도)

초삼일(初三日) 서북풍(西北風)에
육선(六船)이 발행(發行)하여
포구(浦口)에 나갈 때에
물과 돌이 사나워서
우리 배 치목 풍차(鴟木風遮)270)
대만 남고 부러지니,
일선(一船)이 경황(驚惶)하여
사공 격군(沙工格軍) 노자(奴子)들이
반 넘어 슬피 우니,
경색(景色)이 참혹(慘酷)하다.
근심타고 무사(無事)하며,
애쓴다고 나을손가?
태연(泰然)히 배에 앉아
장기 두고 건너가니,
선중(船中)의 사람들이
"명완(冥頑)271)"타 하는구나.
다른 치(鴟)가 있건마는
그 치 빼고 또 꽂을 때
배 엎칠까 염려(念慮)하여
반돛 달고 노역(櫓役)하여
일기도(壹岐島) 예선(曳船)들이

---

270) 치목 풍차(鴟木風遮) : 치목과 바람막이.
271) 명완(冥頑) : 일에 어둡고 완고함.

일시(一時)에 끌어가되,
바람이 전혀 없어
비록 가진 못하여도
이리 뒤똥 저리 뒤똥
하마터면 엎어질 듯,
마도(馬島)272) 바다 위태(危殆)하나
예 비(比)하면 태평(太平)일세.
묘진방(卯辰方)273)을 멀리 보니,
두어 봉이 뾰족하니,
이것은 남산(藍山)274)이오.
오미방(午未方)275) 높은 봉은
축전주(筑前州)라 하는 곳은
갈 가망(可望)이 전혀 없네.
오후(午後)에 서북풍(西北風)이
맹렬(猛烈)하게 크게 부니,
치 떨어진 위태(危殆)한 배
무섭기를 이를소냐?
배방에 누은 사람
뒤쳐지고 엎어지고,
오줌 누던 이비장(李裨將)276)은
요강(尿缸) 안고 자빠지고,

---

272) 마도(馬島) : 대마도(對馬島)의 준말.
273) 묘진방(卯辰方) : 동남동쪽.
274) 남산(藍山) : 남도(藍島)에 있는 산.
275) 오미방(午未方) : 남남서쪽.
276) 이비장(李裨將) : 성명은 이징보(李徵輔)임.

앉았던 임도사(任都事)277)는
농(籠)에 치어 넘어졌네.
창(窓)틀과 격판(隔板)278)들이
격격하여 소리하니,
[정신(精神)이 어질하고],279)
인사(人事)가 흐려진다.
비록 토(吐)튼 아니하나,
몸 둘 땅이 전혀 없네.
동북간(東北間)에 작은 섬이
아스라이 겨우 뵈니,
왜(倭)놈더러 물어 보니,
"울릉도(鬱陵島)280)라" 하는구나.
축주(筑州)와 남도(藍島) 산이
가까이 점점 오니,
축산(筑山)이 웅준(雄峻)하여
육지(陸地)를 연(連)하였네.
십여 리(十餘里) 못 미쳐서
날이 벌써 어두우니,
남도(藍島)를 바라보니,
무수(無數)한 등불 빛이
포구(浦口)에 가득 차서

---

277) 임도사(任都事) : 성명은 임흘(任屹)임.
278) 격판(隔板) : 격자(隔子) : 칸막이.
279) [ ] 1구는 모산의 교합본에서 기워 넣음.
280) 울릉도(鬱陵島) : 지금의 경상북도에 딸린 동해상의 섬인 울릉군(鬱陵郡).

별처럼 벌었으니,
예선(曳船)하러 아니 오매,
화전(火箭) 놓고 방포(放砲)하되,
종시(終始) 한 배 아니오니,
절통(切痛)하고 심란(心亂)하다.
부기선(副騎船) 돌에 걸려
배 밑에서 물이 드니,
부상(副相)과 선중인(船中人)이
겨우 왜선(倭船) 빌어 타고,
선창(船艙)에 내리고서
짐이 모두 다 젖었네.
어둡고 사이 멀어
가서 미처 못 보고서
창황(愴慌)하여 하는 소리
듣기에 경심(驚心)하다.
22시[二更量]에 배를 대고,
뭍에 내려 두루 보니,
부상(副相)이 방석(方席) 없어
포변(浦邊)에 앉았거늘,
나아가 위문(慰問)하고,
군관 역관(軍官譯官) 찾아보니,
다 모두 넋을 잃어
어줍어 말 못한다.
관소(館所)로 들어가되,
내 병(病)이 매우 아파

승칠(勝七)에게 병풍(屏風) 빌어
바람 막고 누웠더니,
이윽고 삼료(三僚) 와서
한 데 드니 든든하다.
방(房)에 벌인 집물(什物)들은
비주(肥州)보다 매우 낫네.

12월 4일

초사일(初四日) 동풍(東風) 불고,
우설(雨雪)이 교하(交下)281)하니,
육선(六船)이 움직이면,
표풍(漂風)할까 염려(念慮)로다.
이 땅은 축전주(筑前州)요,
태수(太守)가 있는 데니,
지명(地名)이 복강(福岡)282)이오.
여기서 육십릴[六十里]세.
촌락(村落)은 극히 적고,
관소(館所)는 장려(壯麗)하여
비단 장(緋緞帳)을 쳐 있으며,
성성전(猩猩氈)을 깔아 있고,
중방(中房) 각도(閣道) 욕실(浴室) 뒷간
곳마다 정묘(精妙)하다.

---

281) 교하(交下) : 비와 눈이 엇바꿔 내림.
282) 복강(福岡) : 일본음 후꾸오까. 구주도(九州島)에 있는 도시.

어저께 파선(破船)한 일
예선(曳船) 없는 탓인지라.
호행관(護行官) 문안(問安)들과
태수(太守)가 보낸 삼중(杉重)
아니 받고 퇴척(退斥)하고,
이 사연(事緣) 갖추 하며,
치(鴟) 불어진 전후 곡절(前後曲節)
장계(狀啓) 써서 봉(封)하였다.
예서부터 왜유(倭儒)들이
글 받으러 오는 사람
벼루 종이 필묵(筆墨)들과
거울 칼 가위 등속
무수(無數)히 가지고 와
윤필(潤筆)을 하오되는
선비 몸이 되어 있어
글 지어 주었다고,
값을 어이 받을소냐?
다 주어 내어 주니,
그 놈들이 무료(無聊)하여
열 번이나 간청(懇請)하고,
돌아와 들이거늘,
번번이 사양(辭讓)하니,
역관(譯官)들이 와서 하되,
"예부터 문사(文士)들이
이것을 받아다가

치행(治行)한 빚도 갚고,
친구(親舊)들도 주는지라.
전례(前例)로 받으소서."
"전 사람은 받았던지
우리 소견(所見) 그와 달라
하나도 못 받으니,
오활(迂闊)타 웃지 마소".

12월 5일

초오일(初五日) 서풍(西風)하고,
눈도 오고 흐리었다.
여섯 배 격군(格軍)들과
왜(倭)놈도 배를 타고,
파선(破船)한 배에다가
무수(無數)히 줄을 매어
배 위의 사람들과
언덕에 있는 왜(倭)놈
일시(一時)에 소리하고,
뭍 가로 끌어오니,
소리가 진동(震動)하여
바다가 움직인다.
선창(船艙)에 매어 놓고,
물구멍 헤어 보니,
아무래도 못 탈지라.

아깝고 불쌍하다.
축주 봉행(筑州奉行) 뜰에 와서
삼중(三重)을 바치겠다.
무수(無數)히 애걸(哀乞)하되,
도로 주고 아니 받다.

❈ 12월 6일 ❈

초육일(初六日) 음매(陰昧)하고,
미우(微雨)가 공몽(涳濛)283)하다.
부복선(副卜船)은 기선(騎船)하고,
그 배에 든 사람들은
왜선(倭船)으로 옮아가니,
배 좁아 못다 들어
부방 서기(副房書記) 원자재(元子才)는
시온방(時韞房)에 함께 들다.
한흥(汗興)284)이 왜(倭)돈 주고,
엿 사다가 들이거늘,
먹어 보니 극히 좋아
아국(我國)보다 많이 낫다.
마두령(馬兜鈴)285) 모양이요,
속은 비어 강정 같고,

---

283) 공몽(涳濛) : 안개가 자욱하게 끼이거나, 이슬비가 뿌옇게 오는 모양.
284) 한흥(汗興) : 이 작품의 지은이인 퇴석(退石)의 종.
285) 마두령(馬兜鈴) : 쥐방울.

빛 붉고 잔 모 있어

연하기 기절(奇絶)하다.

건너편 뵈는 곳이

"박다진(博多津)286)이라" 하는구나.

"박제상(朴提上)287) 순의(殉義)하고,

나흥유(羅興儒)288) 갇히이며,

정포은(鄭圃隱)289) 득절(得節)하고,

신고령(申高靈)290) 와 있던 데

여기라." 이르데만,

못 가보니 애닯구나.

개 밖의 바다 속에

바위 하나 서 있으되,

두 구멍 크게 뚫려

괴구멍291) 같으므로

---

286) 박다진(博多津) : 일본음 하까다쓰.
287) 박제상(朴堤上) : 신라 제 19대 눌지왕(訥祇王)의 아우 미사흠(未斯欽)이 왜(倭)에 볼모로 붙잡혀 있는 것을 구출하려 왜에 건너가 미사흠을 구출한 뒤 오히려 잡히어 처형당한 충신(忠臣).
288) 나흥유(羅興儒) : 본관은 나주(羅州). 고려 공민왕(恭愍王) 때 사농소경(司農少卿). 우왕(禑王) 때에 통신사(通信使)를 자청하여 일본에 가서 해적들을 금압(禁壓)하라고 청하여 도리어 간첩으로 몰리어 붙잡혀 옥고를 치르다가 고려인으로 일본에 귀화한 중 양유(良柔)의 도움으로 풀려 함께 귀국하였다.
289) 정포은(鄭圃隱) : 고려 말의 학자. 이름은 몽주(夢周 : 3670-3715, 1337-1392). 포은은 그의 호. 자는 달가(達可). 왜구(倭寇)의 노략질을 금하도록 요구하기 위하여 사신으로 일본을 다녀왔음.
290) 신고령(申高靈) : 성명은 신숙주(申叔舟 : 3750-3808, 1417-1475). 본관은 고령. 자는 범옹(泛翁), 호는 보한재(保閒齋) 또는 희현당(希賢堂)임. 세종 24(3775, 1442)년에 통신 사행의 종사관(從使官)으로 일본을 다녀와서『해동제국기(海東諸國記)』를 남김.

이름이 도문(屠門)이냐?

비귀[鼻耳]292)라도 하는구나.

예선(曳船) 아니 나온 일로

도주(島主)를 청했지만,

칭병(稱病)하고 아니 오고,

"낫거든 오마." 하네.

불 켜고 심심터니,

왜(倭)놈이 청하거늘

고포산(高鉋山)293) 십경시(十景詩)를

육언(六言)으로 지어 주다.

※ 12월 7일 ※

초칠일(初七日) 대마도주(對馬島主)

짧은 옷 민 머리로

헌교(軒驕)294) 타고 와서 뵈되,

절차(節次)는 전과 같다.

필담(筆談)으로 써서 뵈되,

사행 접대(使行接待) 하는 규구(規矩)

---

291) 괴구멍 : 고양이구멍.
292) 비귀[鼻耳] : 지금의 비율리(鼻栗瀨 : 일본음 하나구리세).
293) 고포산(高鉋山) : 남옥(南玉)공의 『일관기(日觀記)』에 따르면, 고조산십경(高照山十景)이라 하여 거기춘효(莒崎春曉), 삼산추월(杉山秋月), 내다반조(奈多返照), 조문수홍(竈門垂虹), 남도어화(藍島漁火), 금룡청설(金龍晴雪), 마두박주(馬頭泊舟), 복강묘애(福岡杳靄), 백악첩취(白岳疊翠), 박다연우(博多烟雨)를 들고 있다.
294) 헌교(軒驕) : 들 것 모양의 앞뒤로 한 사람이 메는 가마.

전례(前例)가 다 있으니,
예선(曳船)이 아니 와서
부선(副船)이 치패(致敗)하니,
사처(査處)295)를 할 것이오.
상(喪)한 배 어서 고쳐
사행(使行)을 보낼 말을
절절(切切)히 써서 뵈니,
아예 펴 보잖고,
종자(從者)를 내어 주니,
글자를 모르기에
볼 길이 전혀 없어
글 하는 놈 뵈려 하고,
그저 내어 주었거나,
그렇지 아니하면,
창졸간(倉卒間) 말 어려워
가지고 가는구나.
저녁에 기번실(紀蕃實)296)이
답초(答抄)를 써서 뵈되,
"불령(不佞)히 호행(護行)으로
파선(破船)을 하게 하니,
부끄럽고 가이 없고,
이 땅 태수(太守) 듣게 되면,
잘못한 왜인(倭人)들은

---

295) 사처(査處) : 조사하여 처리함.
296) 기번실(紀蕃實) : 우삼방주(雨森芳洲)의 제자인 기국서(紀國瑞).

사핵(査覈)297)하여 처치(處置)하니,

이 앞에 가는 길에

각별(恪別)히 신칙(申飭)함세."

제 이미 복죄(服罪)298)하니,

일공(日供)을 받으니라.

우리의 하루 일공(日供)

백미(白米)가 수 삼두(數三斗)요,

도미 둘 생복(生鰒) 넷과

닭 하나 녹육(鹿肉) 한 근(斤)

계란(鷄卵)이 여덟이요,

강고도리299) 둘씩 하고,

오징어 네 마리와

무우 생강(生薑) 우방근(牛蒡根)300)과

기름 장과 초와 차를

수 십종(數十種)을 들이되

차종[茶鍾]301)이 기묘(奇妙)하여

비치게 옻칠하고,

둥글고 소복하여

모양이 기절(奇絶)하다.

무우는 더욱 좋아

길고 크고 물도 많고,

---

297) 사핵(査覈) : 사실을 조사하여 밝혀냄.
298) 복죄(服罪) : 형벌에 복종함. 벌을 받음.
299) 강고도리 : 물치의 살을 말린 식품의 한 가지.
300) 우방근(牛蒡根) : 우엉뿌리. 엉거시과의 이년생 식물로 식용을 위하여 재배함.
301) 차종[茶鍾] : 차를 담는 종지.

우리나라 무우보다
백배가 나은지라.
저물도록 먹어보니,
매운 맛이 전혀 없네.
그 밖에 나물들도
연하고 살이 찌니,
토품(土品)이 고유(膏油)302)키는
일로 따라 알만 하다.
우리 하루 겪는 것이
"은(銀) 만 냥(兩)이 든다." 하네.

12월 8일

초팔일(初八日) 삼중(杉重) 온 중(中)
닭의 알로 만든 떡이
매우 달고 맛이 좋아
왜떡 중에 으뜸이다.
기번실(紀蕃實)과 평공겸(平公謙)이
축전주(筑前州)303) 네 서기(書記)를
데리고 들어와서
읍(揖)하고 벌어 앉네.
정상주도(井上周道)304) 즐전욱(櫛田彧)305)과

---
302) 고유(膏油) : 기름짐.
303) 축전주(筑前州) : 여기서는 복강(福岡)을 가리킴.
304) 정상주도(井上周道 : 4040-4043, 1707-1770) : 일본음 에가미슈도. 호는 노경

도촌호(島村暠)306)와 귀정노(龜井魯)307)-ㄹ세.
품에서 글을 내어
차운(次韻)을 구하는데,
그 중에 귀정노(龜井魯)가
시년(時年)이 삼칠(三七)308)이요,
필한(筆翰)이 여비(餘備)하여
보던 중 어여쁘다.
마침내 사방(使房)에서
음식(飮食) 한 상 와 있거늘
네 사람을 나눠 주니,
이마에 손을 얹어
여러 번 치사(致謝)하고,
젖은 것은 다 먹고서
과즐과 실과 마른 것은
종이에 싸 가지고,
두세 번 손을 들고
품속에 품는구나.
네 놈이 날 향하여
부복(俯伏)하고 이르오되,
처음에 드린 글을

(魯坰). 원문에는 정토주도로 되어 있으나, 잘못이 분명하여 고침.
305) 즐전욱(櫛田彧) : 호는 국담(菊潭).
306) 도촌호(島村暠) : 호는 추강(秋江). 원문에는 도초호로 되어 있으나 잘못이므로 고침.
307) 귀정노(龜井魯) : 4076-4147, 1743-1814) : 자는 도재(道載), 호는 남명(南冥).
308) 삼칠(三七) : 21세라는 뜻.

오늘은 총망(忽忙)하여
못 지을까 하였더니,
즉석(即席)에서 차운(次韻)하니,
기쁘고 감격(感激)키가
바라는 밖이옵고,
하물며 퇴석선생(退石先生)309)
늙으시고 병(病) 드시되,
역질(力疾)하여 휘쇄(揮灑)하니,
장(壯)하고 거룩타네.
한 그릇 실과 내어
귀정노(龜井魯) 주고 하되,
"네 재주 어여쁘매
별로 이를 표정(表情)한다."
귀정노(龜井魯) 치사(致謝)하되,
"날 같은 어린 것을
이처럼 사랑하니,
명감(銘感)이 가이 없소.
내일 다시 들어와서
가르침을 받으리다."

12월 9일

초구일(初九日) 대풍(大風)하니,
육선(六船)이 위태(危殆)하다.

---

309) 퇴석선생(退石先生) : 이 작품의 지은이인 김인겸(金仁謙)공.

귀정노(龜井魯) 편지하고
사집(私集)310) 한 권 보내었네.
처음은 기이더니,
조격(調格)이 기이(奇異)하다.
양류사(楊柳詞)311)와 호가곡(胡笳曲)312)은
걸작(傑作)이라 하리로다.
주홍(朱紅)으로 비점(批點)313)하고,
서문(序文) 지어 써서 주다.
밤 든 후 한 왜(倭) 와서
귀정노(龜井魯)의 말 전(傳)커늘,
제 소임(所任) 물어보니,
다촉등로(茶燭燈爐)314) 차지라네.
국수 음식(飮食) 먹이오니,
극(極)히 감격(感激)하여 한다.
파선(破船)한 일 물어보니,
처음은 속이더니,
하 달래고 사랑하니,
나종은 써서 뵈되,
"예선(曳船)을 아니 보낸 일은

---

310) 사집(私集) : 귀정노(龜井魯)의 개인 저술인 『앙앙여향(泱泱餘響)』과 『동유권(東遊卷)』을 이름.
311) 양류사(楊柳詞) : 귀정노(龜井魯)의 저술인 『앙앙여향(泱泱餘響)』에 있는 「절양류(折楊柳)」를 이르는 듯함.
312) 호가곡(胡笳曲) : 귀정노(龜井魯)의 저술인 『앙앙여향(泱泱餘響)』에 있는 「호가가(胡笳歌)」를 이르는 듯함.
313) 비점(批點) : 시문(詩文)의 표현이나 내용이 잘된 곳에 찍는 동그라미 표 또는 점.
314) 다촉 등로(茶燭燈爐) : 차 대접 또는 촛불을 돌보든가 등불과 화로를 관리함.

마도 재판(馬島裁判) 먼저 와서
아니 이른 탓이로다.
호행 선주(護行船主) 요참(腰斬)315)하고,
태수(太守)는 강호(江戶)316) 가고,
셋째 봉행(奉行) 여기 와서
죽거나 귀양커나,
태수(太守) 처분(處分) 기다리니,
필경(畢竟)에 애를 써서
자결(自決)할 밖 없다." 하네.
마인(馬人)317)의 위갈(威喝)318)하기
날마다 심히 하니,
어제 오늘 회뢰(賄賂)319)한 것
두 놈이 저 갔으니,
그 수를 어이 알까?
"수 만 냥(數萬兩)이 들었다."네.
나중에 간청(懇請)하되,
"이 말이 누설(漏泄)되면,
죽을 이 많다." 하고,
만 번이나 당부(當付)하네.
불측(不測)할 손 마두(馬頭)놈이
중간(中間)에서 조롱(嘲弄)하고,

---

315) 요참(腰斬) : 허리를 잘라 죽이는 형벌.
316) 강호(江戶) : 일본음 에도. 지금의 일본국 수도인 동경(東京)의 옛 이름.
317) 마인(馬人) : 대마도 사람 곧 대마도 출신의 일본 측 종사자(從事者)들.
318) 위갈(威喝) : 위협적으로 큰 소리로 외침.
319) 회뢰(賄賂) : 뇌물로 받은 물건 또는 그러한 일.

온갖 일을 다 속이니,
아득히 몰랐더니,
이놈의 말을 따라
기미(機微)를 알 수 있다.
추강(秋江)320)이 써서 뵈되,
"소생(小生)321)이 젊었을 때
칼 차고 말 달려서
호협사(豪俠事)를 숭상(崇尙)터니,
중년(中年)에 글을 읽어
나이 벌써 늙었으니,
왕유(王維)의 망천(輞川)322)처럼
다섯 곳에 전장(田庄)323) 두어
음풍(吟風) 영월(詠月)하여
여년(餘年)을 보낸다."네.
"사집(私集) 한 권 드리오니,
비점(批點)하여 주오소서."
글은 비록 좋잖으나,
신세(身勢)는 편하도다.
귀정노(龜井魯) 써서 뵈되,
"제 아비 나이 많아
내년 삼월이 환갑(還甲)이니,

---

320) 추강(秋江) : 일본의 문사(文士)인 도촌호(島村㻓)의 호.
321) 소생(小生) : 여기서는 추강(秋江) 도촌호(島村㻓)가 스스로를 일컬은 것임.
322) 망천(輞川) : 성당(盛唐) 때의 시인이며 화가요 정치가이었던 왕유(王維)가 은둔하여 살던 별장지의 이름.
323) 전장(田庄) : 자기의 논밭과 집.

수석시(壽席詩)를 지어 주면,
광채(光彩)가 만장(萬丈)이라
영행(榮幸)324)할까 싶습니다."
사운 율시(四韻律詩) 지어 주니,
용약(勇躍)하여 칭사(稱辭)한다.

12월 12일

십이일(十二日) 추강(秋江)이 와
"제 뜰에 붉은 매화(梅花)
만발(滿發)하여 경(景) 좋으니,
글 하나 지어 주셔
무색(無色)한 폐장(弊將)으로
광휘(光輝)가 나게 하오."
유장경(劉長卿)325) 차운(次韻)하여
오율(五律) 하나 지어 줬다.

12월 13일

십산일(十三日)에 왜(倭)놈의 글
열 수(首) 차운(次韻)하여 줬다.

---

324) 영행(榮幸) : 영광과 행복.
325) 유장경(劉長卿) : 당(唐)나라 시인. 자는 문방(文房). 벼슬이 수주자사(隨州刺史)
    에 이름. 시집 10권이 있음.

12월 15일

십오일(十五日) 대마도(對馬島)서
비선(飛船) 한 척 들어오니,
"우리나라 치목(鴟木) 셋이
대마도(對馬島)서 왔다." 하네.

12월 16일-17일

십육일(十六日) 십칠일(十七日)은
선방(船房)에서 조병(調病)할 때
무수(無數)한 왜(倭)놈들이
날마다 글 보내니,
병은 비록 들었으나,
다 모두 화답(和答)했다.

12월 18일-19일

십팔일(十八日) 십구일(十九日)도
내 병이 일양(一樣)일세.

12월 20일

이십일(二十日) 조금 나아
소세(梳洗)하고 일어났다.

12월 21일

염일(念一日) 삼사신(三使臣)이
뒷산에 올라 봤다.

12월 22일-24일

염이일(念二日) 삼사일(三四日)은
병 더쳐 못 일어나
유생(劉生)326)이 와서 보고,
삼소음(蔘蘇飮)327) 먹으라네.

12월 25일

염오일(念五日) 왜유(倭儒)들이
별장시(別章詩)328) 많이 왔네.

12월 26일(남박)

[염육(念六日) 서남풍(西南風)에
9시[辰末]에 발선(發船)하여
오십 리(五十里)는 겨우 가서
바람 없어 노역(櫓役)터니,]329)

---

326) 유생(劉生) : 성명은 유성필(劉聖弼)임.
327) 삼소음(蔘蘇飮) : 한약의 이름. 조선의 인삼과 자소(紫蘇)로 다린 한약.
328) 별장시(別章詩) : 이별의 시.

오후(午後)에 바람 나매,
돛 달고 나아갈 때
남박(南泊)330)가에 닿았으니,
"이백 여리(二百里) 왔다." 하네.
선창(船艙)이 사나워서
양 중(洋中)에 닻을 주고,
오선(五船)이 밤을 샐 때
삼복선(三卜船) 간 데 없어
새도록 염려(念慮)터니,
새벽에 비선(飛船) 와서
어제 저녁 "삼복선(三卜船)
적간관(赤間關)331)에 먼저 와서
다섯 배 소식(消息) 알러
왔다." 하니 기쁘도다.
왜(倭)놈의 말 들으니,
이 땅은 풍전줄[豊前州]332)세.

🏵 12월 27일(적간관) 🏵

염칠일(念七日) 노역(櫓役)하여,
적간관(赤間關) 들어가니,

---

329) 원문에는 없는 것을 모산의 교합본에서 4구를 기워 넣음.
330) 남박(南泊) : 지금의 남풍박(南風泊 : 일본음 하에 도마리)
331) 적간관(赤間關) : 일본음 아까마세끼. 지금의 하관(下關).
332) 풍전줄[豊前州] : 앞 주『日東壯遊歌』의 쪽 206에 따르면, 장문주(長門州)의 잘못이라고 함.

권2 237

적간관(赤間關)

13시[午末]은 겨우 하고,
"삼십 리(三十里) 왔다." 하네.
예부터는 내양(內洋)이라.
산도 낮고 물도 적어
산수(山水)도 절승(絶勝)하고,
여염(閭閻)도 즐비(櫛比)하다.333)
평지(平地)가 전혀 없어
포변(浦邊)의 대소 인가(大小人家)
돌로 쌓아 올려
삼사장(三四丈)씩 높게 하고,
그 위에 집을 지어
접옥 연장(接屋連墻)334)하여 있다.
삼사신(三使臣)과 동행(同行)들은
관소(館所)로 다들 가네.

---

333) 국립 중앙 도서관 승계 문고본 제2책 끝, 이하 3권은 모산의 교합본으로 기움.
334) 접옥 연장(接屋連墻) : 집과 집들이 닿아 있고, 담장이 이어져 있음.

병들어 못 내리니,
궁금하고 애닯구나.
"이 땅 이름 무엇인가?"
"장문주(長門州)335)라." 하는구나.
육백년전(六百年前) 원뢰조(源賴朝)336)가
사납고도 강성(强盛)하여
안덕천황(安德天皇)337) 팔세(八歲) 먹고,
그 어미 백하후(白河后)338)가
탐학(貪虐)하고 음란(淫亂)타고,
기병(起兵)하여 와서 치니,
백하후(白河后) 천황(天皇) 업고,
쫓기어 여기 왔더니,
물에 빠져 죽었기에
안덕묘(安德墓)가 여기 있고,
일본(日本)서 관백(關白)339) 나기
뇌조(賴朝)부터 시작(始作)하네.
수양제(隋煬帝)340) 전성(全盛)할 때
십만 대군(十萬大軍) 보내어서
일본(日本)을 치려다가
여기 와 다 죽다네.

---

335) 장문주(長門州) : 일본음 나가노도슈.
336) 원뢰조(源賴朝) : 일본음 미나모도노요리도모.
337) 안덕천황(安德天皇) : 3513-3517(1180-1184)년 사이에 왕위에 있었던 일본 왕.
338) 백하후(白河后) : 안덕천왕의 어머니.
339) 관백(關白) : 여기서는 장군(將軍).
340) 수양제(隋煬帝) : 수(隋)나라 제2대왕 양제(煬帝).

"임진년(壬辰年)341)에 평수길(平秀吉)342)이
우리나라 치러 올 때
주길(周吉)343)이란 사공(沙工)놈이
'역풍(逆風)이 불리라'고
발선(發船)을 아니하니,
수길(秀吉)이 대로(大怒)하여
내어서 요참(腰斬)하고,
배를 내어 놓으려니,
과연(果然) 그 말 같이
광풍(狂風)이 크게 이니,
수길(秀吉)이가 뉘우쳐서
사당(祠堂) 짓고 비(碑)를 세워
물 가운데 있다." 하데.
아프기에 못가 보았다.

12월 28일

염팔일(念八日) 예서 묵어
글 서넛 차운(次韻)했다.

12월 29일

염구일(念九日) 사신(使臣)네가

---

341) 임진년(壬辰年) : 임진왜란(壬辰倭亂)이 일어났던 선조(宣祖) 25(3925, 1592)년임.
342) 평수길(平秀吉) : 임진왜란을 일으킨 전범자(戰犯者) 풍신수길(豊臣秀吉 : 일본음 도요토미히대요시).
343) 주길(周吉) : 음역함.

구산궁(龜山宮)344) 연접사(燕接寺)345)를
다 가서 구경하되,
병 들어 못갔었다.
태수(太守) 보낸 하얀 떡이
권모 맛에 누룩 같네.

✣ 12월 30일 ✣

삼십일(三十日) 순풍(順風) 불되,
명일(名日)이라 아니 가네.
내 나라에 있을 때도
제석(除夕)을 당하며는
마음이 다르거든
만리(萬里)밖 절해중(絶海中)에
병들어 누웠으니,
백감(百感)이 붕중(崩中)346)한다.
일행중(一行中) 상하인(上下人)이
다 와서 문병(問病)하네.
왜시(倭詩) 스물 또 왔거늘,
요초(料抄)하여 내 던지고,
배방을 굳이 닫고,
촛불을 돋우고서

---
344) 구산궁(龜山宮) : 일본음 가메야마미야. 구산팔번궁(龜山八幡宮)의 준말.
345) 연접사(燕接寺) : 절 이름인데 음역함.
346) 붕중(崩中) : 가슴이 미어짐.

고촉주(高蜀州)347)의 제야시(除夜詩)348)를
자자(字字)이 분운(分韻)하여
염팔일(念八日)에 육언(六言) 짓고,
종사상(從事相) 성노349) 불러
오언 절구(五言絶句) 분운(分韻)하여
한 가지로 짓는다매
나 역시 그 법(法)대로
열 수(首)를 차운(次韻)하고,
이불 덮고 들어 누워
가국(家國)을 생각하고,
신세(身勢)를 점검(點檢)하니,
용졸(庸拙)한 졸문자(拙文字)를
부질없이 배웠다가
이 길을 왔으니,
남의 탓이 아니어니,
한탄(恨歎)하여 무엇하리?
밤새도록 전전(輾轉)350)하여
잠 한 잠을 못 잤었다.351)

강호전경

---

347) 고촉주(高蜀州) : 성당(盛唐)의 시인 고적(高適 : ?-3098, ?-765)을 이름. 자는 달보(達夫), 또는 중무(仲武). 나이 50이 넘어서 시를 공부하여 시명을 떨쳐 특채되어 촉주(蜀州)와 팽주(彭州)의 자사를 지내 고촉주라 일컬어짐. 발해인이라 발해현후(渤海縣侯)에 봉하여짐. 시문집 20권이 전함.
348) 제야시(除夜詩) : 제야(除夜)를 제재로 하여 지은 시.
349) 성노 : 성명은 홍선보(洪善輔)임.
350) 전전(輾轉) : 잠자리에서 잠을 못 이루고 이리 뒤척 저리 뒤척임.
351) 심재완의 교합본 제2권 끝임.

권3

4097(1764)년 1월 1일

갑신 정월(甲申正月) 초일일(初一日)에
적간관(赤間關)서 머물었다.
식후(食後)에 정사상(正使相)이
상중관(上中官)을 모으시고,
풍류(風流) 치고 음식(飮食)하여
저물도록 즐기다가
배방으로 돌아올 때
중하관(中下官) 숙소(宿所) 보니,
절 집이 굉걸(宏傑)하고,
경치(景致)가 기절(奇絶)하여
죽백(竹栢)도 많거니와
그 중에 소철(蘇鐵)남기
모양도 기이(奇異)하고,
"시들어 죽어갈 때
쇠못을 박아 두면,
도로 산다." 하는구나.

---

* 일동장유가 권지 3.

1월 2일(실우)

초이일(初二日) 발선(發船)하여
삼백 리(三百里) 실우(室隅)1) 올 때
풍일(風日)은 온화(溫和)하고,
물결이 고요하여
배가기 평안(平安)하니,
길 난 후 처음이라.
수질(水疾)하던 사람들도
다 모두 안연(晏然)하여
말도 하고 잡기(雜技)하여
근심을 잊을로다.
향포(向浦)2)지나 초경량(初更量)에
배를 대고 닻을 주니,
적간관(赤間關)서 여기 오기
갑묘방(甲卯方)3)이 되는구나.

1월 3일(상관)

초삼일(初三日) 6시경[卯時量]에
서풍(西風)에 배를 놓아
노(櫓)도 젓고 돛도 달아
오십 리(五十里) 상관(上關)4) 오니,

---

1) 실우(室隅) : 일본음 무로스미.
2) 향포(向浦) : 일본음 무꼬우라.
3) 갑묘방(甲卯方) : 동쪽.

여기는 주방주(周防州)⁵⁾요,

장문태수(長門太守) 겸찰(兼察)이라.

적간관(赤間關) 예선(曳船)들이

여기까지 따라왔네.

두 산이 둘러싸서

포구(浦口)를 맺었으니,

사이 불과 수 백 보(步)⁶⁾요,

다른 데는 길이 없어

험(險)하고 종요롭기

일본 중(日本中)에 제일(第一)이라.

천여 명(千餘名) 복로군(伏路軍)을

두 편에 두었으면,

비록 백만(百萬) 웅병(雄兵)인들,

제 어이 지나가리?

여염(閭閻)은 백 여호(百餘戶)요,

서편(西便)의 산골 속에

웅장(雄壯)한 큰 절 있어

수풀 밖에 뵈는구나.

인물(人物)은 초졸(草拙)⁷⁾하고,

미색(美色)⁸⁾도 간간(間間) 있다.

주방주(周防州) 봉행(奉行)놈이

---

4) 상관(上關) : 일본음 가미노세끼
5) 주방주(周防州) : 일본음 스오우슈.
6) 보(步) : 거리의 단위로 1보는 약 2m를 가리킴.
7) 초졸(草拙) : 자잘하고 보잘 것이 없음.
8) 미색(美色) : 예쁜 여인네.

삼중(杉重)을 들이는데,
상중하(上中下) 삼관(三官)에게
다 주어 보내었다.
묘(妙)할손 일본법(日本法)이
배와 옷과 등(燈)과 기(旗)가
다 모두 표(標)가 있어
알기 쉽게 하였으니,
이 고을 표(標)한 것은
매화(梅花)처럼 그렸으되,
크고 흰 둥근 점(點)에
여덟 흰 점 둘렀구나.
태수(太守)의 성(姓)과 이름
일컫기를 원정장(源正長)9)이
전부터 여기 오면,
복물(卜物)과 왜차 치목(倭差鴟木)
주인 부처 두는지라.
이번도 그러하다.

1월 4일

초사일(初四日) 풍역(風逆)하여
상관(上關)서 머물렀다.
이 땅의 십여(十餘) 선비

---

9) 원정장(源正長) : 주방암국번(周防巖國藩) 육만석(六萬石) 길천가(吉川家) 제육대(第六代) 당주(當主) 길천경수(吉川經水)를 이름.

수십 수(數十首) 글을 보내어
"화답(和答)하여 달라!" 하네.
휘쇄(揮灑)하여 내치었다.

❈ 1월 5일 ❈

초오일(初五日) 6시경[卯時量]에
북풍(北風)에 배를 놓아
노(櫓)도 젓고 돛도 달아
실진(室津)10)가 잘 참(站) 드니,
굿 보는 남녀노소(男女老少)
배 타고 와서 본다.
선창(船艙)이 얕은지라
양중(洋中)에 닻을 주니,
백 이십 리(百二十里) 와 있으며,
지명(地名)은 안예주(安藝州)11)로다.

❈ 1월 6일(녹로도) ❈

초육일(初六日) 동북풍(東北風)에
해 돋기에 발선(發船)하니,
역풍(逆風)이 매우 불어

---

10) 실진(室津) : 일본음 무로쓰. 앞 주 고도숙랑(高島淑郎)의 『日東壯遊歌』쪽 217에 의하면 진화(津和)의 잘못이라고 함.
11) 안예주(安藝州) : 일본음 아끼슈.

돛 못 달고 노(櫓)를 저어
이십 리(二十里)는 겨우 가니,
전진(前進)할 길 전혀 없고,
비도 오고 흐린지라
수민(愁悶)12)하기 측량(測量) 없다.
만일(萬一)에 대양(大洋)이면,
파선(破船)이 틀림없네.
앞참(站)을 못 대고서
녹로도(鹿老島)13)로 들어가니,
여염(閭閻)은 사십 호(四十戶)요,
삼십 리(三十里)를 겨우 왔네.
양중(洋中)에 닻을 주니,
대풍(大風)이 이는지라
마을 집 겨우 얻어
삼사상(三使相)이 다 내리매
임도사(任都事) 오선전(吳宣傳)과
한 숙소(宿所)에 나도 드니,
인가(人家)도 정쇄(淨灑)하고,
경개(景槪)도 무던하다.
삼복선(三卜船)은 표풍(漂風)하여
남편(南便) 개에 드니,
선창(船艙)은 좋은지라
불행중(不幸中) 다행(多幸)하다.

---

12) 수민(愁悶) : 매우 근심함.
13) 녹로도(鹿老島) : 일본음 가로도(加老島)의 훈역.

두어 동행(同行) 데리고서
걸어가서 구경하니,
백사(白沙) 평포(平鋪)하고,
작은 둑산[丘山] 일어섰네.
쉰 세 층(層) 석계(石階) 올라
산 위에 서서 보니,
신당(神堂)을 지었으며,
안계(眼界)가 광활(廣闊)하여
산수(山水)는 절묘(絶妙)하니,
몰운대(沒雲臺)와 병칭(竝稱)한다.
마상재(馬上才) 전악(典樂)들은
청루(靑樓)에 들었는데,
방사(房舍)가 사치(奢侈)하고,
계정(階庭)이 정결(淨潔)하여
층(層) 지은 노송(老松)이며,
온갖 화훼(花卉) 다 있으니,
아국(我國)에 있게 되면,
유객(遊客)이 많을 게다.
서유 양인(徐柳兩人)14) 든 주인(主人)이
제집 부녀(婦女) 일색(一色)이니,
"데려 오마" 간청(懇請)하니,
하는 양 보려 하고,
"데려 오라" 허락(許諾)하니,
주인(主人)이 대락(大樂)하여

---

14) 서·유 양인(徐柳兩人) : 서유대(徐有大)와 유달원(柳達源)공을 이름.

어디로 나가더니,
이윽고 데려 오니,
비편(非便)하기 가이 없어
급히 "도로 나가라!" 하니,
무료(無聊)하여 가는 거동(擧動)
소견(所見)이 절도(絶倒)하다.

1월 7일

초칠일(初七日) 비 오기에
녹로도(鹿老島)서 묵게 됐다.
주방태수(周防太守)15) 문안(問安)하고,
감자(柑子) 도미 보내었다.
사신(使臣)게 들인 것은
한 그릇에 천여 갤세.
왜인(倭人)이 이르기를,
"이 땅에 산저(山猪)16) 많아
밤이면 마을에 와
장난한다." 하는구나.

1월 8일

초팔일(初八日) 또 묵을 때

---

15) 주방태수(周防太守) : 앞 주의 고도숙랑(高島淑郞)의 『日東壯遊歌』 쪽 220에 따르면, 길천경영(吉川經永 : 일본음 요시가와 게이에이)임.
16) 산저(山猪) : 멧돼지 곧 산돼지.

부방(副房)에서 삼수역(三首譯)을
잡아들여 분부(分付)하되,
"바람이 이러한데
'발선(發船)하자' 청한다."고
면책(面責)17)하여 내치었다.

🕮 1월 9일 🕮

초구일(初九日) 해 돋을 때
육선(六船)이 함께 떠나
순풍(順風)이 아닌지라
쌍돛을 비껴 달아
오십 리(五十里) 겸예(鎌刈)18) 가니,
14시[未時]는 되었구나.
관사(館舍)도 굉걸(宏傑)하고,
대접(待接)도 갸륵하다.
비단 장(帳)과 금병풍(金屛風)과
화로(火爐) 촛대 필묵(筆墨)들이
온갖 것이 선명(鮮明)하여
전참(前站)보다 백 배 낫다.

🕮 1월 10일 🕮

초십일(初十日) 행(行)할 때

---

17) 면책(面責) : 대면하여 꾸짖음.
18) 겸예(鎌刈) : 일본음 가마가리. 지금의 하포예(下蒲刈).

눈 뿌리고 서풍(西風) 분다.
축인방(丑寅方)19)을 향하여
백 십 리(百十里)를 들어가니,
8시[辰時]는 되었는데,
지명(地名)은 충해(忠海)20)였다.
소금 굽는 마을이라
쌓은 나무 산 같구나.
마을 뒤로 갯물이라
돛대가 은영(隱映)한다.
뒷산에 절이 있어
"서념사(誓念寺)라" 하는구나.

1월 11일(도포)

십일일(十一日) 동북풍(東北風)에
7시[卯末]에 발선(發船)하여
이예주(伊預州)21)와 찬기주(讚岐州)22)를
왼편에 느리 끼고,
안예태수(安藝太守)23) 사는 데24)를

---

19) 축인방(丑寅方) : 동북 방향.
20) 충해(忠海) : 일본음 다다노우미.
21) 이예주(伊預州) : 일본음 이요슈.
22) 찬기주(讚岐州) : 일본음 사노기슈.
23) 안예태수(安藝太守) : 안예주(安藝州)의 통치자. 여기서는 앞 주 고도숙랑(高島淑郎)의 『日東壯遊歌』쪽 223에 따르면, 안예 광도번 사십 이만 육천 오백석(安藝廣島藩四十二萬六千五百石) 천야가(淺野家) 제7대 당주(當主) 천야중성(淺野重晟 : 4076-4146, 1743-1813)임.

지나가며 바라보니,
회(灰) 칠한 성가퀴는
햇빛에 바위 같고,
금장식(金粧飾) 오층각(五層閣)이
구름 속에 표묘(縹緲)하다.
예서부터 좌우편(左右便)에
마을집이 자주 있다.
구십 오리(九十五里) 행하여서
왼편을 돌아보니,
기특(奇特)한 석벽(石壁) 위에
절승(絶勝)한 절 있거늘,
그 이름 물어보니,
"아복토(阿伏兎)25) 반대살[盤臺寺]26)세.
두 중이 배 타고 와
"보시(布施)하라" 청하거늘,
사신(使臣)네도 쌀 섬 주고,
일행(一行) 제인(諸人)들이
잡것을 다 주거늘,
나 역시 글씨 써서
팔 구장(八九張) 내어주니,
치사(致謝)하고 가는구나.
초혼(初昏)에 여섯 배가

---

24) 사는 데 : 앞 주의 책 쪽 223에 의하면, 삼원성(三原城)임.
25) 아복토(阿伏兎) : 일본음 아부도. 지금의 광도시 소우군(廣島市沼隅郡).
26) 반대사(盤臺寺) : 일본음 반다이지. 현 광도시 소우군(廣島市沼隅郡)에 있음.

도포(韜浦)27)에 다다르니,
백 리(百里)는 와 있으며,
"비후주(備後州)28)라" 하는구나.
여염(閭閻)과 왜선(倭船) 위에
등불도 장(壯)하구나.
관소(館所)는 복선(福禪)29)이니,
전각(殿閣)도 굉장(宏壯)하다.
여염(閭閻)의 성(盛)한 것이
연로(沿路)에 제일(第一)일세.
일행(一行)이 다 내리되,
나는 홀로 배에 있네.

복선사(福禪寺)

1월 12일

십이일(十二日) 눈 뿌리고,
10시[巳時]에 배를 내니,
해구(海口)가 활대(濶大)하여
대양(大洋)이나 다르쟎다.
풍세(風勢)가 맹렬(猛烈)하매
닻 달고 나아갈 때
하진(下津)30)을 지나가서

---

27) 도포(韜浦) : 일본음 도모노우라.
28) 비후주(備後州) : 일본음 비고슈.
29) 복선(福禪) : 복선사(福禪寺)의 준말. 복선사는 일본음 후쿠젠지.
30) 하진(下津) : 일본음 시모쓰. 지금의 하진정(下津井 : 일본음 시모쓰이).

일비(日比)[31] 땅에 배를 대니,
백 삼십 리(百三十里) 와 있으며,
"비전주(肥前州)[32]라" 하는구나.
본주태수(本州太守) 원종정(源宗政)[33]이
삼중(杉重)을 보내었다.
촌가(村家)는 십여 호(十餘戶)요,
남향(南向)한 마을일세.
사신(使臣)네는 하륙(下陸)하되,
나 혼자 배에 자다.

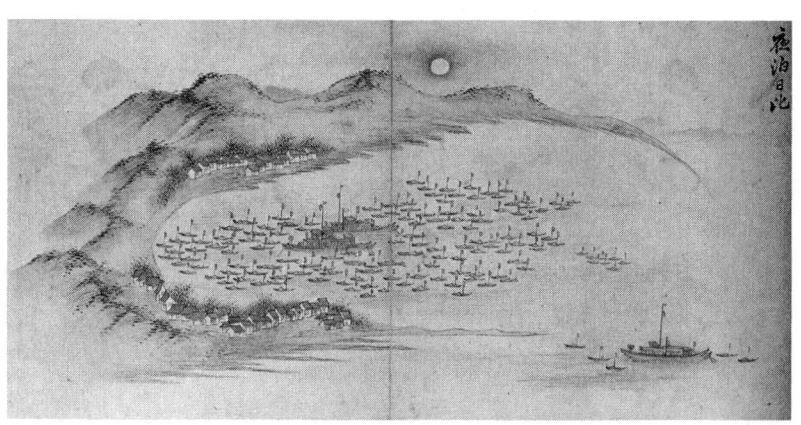

일비(日比)

---

31) 일비(日比) : 일본음 히쓰비.
32) 비전주(肥前州) : 일본음 비젠슈.
33) 원종정(源宗政 : 4060-4097, 1727-1764) : 앞 주 『日東壯遊歌』의 쪽 224에 따르면, 본명은 지전종정(池田宗政 : 일본음 이께다무네마사). 강산번 삼십 이만석(岡山藩三十二萬石)의 지전가(池田家)의 제사대(第四代) 당주(當主)임.

1월 13일

십삼일(十三日) 서풍(西風)하고,
9시[巳初]에 배를 띄워
저물도록 돛을 달고,
인간(寅間)34)으로 들어간다.
선창(船艙)도 천작(天作)이오.
여염(閭閻)도 거룩하다.
우리 네 사람35)은
한 방에 앉았더니,
비전주(肥前州) 다섯 시객(詩客)
불 켠 뒤 들어오니,
시포직춘(市浦直春)36) 화전소(和田邵)37)요,
귀산덕기(龜山德基)38) 정잠(井潛)39)이며,
그 중의 근등독(近藤篤)40)은
무진년(戊辰年)41)사행(使行) 때에
태수(太守)의 명(命)을 받아

---

34) 인간(寅間) : 동쪽 방향.
35) 네 사람 : 여기서는 제술관 남옥(南玉), 성대중(成大中), 원중거(元重擧), 지은이인 퇴석(退石)을 이름.
36) 시포직춘(市浦直春) : 호는 남죽(南竹). 직위는 장창대 겸 장국사(長槍隊兼掌國史)였다.
37) 화전소(和田邵) : 호는 일강(一江). 직위는 반궁문학(泮宮文學)이었음.
38) 귀산덕기(龜山德基) : 호는 남창(南窓). 국학(國學)의 학생이었음.
39) 정잠(井潛) : 앞 주『日東壯遊歌』의 쪽 225에 따르면, 정상잠(井上潛)의 잘못. 호는 사명산인(四明山人). 관직은 국학문학(國學文學)이었다.
40) 근등독(近藤篤) : 호는 서애(西涯). 직위는 이도 국학문학이었다.
41) 무진년(戊辰年) : 조선 영조 24(4081, 1748)년.

사신(使臣)을 영접(迎接)하고,
정잠(井潛)의 늙은 아비
통희(通熙)42)라 하는 선비
성장(聖章)43)이와 수창(酬唱)하던
시(詩) 한 권(卷) 보내었네.
부자(父子)가 문임(文任)으로
전후(前後)에 다 왔으니,
"어렵다" 할 것이요,
위인(爲人)이 기특(奇特)하여,
필담(筆談)이 도도(滔滔)하고,
시율(詩律)이 편편(片片)하니,
밝도록 창화(唱和)하여
백운 배율(百韻排律) 하나이요,
칠십 이운(七十二韻) 하나이며,
오칠율(五七律) 고시 절구(古詩絶句)
합하여 세게 되면,
사십 수(四十首)나 남직하다.
북편(北便)으로 백여 보(百餘步)에
본련사(本蓮寺)44)란 절이 있어
장려(壯麗)하고 경(景)이 좋되,
어두워 못 가 보다.
본주 태수(本州太守) 잡떡 한 궤(櫃)

본련사(本蓮寺)

---

42) 통희(通熙) : 호는 난대(蘭臺).
43) 성장(聖章) : 무진년 사행시 서기로 왔던 조선(朝鮮)의 이봉환(李鳳煥)의 호.
44) 본련사(本蓮寺) : 일본음 혼렌지.

상관(上官)에게 보내었다.

❈ 1월 14일(실진) ❈

십사일(十四日) 서북풍(西北風)에
6시[卯時]에 배를 놓아
적수성(赤穗城)45) 지나가니,
사이는 십여 리(十餘里)요,
성첩(城堞)이 고준(高峻)하고,
"대관(大官)이 산다."46)하네.
14시에 도박(到泊)하여
실진(室津)으로 들어가니,
선창(船艙)이 만회(灣回)하여
좌수포(佐須浦)와 일반이다.
마을도 즐비(櫛比)하고,
관사(館舍)도 웅장(雄壯)하다.
"파마주(播摩州)47)에 속하였고,
백 리(百里)는 왔다."하네.
본주 태수(本州太守) 원충공(源忠恭)48)은

실진(室津)

---

45) 적수성(赤穗城) : 일본음 아고우죠.
46) 대관(大官)이 산다. : 앞 주 『日東壯遊歌』의 쪽 227에 의하면, 적수번주(赤穗藩主) 삼충홍(森忠洪 : 일본음 모리다다히로)가 사는 곳이라고 함.
47) 파마주(播磨州) : 일본음 하리마슈.
48) 원충공(源忠恭 : 4043-4105, 1710-1772) : 앞 주의 『日東壯遊歌』 쪽 227에 의하면, 희로번 십 오만석(姬路藩十五萬石) 주정가(酒井家) 초대 당주(初代當主) 주정충공(酒井忠恭 : 일본음 사카이다다즈미임.

강호(江戶)의 아악두(雅樂頭)로
집정중(執政中) 으뜸으로,
삼중(杉重)을 보내었다.
병들어 못 내리고,
배방에 누웠더니,
정암장로(酊庵長老) 세 상좌(上座)가
춘파·난주(春坡蘭州) 고당(古堂)이라.
칠율(七律) 하나 칠절(七絶) 하나
각각 지어 보냈기에
불 켜고 차운(次韻)하여
역관(譯官) 주어 보내었다.

1월 15일

십오일(十五日) 망궐례(望闕禮)를
병(病)으로 불참(不參)하고,
평명(平明)에 발선(發船)터니,
비 오고 역풍(逆風) 부니,
포구(浦口)를 못다 와서
선창(船艙)으로 도로 왔다.
정사상(正使相) 식당(食堂)하되,
몸 아파 못 먹고서
주중(舟中)에 돌아와서
왜시(倭詩) 다섯 화답(和答)했다.

🎊 1월 16일-18일 🎊

십육 칠팔(十六七八) 이 세 날은
못 떠나고 묵을 때에
무수(無數)한 왜(倭) 선비가
글 가지고 와서 보네.

🎊 1월 19일(병고) 🎊

십구일(十九日) 서북풍(西北風)에
일출시(日出時)에 발선(發船)하여
돛 달고 노(櫓)를 저어
오십 리(五十里)는 지나오니,
파마태수(播磨太守)49) 사는 데라
인가(人家)도 장(壯)할시고.
분(粉) 칠한 바람벽은
녹림간(綠林間)에 은영(隱映)하고,
금장식(金粧飾)한 삼층각(三層閣)은
운소(雲宵)에 일어난다.
예서부터 좌우편(左右便)에
산은 낮고 들은 열려
사람의 사는 마을
연락(連絡) 부절(不絶)한다.
언덕 위에 구경는 이
계집 한 떼, 남자 한 떼

---
49) 파마태수(播磨太守) : 파마(播磨 : 일본음 하리마) 주의 통치자.

사오 리(四五里)에 가득하니,
그 수를 어이 알리?
백 리(百里)쯤 지나오니,
"명석(明石)"50)이라 하는구나.
"여기서 월출(月出) 보기
장관(壯觀)이라." 하는지라.
일변(一邊)으로 행선(行船)하며
삼사상(三使相)을 모시고서
타루(柁樓)에 올라앉아
사면(四面)으로 바라보니,
풍청(風淸) 낭정(浪靜)하고,
수천(水天)이 일색(一色)이다.
이윽고 달이 뜨니,
장(壯)함도 장(壯)할시고,
홍운(紅雲)이 지피는 듯
바다가 뛰노는 듯
크고 둥근 백옥(白玉)바퀴
그 사이로 솟아오니,
찬란(燦爛)한 금기둥이
만리(萬里)에 뻗치었다.
아국(我國)에 비(比)하면,
배가 넘게 더하겠다.
"부상(扶桑)51)이 가깝기에

---

50) 명석(明石) : 일본음 아까시.
51) 부상(扶桑) : 해가 뜨는 동쪽 바다 속에 있다고 하는 상상의 나무 또는 그 곳. 흔히

그렇다." 하는구나.
낮은 산 작은 골에
큰 보를 친 것 같아
건곤(乾坤)이 조요(照耀)하여
호발(毫髮)을 셀만하다.
천하(天下)에 장(壯)한 구경
이에서 또 없으리.
사나이 좋은 줄을
오늘이야 알리로다.
부녀(婦女)처럼 들었으면,
이런 것을 어이하리?
밤빛은 창망(蒼茫)하되,
병고(兵庫)52)를 바라보니,
수 없는 등불 빛이
십 리(十里)에 선연(鮮然)하여
위에는 만 천 성신(萬千星辰)
구만리(九萬里)에 소삼(昭森)하고,
아래는 백만 등롱(百萬燈籠)
해변(海邊)에 촉촉(矗矗)하니,
오늘 밤 이 경치(景致)는
천지간(天地間) 기관(奇觀)이다.
22시[二更量]에 병고(兵庫) 드니,
2시에 발선차(發船次)로

현재의 일본(日本)을 가리키기도 한다.
52) 병고(兵庫) : 일본음 효고.

하선(下船)을 않으려니,
도주(島主)가 간청(懇請)키에
인정(人情)에 어려워서
사신(使臣)네 잠깐 내려
관소(館所)로 들으시니,
우리 동행(同行)들도
내려가 구경하니,
그 중에 부상 숙소(副相宿所)
경치(景致)가 기절(奇絶)하다.
노송 종려(老松棕櫚) 매도 등속(梅桃等屬)
돌로 싼 방당(方塘)53) 위에
세 면에 창울(蒼鬱)하고,
종사상(從事相) 계신 데는
석가산(石假山) 쌓았으며,
그 밖에 기화이초(奇花異草)
좌우에 둘렀으며,
밤빛이 희미(稀微)하여
자세히 못 보겠다.
꽤 오래 둘러보고,
내 배로 돌아오니,
밤 깊어 사신(使臣)네도
도로 배로 오르셨다.
오늘 온 곳 세어 보니,
백 팔십 리(百八十里) 되는구나.

---

53) 방당(方塘) : 정원 같은 곳에 있는 모양이 네모진 작은 연못.

❈ 1월 20일(대판) ❈

염일(念日) 일출시(日出時)에
동편[寅間]으로 배를 놓아
하구(河口)로 들어갈 때
좌우 전후 돌아보니,
우리 배 예선(曳船)들과
앞참(站)의 탐후(探候) 온 배
영접(迎接)하러 오는 배와
각주 태수(各州太守) 행중(行中)배와
지공(支供)하고 가는 배와
영접(迎接)하러 오는 배와
마주인(磨州人)의 행중(行中)배와
근처(近處)에 구경 온 배
가고 오는 장삿배가
그리 넓은 바다 위에
다 모두 무명 돛을
순풍(順風)에 높이 달고,
일시(一時)에 들어가니,
장(壯)하고 끔찍하다.
흰 구름 천만(千萬)떼가
물가에 이었는 듯
바다를 덮었으니,
물빛을 모르겠다.
"왕준 누선(王濬樓船) 하익주(下益州)54)를

천고(千古)에 장(壯)타." 하나,
예 비하여 볼 때에는
마땅히 소조(蕭條)하리.
하구외(河口外)에 다다르니,
포수(浦水)가 얕은지라
우리 배 들어가기
걸리어 어렵더니,
열한 척(隻) 금루선(金樓船)55)이
대령(待令)하여 맞는구나.
저 금루선(金樓船) 제작(製作) 보소.
안팎에 옻칠하여
영(影)이 뜨게 빛이 나고,
이금(泥金)으로 찬란(燦爛)하게
용(龍)과 봉(鳳)도 그렸으며,
낯에 공작(孔雀) 그렸으니,
궁사(窮奢)코 극치(極侈)키는
만고(萬古)에 없을 게다.
이층전(二層殿) 집을 짓고,
대공56) 갖춰 창격(窓格)들을
황금(黃金)으로 아로 사겨
옷장(欌)처럼 꾸몄으며,

복견성(伏見城)

---

54) 왕준 누선(王濬樓船) 하익주(下益州) : 당(唐)나라 시인 유우석(劉禹錫)이 지은 「서한산(西寒山)」이라는 시에 나오는 구절.
55) 금루선(金樓船) : 노란 빛깔의 칠을 한 누각이 있는 배.
56) 대공 : 건축물의 들보 위에 세워 마룻보를 받치는 짤막한 기둥.

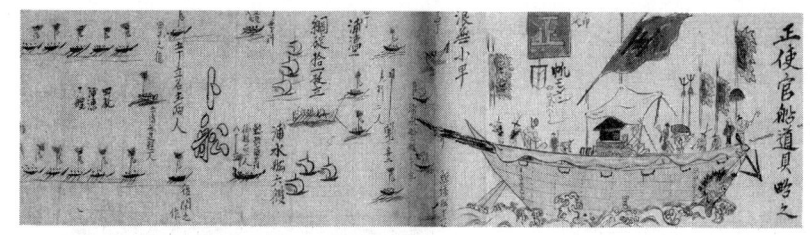
예인선단

각색(各色)으로 넓은 비단(緋緞)
한 폭(幅)씩 연폭(連幅)하여
휘장(揮帳)을 지어내어
주황사(朱黃絲) 진홍사(眞紅絲)와
천청(淺靑) 모단사(毛緞絲)로
팔뚝만큼 줄을 드려
온 배를 두루 둘러
사면(四面)으로 드리웠네.
인신(人臣)이 이 배 타기
진실(眞實)로 외람(猥濫)하여
한두 번 예양(禮讓)하고,
나중에 올라 탈 때
정부종(正副從) 삼사상(三使相)이
각 한 배씩 타오시고,
한 척(隻)을 빼어내어
국서(國書)를 모시고서
도주(島主) 한 척(隻) 정승(酊僧) 한 척(隻)
삼수역(三首譯) 삼상 판사(三上判事)
각 한 배씩 올라앉아

차례(次例)로 나아갈 때
나 역시 종사상(從事相)과
한 배에 올라타니,
배마다 줄을 매어
이편 언덕 저편 언덕
무수(無數)한 예선군(曳船軍)이
차례(次例)로 끌어가니,
두 편에 굿 보는 이
바다 같고 산 같아서
성성전(猩猩氈)도 깔았으며,
금병풍(金屛風)도 쳐 놓고서
그리 많은 왜녀(倭女)들이
가득 차게 앉았으니,
붉은 옷도 입었으며,
푸른 옷도 입었으며,
자주(紫朱)옷도 입었으며,
아롱 옷도 입었으니,
"그 중에 호사(豪奢)한 이
사환가(仕宦家) 부녀(婦女)라."네.
강물이 크지 않아
임진(臨津)57)만 아니해
물가의 두 편으로
인가(人家)가 연속(連續)하고,
분(粉) 칠한 넓은 담에

---

57) 임진(臨津) : 지금의 경기도 파주시와 연천군에 있는 임진강(臨津江).

고래 등 같은 큰 집을

황금(黃金)과 적홍(赤紅)으로

공교(工巧)히 꾸몄으며,

삼신산(三神山)58) 금궐운대(金闕雲臺)59)

진실(眞實)로 여기로다.

일 리(一里)는 겨우 가서

날이 벌써 저문지라

양안(兩岸)에 등촉(燈燭)빛이

삼십 리(三十里)에 벌었으니,

장건지(張騫之) 승사(乘槎)60)하고,

은하(銀河)로 올라갈 때

좌우의 성신(星辰)들이

이같이 껴 있던가?

"우리나라 팔일 관등(八日觀燈)

아이라." 하리로다.

하 장(壯)하고 끔찍하니,

한 붓에 못 쓰겠다.

강 위에 나무다리

무지개 모양으로

반공(半空)에 떠 있는데,

---

58) 삼신산(三神山) : 발해(渤海)에 있다는 상상상의 신선들이 사는 세 명산. 조선에
서는 금강산(金剛山), 일명 봉래산), 지리산(智異山, 일명 방장산), 영주산(漢拏山,
일명 영주산)이라고 함.
59) 금궐 운대(金闕雲臺) : 도가(道家)에서 천제(天帝)가 사는 대궐이라고 하는 화려
한 궁궐과 신선들이 올라서 노니는 전망대(展望臺)인 사치스러운 운대.
60) 장건지(張騫之) 승사(乘槎) : 한(漢)나라 무제(武帝) 때에 장건(張騫)이 뗏배를 타
고 황하(黃河)를 거슬러 올라간 고사를 인용한 것임.

이 층각(二層閣) 금루선(金樓船)이
그 아래로 들어가니,
그 높기는 알리로다.
그리 많은 도리 기둥
삼목(杉木)으로 널을 하여
사면(四面)으로 대어 놓고,
쇠못을 박았으니,
비와 물에 상하면,
다른 널로 고쳐 하니,
아무리 연구(年久)하나,
전혀 썩지 아니하매
다리를 보게 되면,
연폭(連幅)한 데 틈이 없어
대패로 민 듯하며,
한 나무로 한 듯하며
난간(欄干)을 하였으되,
기둥 세고 중방 들여
적동(赤銅)으로 편쇠 치어
중방마다 장식(裝飾)하고,
큰 항만한61) 주저리를
가마 꼭지모양으로
기둥마다 덮었으니,
기묘(奇妙)하고 사치(奢侈)하다.
백사십리(百四十里) 대판성(大坂城)62)을

대판성(大坂城)

---

61) 항만한 : 항아리 만한.

0시경[三更量]에 들어가니,
섭진주(灄津州)63)에 속하였고,
강(江) 이름은 낭화(浪華)64)로다.
예부터 제술관(製述官)이
국서(國書)배에 오르더니,
이번에 남시온(南時韞)이
사집(士執)과 원자재(元子才)로
일복선(一卜船)에 앉았다가
국서선(國書船)에 못 올라서
뒤 떨어져 있는지라.
불쌍하고 가여웠다.
하륙(下陸)함을 청(請)하거늘,
삼사상(三使相)을 모시고서
본원사(本願寺)65)로 들어갈 때
길을 낀 여염(閭閻)들이
접옥(接屋) 연장(連墻)하고,
번화(繁華) 부려(富麗)하여
아국(我國)의 종로(鐘路)보다
만 배(萬倍)나 더하구나.
발도 걷고 문도 열고,
난간(欄干)도 의지(依支)하며,

---

62) 대판성(大坂城) : 일본음 오오사카죠.
63) 섭진주(灄津州) : 섭진(灄津 : 일본음 세쓰쓰).
64) 낭화(浪華) : 일본음 나니와.
65) 본원사(本願寺) : 지금의 대판(大坂 : 일본음 오오사카)시에 있는 절. 일본음 혼간지. 진촌 별원(津村 : 일본음 쓰무라) 별원(別院)임.

마루에 앉았는 이
집 안에 가득하고,
기둥에 매었으되,
어른은 뒤에 앉고,
아이는 앞에 앉아
일시(一時)에 구경하되,
그리 많은 사람들이
한 소리를 아니 하고,
어린 아이 혹 울면
손으로 입을 막아
못 울게 하는 거동
법령(法令)도 엄(嚴)하도다.
나 탄 말이 크고 높고,
놀라고 사나워서
소리하고 뛰놀아서
거의 낙상(落傷)할 뻔하니,
이 앞 육로(陸路) 천여 리(千餘里)를
어이 갈까 염려(念慮)된다.
관소(館所)로 들어가니,
그 집이 웅걸(雄傑)하여
우리나라 대궐(大闕)보다
크고 높고 사려(奢麗)하다.
임도사(任都事) 오선전(吳宣傳)과
한 방(房)에 함께 드니,
미농태수(美濃太守)66) 관반(館伴)으로

대령(待令)하여 영접(迎接)한다.
섭진주(攝津州) 대판성(大坂城)은
평수길(平秀吉)67)의 도읍(都邑)이다.
사던 데 복견성(伏見城)68)이
동편(東便)에 멀지 아니하네.
옛일을 생각하니,
성난 털이 일어선다.

❈ 1월 21일 ❈

이십일일(二十一日) 10시쯤[巳時量]에
정부종(正副從) 삼사상(三使相)이
숙공(熟供)을 받으려고
연향청(宴饗廳)에 나아 앉으니,
음식(飮食)을 들이는데,
무비기괴(無非奇怪) 궤휼(饋恤)69)한다.
전복 문어(全鰒文魚) 온갖 것을
한 데 무쳐 아로새겨
과즐 괴듯 둥그렇게

---

66) 미농태수(美濃太守) : 미농(美濃 : 일본음 미노)주의 통치자. 여기서는 앞 주의 고도숙랑(高島淑郎)의 『日東壯遊歌』쪽 238에 의하면, 화천안 화전번 오만 삼천 석 강부가 제육대 당주(和泉岸和田藩五萬三千石岡部家第六代當主) 강부장주(岡部長住 : 일본음 오까베나가스미, 4073-4142, 1740-1809)임.
67) 평수길(平秀吉) : 풍신수길(豊臣秀吉 : 일본음 도요토미히데요시).
68) 복견성(伏見城) : 일본음 후시미죠우.
69) 무비기괴(無非奇怪) 궤휼(饋恤) : 기괴하지 아니한 것이 없는 음식으로 손님을 대접하여 먹임.

자[尺]이나 괴었으니,
오색(五色)으로 여럿이요,
모양이 한과(韓菓) 같다.
떼어 먹어 보려 하니,
떨어지지 아니하네.
물가의 도요새를
죽은 것을 갖다가서
두 날개에 금(金)을 올려
벌어 집어 놓았으니,
잡은 지 오래되어
구린내 참혹(慘酷)하다.
가재라 하는 것은
생(生)으로 놓았으되,
모양은 대하(大蝦)70) 같고,
크기는 매우 크다.
다섯 치[寸]나 긴 나룻에
금(金)을 올려놓았으며,
그밖에 이름 없는
온갖 것을 벌였으되,
그 수(數)는 수십(數十)이나,
먹을 것 전혀 없다.
그 중에 가화 가송(假花假松)71)
실제(實際) 것과 많이 같다.

---

70) 대하(大蝦) : 큰 새우.
71) 가화 가송(假花假松) : 조화(造花)와 만든 소나무.

미농수(美濃守)와 두 봉행(奉行)72)이
와서 보고 나간 뒤에
도주 정승(島主酊僧)73) 와 뵈는데,
예법(禮法)은 전과 같다.
저녁에 삼문사(三文士)74)가
비로소 들어오니,
상방(上房)에 수책(受責)75)하니,
소견(所見)에 송민(悚憫)하다.
우리 숙공(熟供) 받아보니,
일양(一樣)으로 기괴(奇怪)하다.

🕮 1월 22일 🕮

이십이일(二十二日) 병(病)이 들어
숙소(宿所)에 누웠으니,
수없는 왜시(倭詩)들이
산처럼 쌓이거늘,
강질(强疾)76)하여 지어주니,
기운(氣運)이 어렵구나.

---

72) 두 봉행(奉行) : 앞 주 고도숙랑(高島淑郎)의 『日東壯遊歌』쪽 239에 의하면, 두 봉행은 대판정 봉행 흥진능등수 충통(大阪町奉行興津能登守忠通)과 제전 출운수 장규(鵜殿出雲守長逵)임.
73) 도주 정승(島主酊僧) : 대마도주(對馬島主)와 이정암승(以酊庵僧).
74) 삼문사(三文士) : 지은이를 제외한 남옥(南玉)·성대중(成大中)·원중거(元重擧) 공을 이름.
75) 수책(受責) : 꾸지람을 들음.
76) 강질(强疾) : 몸이 아픈 것을 무릅씀.

오칠율(五七律) 절구(絶句)와
고시 배율(古詩排律) 합하여서
다 주어 세어보니,
일백 삼십(一百三十) 여수(餘首)로다.
초지(草紙)에 대어놓고
바로 써서 주었기에
중초(重抄)에 건질 때에
반 넘어 잊을로다.
날마다 이러하면,
사람이 못 견딜세.
북산호(北山皓)77)라 하는 사람
글과 인물(人物) 으뜸이다.
윤필(潤筆)하러 가져 온 것
연로(沿路)에 받지 아녔더니,
여기는 도회처(都會處)라
부귀(富貴)한 이 많은지라
온갖 것을 가져오되,
그 수가 풍성(豊盛)하다.
전과 같이 도로 주니,
그 중에 한 선비가
이마에 손을 얹고,
백번(百番)이나 간청(懇請)하고,
손 묶어 부비는 양

---

77) 북산호(北山皓) : 앞 주의 고도숙랑(高島淑郞)의 『日東壯遊歌』쪽 243에 의하면, 호는 칠승(七僧)임.

소견(所見)이 지성(至誠)이매,
인정(人情)에 할 일 없어
먹 한 장 가지고서
그 밖은 내어 주고,
우리나라 종이 필묵(筆墨)
답례(答禮)로 많이 주니,
저도 나와 같이
먹 하나 가지고서
그 밖은 도로 준다.
미농수(美濃守)의 숙소(宿所) 곁에
높은 난간(欄干) 위에 앉아
사면(四面)을 바라보니,
지형(地形)도 기절(奇絶)하고,
인호(人戶)도 많을시고.
백만(百萬)이나 되어 뵌다.
우리나라 도성(都城) 안은
동(東)에서 서(西)에 오기
십 리(十里)라 하지마는
채 십 리(十里)가 못되는데,
부귀(富貴)한 재상(宰相)들도
백간(百間)집이 금법(禁法)이요,
다 모두 흙기와를
이었어도 장(壯)타는데,
장(壯)할 손 왜(倭)놈들은
천간(千間)이나 지었으며,

그 중에 호부(豪富)한 놈
구리기와 이어 놓고,
황금(黃金)으로 집을 꾸며
사치(奢侈)키 이상(異常)하고,
남(南)에서 북(北)에 오기
백 리(百里)나 거의 되되,
여염(閭閻)이 빈 틈 없이
빽빽이 들었으며,
한 가운데 낭화강(浪華江)78)이
남북(南北)으로 흘러가니,
천하(天下)에 이러한 경(景)
또 어디 있단 말고?
북경(北京)을 본 역관(譯官)79)이
행중(行中)에 와 있으되,
중원(中原)의 장려(壯麗)하기
이에서 낫잖다네.
이러한 좋은 세계(世界)
해외(海外)에 배판(排判)하고,
더럽고 못쓸 씨로
구혈(丘穴)을 삼아 있어
주평왕(周平王)80) 때 입국(立國)하여

---

78) 낭화강(浪華江) : 지금의 정천(淀川 : 일본음 요도가와).
79) 북경(北京)을 본 역관(譯官) : 여기서는 3방 소속 한학통사(漢學通事) 오대령(吳大齡)공.
80) 주평왕(周平王) : 주(周)나라 평왕(平王).

이제까지 이천 년(二千年)을
흥망(興亡)을 모르고서
한 성(姓)으로 전(傳)하여서
인민(人民)이 생식(生殖)하여
이처럼 번성(繁盛)하니,
모를 이(理)는 하늘이라.
가탄(可歎)하고 가한(可恨)이라.
제 나라 귀가 부녀(貴家婦女)
곁집에 다닐 때에
바지 아니 입었기에
서서 오줌 누게 되면,
제 수종(隨從) 그 뒤에서
명주 수건(明紬手巾) 가졌다가
손으로 씻겨 주니,
들으매 해연(駭然)하다.
제 형(兄)이 죽은 뒤에
형수(兄嫂)를 계집 삼아
데리고 살게 되면,
"착다!" 하고 기리는데,
"제 아운 길렀다고,
제수(弟嫂)는 못한다."네.
예법(禮法)이 전혀 없어
금수(禽獸)와 일반(一般)이다.
대저한 저 평수길(平秀吉)이
사납고도 강성(強盛)하여

"높은 산 낮다." 하고,
낮은 산 높게 하고,
바른 물은 에게[81] 하고,
굽은 물은 곧게 하니,
물 하나 산 하나를
고이 둔 것 전혀 없고,
살인(殺人)으로 여마(如麻)[82]하며,
인국(隣國)을 침노(侵擄)[83]하고,
대명(大明)을 범(犯)[84]하려니,
제 어이 망찮으리?
"번화(繁華)하기 제일(第一)이요,
인물(人物)이 모이기에

서경추경도

---
81) 에게 : 휘어지게. 굽어지게.
82) 살인(殺人)으로 여마(如麻) : 살인을 삼대를 베 듯함.
83) 인국(隣國)을 침노(侵擄) : 이웃나라를 쳐 들어감. 여기서는 풍신수길이 일본군을 보내어 조선을 침공한 임진왜란(壬辰倭亂)을 이름.
84) 대명(大明)을 범(犯) : 큰 명(明)나라를 침범함.

문사(文士)도 많거니와
호걸(豪傑)도 있다."하네.
서경(西京)85)서 가번장로(加蕃長老)86)
우리를 데리고서
강호(江戶)로 들어가려
예 와서 기다리네.

❈ 1월 23일 ❈

이십삼일(二十三日) 식전(食前)부터
왜(倭)놈이 무수(無數)히 와
필담(筆談)이 난감(難堪)하고,
수창(酬唱)도 지겨웠다.
병들어 어려우나,
나라에서 보낸 뜻이
이놈들을 제어(制御)하여
빛있게 하심이라.
병이 비록 중(重)할 진들
어이 아니 지어 주리?
일생(一生) 힘을 다 들여서
풍우(風雨)처럼 휘쇄(揮灑)하니,
겨우 다 차운(次韻)하면,
품속에서 다시 내어

---
85) 서경(西京) : 지금의 일본 경도(京都 : 일본음 교토우).
86) 가번장로(加蕃長老) : 조선 통신사가 일본에 올 때마다 막부(幕府)에서 파견하는 통신사의 접반사(接伴使)인 중.

여러 놈이 함께 주면,
턱에 닿게 싸이었다.
또 지어 내치면,
또 그처럼 내어놓네.
노병(老病)한 이 내 근력(筋力)
쇠진(衰盡)할까 싶었도다.
젊었을 때 같게 되면,
그 무엇이 어려울까?
우리를 보려 하고,
이삼천 리(二三千里) 밖의 놈이
양식(糧食) 싸고 여기 와서
다 엿 달씩 묵었으니,
만일(萬一) 글을 아니 주면,
낙망(落望)하기 어떠할까?
무론 노소(毋論老少) 귀천(貴賤)하고,
다 모두 지어주니,
이러므로 우리 역사(役事)
밤낮으로 쉴 새 없네.
남성원(南成元)87) 삼료(三僚)들도
이처럼 어렵다네.

❈ 1월 24일-25일 ❈

이십사일(二十四日) 이십오일(二十五日)은

---

87) 남성원(南成元) : 남옥(南玉), 성대중(成大中), 원중거(元重擧)공들임.

본원사(本願寺)서 머물렀다.
이날도 글짓기를
어제같이 무수(無數)하다.

❈ 1월 26일 ❈

이십육일(二十六日) 해 높으니,
삼사상(三使相)이 배를 탈 때
나는 먼저 가마 타고,
금선(金船)88)에 가 기다리니,
다섯 배 격군(格軍)들과
머무는 선장(船將)들이
여기서 머물고서
못 따라 가는지라
선두(船頭)에서 배별(拜別)하고,
함루(含淚)하고 나섰으니,
처음에 배에 내려
왜선(倭船)으로 내릴 때에
마음에 좋지 아녀
집 떠날 때 퍽 같더니,
이것들 두고 가니,
더욱 섭섭한 저이고.
전과 같이 종사상(從事相)과
한 배에 올라앉아

---

88) 금선(金船) : 금루선(金樓船)의 준말.

누(樓) 위에 의지(依支)하여
두 편을 바라보니,
어와! 장(壯)할시고.
구경꾼이 끔찍하다.
줄 매어 끄을기는
전번과 같지마는
아롱 옷 입은 왜(倭)놈
열 아문이 배에 올라
상앗대를 각각 들고,
좌우로 지르면서
곡조(曲調)를 늘어지게
뱃노래를 함께 하니,
그 소리 청원(淸遠)하여
"들음직하다" 할네.
날 새도록 배를 끌어
역수(逆水)하여 올라갈 때
행중(行中)의 여러 사람
침구(寢具) 하나 아니 왔네.
종사상(從事相)의 천릭(天翼)89) 덮고,
옷 입은 채 누워 자니,
비로소 해 돋은 뒤
평방(平方)90)으로 겨우 오니,
오십 리(五十里)는 와 있으며,

---

89) 천릭(天翼) : 조선시대 무관(武官)이 입던 공복(公服)의 한 가지.
90) 평방(平方) : 일본음 히라가다[枚方].

"기이주(紀伊州)91)라" 하는구나.

❈ 1월 27일 ❈

이십 칠일(二十七日) 사상(使相)네가
관소(館所)에 잠깐 내려
숙공(熟供) 빗고 잠깐 쉬어
저물도록 행선(行船)하여
정포(淀浦)92)로 올라오니,
여염(閭閻)도 즐비(櫛比)하며,
물가에 성(城)을 쌓고,
경개(景槪)가 기이(奇異)하다.
물속에 수기(水器) 놓아
강(江)물을 길러다가
홈으로 인수(引水)하여
성(城) 안으로 들어가니,
제작(製作)이 기묘(奇妙)하여
법 받음직 하구나야.
그 수기(水器) 자세 보니,
물래를 만들어서
좌우에 박은 살이
각각 스물 여덟이요,
살마다 끝에다가

정천(淀川)을 건너는 사행선

---

91) 기이주(紀伊州) : 앞 주의 『日東壯遊歌』쪽 248에 의하면, 하내주(河內州)의 잘못임.
92) 정포(淀浦) : 일본음 요도우라.

널 하나씩 가로 매어
물속에 세웠으니,
강물이 널을 밀면,
물래가 절로 도니,
살 끝에 작은 통(桶)을
놋줄로 매었으니,
그 통(桶)이 물을 떠서
돌아갈 때 올라가면,
통 아래 말뚝 박아
공중(空中)에 나무 매어
말뚝에 걸리면,
그 물이 쏟아져서
홈 속으로 드는구나.
물래가 빙빙 도니,
빈 통이 내려와서
또 떠서 순환(循環)하여
주야(晝夜)로 불식(不息)하니,
인력(人力)을 아니 들여
성(城) 가퀴 높은 위에
물이 절로 넘어가서
온 성(城)안 거민(居民)들이
이 물을 받아먹어
부족(不足)들 아니하니,
진실(眞實)로 기특(奇特)하고,
묘(妙)함도 묘(妙)하구나.

지명(地名)은 하내주(河內州)93)요,
사십 리(四十里) 와 있구나.

❈ 1월 28일(서경) ❈

이십 팔일(二十八日) 발행(發行)할 때
수 백필(數百匹) 금안 준마(金鞍駿馬)94)
중하관(中下官)을 다 태우니,
기구(器具)도 장(壯)하구나.
각방(各房)의 노자(奴子)들도
호사(豪奢)가 참람(僭濫)95)하다.
좌우에 쌍견마(雙牽馬)96)요,
한 놈은 우산(雨傘) 받고,
두 놈은 부축하고,
담배 기구(器具) 한 놈 들고,
한 놈은 등불 들고,
한 놈은 그릇 메어
한 사람이 거느린 수(數)
여덟씩 들었구나.
나하고 삼 문사(三文士)는

---

93) 하내주(河內州) : 앞 주 『日東壯遊歌』 쪽 250에 따르면, 산성(山城 : 일본음 야마시로)의 잘못이라고 함.
94) 금안 준마(金鞍駿馬) : 화려한 안장을 얹은 잘 달리는 말.
95) 참람(僭濫) : 분수에 넘치게 함부로 함.
96) 쌍견마(雙牽馬) : 말 한 필에 고삐 둘을 하여 양쪽으로 나누어 두 사람의 마부가 이끎.

가마 타고 먼저 가니,
금안(金鞍) 지은 재고97) 큰 말
기(旗) 든 말이 앞에 섰다.
여염(閭閻)도 왕왕(往往) 있고,
흔할 손 대밭이다.
토지(土地)가 기름 져서
전답(田畓)이 매우 좋네.
이십 리(二十里) 실상사(實相寺)98)가
삼사상(三使相) 조복(朝服)할 때
나는 내리잖고,
왜성(倭城)으로 바로 가니,
"인민(人民)이 부려(富麗)하기
대판(大坂)만은 못하여도
서(西)에서 동(東)에 가기
삼십 리(三十里)라." 하는구나.
관사(館舍)는 본룡사(本龍寺)99)요,
오층(五層) 문루(門樓) 위에
열 아문 구리 기둥
운소(雲宵)에 닿았구나.
수석(水石)도 기절(奇絶)하고,
죽수(竹樹)도 유취(幽趣) 있네.

---

97) 재고 : 발걸음이 빠르고.
98) 실상사(實相寺) : 일본음 지쓰소지.
99) 본룡사(本龍寺) : 앞 주의 고도숙랑(高島淑郞)의 『日東壯遊歌』쪽 253에 의하면, 본국사(本國寺)의 잘못이라고 함.

왜황(倭皇)이 사는 데라
사치(奢侈)가 측량(測量) 없다.
산형(山形)이 웅장(雄壯)하고,
수세(水勢)도 환포(環抱)하여
옥야 천리(沃野千里) 생겼으니,
아깝고 애닯을손
이리 좋은 천부금탕(天府金湯)100)
왜(倭)놈의 기물(器物)되어
칭제 칭왕(稱帝稱王)101)하며,
전자 전손(傳子傳孫)하니,
개돝102) 같은 비린 유(類)를
다 모두 소탕(掃蕩)하고,
사천 리(四千里) 육십주(六十州)103)를
조선(朝鮮) 땅 만들어서
왕화(王化)에 목욕(沐浴) 감겨
예의국(禮儀國) 만들곺다.
삼대(三代)104)를 본받아서
세습(世襲)하는 법(法)이 있어
무론 현우(毋論賢愚)105)하고,

---

100) 천부금탕(天府金湯) : 천연의 요해지(要害地).
101) 칭제 칭왕(稱帝稱王) : 황제(皇帝)라고도 하고, 군왕(君王)이라고도 일컬음.
102) 개돝 : 개[犬]와 돼지[豚]. 앞 주 고도숙랑(高島淑郎)의 책 쪽 253과 297에서는 개좆[狗腎]으로 본 것은 잘못임.
103) 사천 리(四千里) 육십주(六十州) : 일본의 국토와 행정 구역.
104) 삼대(三代) : 여기서는 하(夏)・은(殷)・주(周)의 세 왕조를 이름.
105) 무론 현우(毋論賢愚) : 어질고 어리석음을 가리지 아니함.

맏 자식이 서는지라
둘째 셋째 나는 이는
비록 영웅(英雄) 호걸(豪傑)이나,
범왜(凡倭)106)와 한가지로
벼슬을 못하기에
으뜸으로 중[僧]을 헤고,
그 다음 의원(醫員)이라.
적으나 잘난 놈은
중[僧] 의원(醫員) 다 된다네.
"왜황(倭皇)은 괴이하여
아무 일도 모르고서
병농형정(兵農刑政) 온갖 것을
관백(關白)에 맡겨 두고,
간여(干與)하는 일이 없어
궁실 화초(宮室花草) 치레하고,
보름은 재계(齋戒)하고,
보름은 주색(酒色)하여
딸이나 아들이나,
맏 것이 선다." 하네.
"지금도 섰는 왜황(倭皇)
여주(女主)107)라" 하는구나.
사행(使行)이 들어올 때

---

106) 범왜(凡倭) : 평범한 왜인(倭人).
107) 여주(女主) : 앞 주 고도숙랑(高島淑郎)의 『日東壯遊歌』 쪽 253에 따르면, 제117대 후영정천황(後櫻町天皇)임.

구경을 하올 때는

범왜(凡倭)와 같은지라.

몰라보니 애닯도다.

관소(館所)가 요란(搖亂)커늘

임오이(任吳李)108) 세 비장(裨將)과

문밖에 숙소(宿所)하니,

밤을 한 데 자게 되니,

왜시(倭詩)가 많이 오되,

식가(息暇)로 아니하다.

평안(平安)사람 원희(願喜)109)란 왜(倭)

미농지(美濃紙)110) 백축(百軸)하고,

북국 시례 나무잔111)을

윤필(潤筆)하매 도로 주다.

근강주(近江州)112)에 속하였고,

삼십 리(三十里) 와 있구나,

🟙 1월 29일 🟙

이십구일(二十九日) 발행(發行)하여

삼십 리(三十里) 대진(大津)113) 중화(中火)

---

108) 임오이(任吳李) : 여기서는 임흘(任屹)과 오재희(吳載熙)와 이해문(李海文)공을 이름.
109) 평안(平安)사람 원희(願喜) : 평안은 경도(京都)의 다른 이름이고, 원희는 음역한 것임.
110) 미농지(美濃紙) : 일본의 미농주(美濃州 : 일본음 미노슈)에서 생산된 종이의 한 가지.
111) 북국 시례 나무잔 : 북국의 시례나무로 만든 술잔이라는 뜻인 듯함.
112) 근강주(近江州) : 앞 주 『日東壯遊歌』쪽 253에 따르면 산성(山城)의 잘못이라고 함.

비파호(琵琶湖)

여염(閻閻)이 즐비(櫛比)하여
십 리(十里)에 연(連)하였고,
거룩할 손 비파호(琵琶湖)114)가
근원(根源) 없이 절로 뚫려
이 물이 흘러가서
낭화강(浪華江)115)이 되었다네.
태수(太守)가 사는 데가
호수(湖水)를 압림(壓臨)하여
분첩(粉堞)이 표묘(縹緲)하고,
누각(樓閣)116)이 장려(壯麗)하여
경개(景槪)가 절승(絶勝)하니
왜(倭)놈 주기 아깝구나.
나무다리 둘을 지나
오십 리(五十里) 잠깐 가니,

---

113) 대진(大津) : 일본음 오오쓰.
114) 비파호(琵琶湖) : 일본음 비와고.
115) 낭화강(浪華江) : 대판부(大坂府) 안을 흐르는 정천(淀川 : 일본음 요도가와).
116) 누각(樓閣) : 앞 주의 『해사일기』 4월 3일조에 따르면, 영조원(靈照院)임.

우리 숙소(宿所) 유벽(幽僻)하여
죽림(竹林)이 기특(奇特)하다.
여기도 근강주(近江州)요,
팔십 리(八十里) 와 있구나.

❈ 1월 30일 ❈

그믐날 일출시(日出時)에
동편[寅間]으로 향(向)하여서
사십 리(四十里) 팔번산(八幡山)117) 가
중화(中火)하고 길을 떠나
언근성(彦根城)118) 들어가니,
시정(市井)과 여염(閭閻)들이
대판성(大坂城) 버금이요,
육십 리(六十里) 또 왔구나.

❈ 2월 1일(대원) ❈

이월(二月) 초일일(初一日)은
비 맞고 발행(發行)하여
답침령(褡針嶺)119) 올라가니

---

117) 팔번산(八幡山) : 일본음 하찌만산.
118) 언근성(彦根城) : 일본음 히꼬네죠.
119) 답침령(褡針嶺) : 앞 주 고도숙랑(高島淑郎)의 『日東壯遊歌』 쪽 260에 의하면, 답침령은 언근시중산정 접침(彦根市中山町摺針)의 구중산도(舊中山道)의 고개인 마침치(磨針峙 : 일본음 스리바리도 우게)라고 함.

망호정(望湖亭)120) 게 있으니,

호수(湖水)를 부림(俯臨)하여

경치(景致)가 절승(絶勝)하되,

비 오기에 못 오르니,

올 때나 보리로다.

예서부터 길을 닦되,

두 편에 언덕 싸서

기추(騎芻)121) 쏘는 혁통(革筒)122) 같고,

언덕에 솔을 심어

몇 백 년(百年) 되었는지

두 세 아름 되는구나.

일천(一千) 삼백 리(三百里)를

강호(江戶)까지 벌었는데,

그 속을 들어가니,

장(壯)함도 장(壯)하구나.

저물도록 가는 길이

산곡(山谷)으로 가는구나.

길가에 성천(醒泉)123) 있어

정자(亭子) 있고 경(景)도 좋다.

전어관(傳語官) 먼저 와서

"구경하고 가라" 하되,

---

120) 망호정(望湖亭) : 일본음 보꼬우데이.
121) 기추(騎芻) : 말을 타고 활을 쏘는 사수(射手).
122) 혁통(革筒) : 가죽으로 만든 화살을 담는 통.
123) 성천(醒泉) : 앞 주 『日東壯遊歌』의 쪽 260에 의하면, 현재 미원군 성정(米原郡 醒井)에 있는 거성청수(居醒淸水 : 일본음 이사메노시미즈)라고 함.

가마에 내렸다가
잃을까 염려(念慮)하여
칭병(稱病)하고 아니 내려
금수(今須)124)로 바로 오니,
열없는 조도사(曺都事)125)는
구경하러 내렸다가
탔던 가마 잃어버려
"낭패(狼狽)했다." 하는구나.
우리의 숙소(宿所) 이름
"등포관(藤舖館)126)이라." 하네.
가마에 겨우 내려
숨도 미처 못 쉬어서
왜(倭) 선비 다 엿 놈이
서로 갈아 글을 들여
"차운(次韻)하라." 보채거늘
종이 펴고 먹을 갈아
담배 한 대 먹을 동안
여덟 수(首)를 내려쓰니,
그 중에 전승산(田勝山)127)이
글 쓰는 양 바라보고,
필담(筆談)으로 써서 뵈되,

---

124) 금수(今須) : 일본음 이마스.
125) 조도사(曺都事) : 성명은 조학신(曺學臣)임.
126) 등포관(藤舖館) : 일본음 도호깐.
127) 전승산(田勝山) : 앞 주의 『日東壯遊歌』쪽 260에 의하면, 성명은 전입송(田立松). 자는 사무(士茂), 호는 승산(勝山)임. 일본음 다가쓰야마.

"전문(傳聞)에 퇴석선생(退石先生)
쉬 짓기를 유명(有名)터니,
선생(先生)의 쓰는 재주
일생(一生) 처음 보았으니,
엎디어 묻잡노니,
필연(必然)코 귀한 별호(別號)
퇴석(退石)인가 하나이다."
내 웃고 써서 뵈되,
"늙고 병든 둔(鈍)한 글을
포장(褒獎)을 과(過)히 하니,
수괴(羞愧)키 가이 없다."
승산(勝山)이 고쳐 하되,
"소국(小國)의 천(賤)한 선비
세상(世上)에 났삽다가
장(壯)한 구경하였으니,
저녁에 죽사와도
여한(餘恨)이 없다." 하고,
어디로 나가더니,
또 다시 들어와서
아롱보에 무엇 싸고,
삼목궤(杉木櫃)에 무엇 넣어
이마에 손을 얹고,
엎디어 들이거늘
받아 놓고 피봉(皮封) 보니,
봉(封)한 위에 쓰였으되,

각색 대단(各色大緞) 삼단(三緞)이요,
사십 삼 냥(四十三兩) 은자(銀子)로다.
놀랍고 어이 없어
종이에 써서 뵈되,
"그대 비록 외국(外國)이나,
선비 몸으로서
은화(銀貨)를 갖다가서
글 값을 주려 하니,
그 뜻은 감격(感激)하나,
의(義)에 크게 가(可)치 아니하니,
못 받고 도로 주니,
허물치 말지어다."
승산(勝山)이 부끄러워
백 번(百番)이나 정사(呈謝)하고,
고쳐 써서 하온 말이
"예부터 성현(聖賢)네도
제자(弟子)의 수수례(授受禮)는
다 받아 계오시니,
소생(小生)이 이것을
폐백(幣帛)을 하옵고서
제자(弟子)되기 원(願)하나니,
물리치지 마오소서."
"수수(授受)라 하는 것은
포육(脯肉)으로 하는지라
어디서 은단(銀緞)으로

폐백(幣帛)을 한단 말고?
성현(聖賢)네께오서도
받을 이(理) 만무(萬無)하고,
내 무슨 재덕(才德)으로
그대의 스승 될까?
주고받기 다 그르니,
잡말 말고 가져가라!"
승산(勝山)이 도로 나가
감자 설탕(柑子雪糖) 가지고 와
지성(至誠)으로 권(勸)하기에
조금씩 맛을 보고,
행중(行中)의 시전지(詩箋紙)를
열 장으로 답례(答禮)하다.
이윽고 삼문사(三文士)가
차례(次例)로 들어오니,
나는 글 다 지었기에
그리로 가는구나.
삼방(三房)에 얼른 다녀
점심 먹고 길 떠나서
이십 리(二十里)는 겨우 가서
날 저물고 대우(大雨) 하니,
길이 질기 참혹(慘酷)하여
미끄럽고 쉬는지라
가마 멘 놈 다섯이
서로 가며 체번(遞番)[128]하되,

갈 길이 전혀 없어
언덕에 가마 놓고,
이윽히 주저(躊躇)하고,
갈 뜻이 없는지라
사면(四面)에 돌아보니,
천지(天地)가 아득하고,
일행(一行)들은 간 데 없고,
등(燈)불은 꺼졌으니,
지척(咫尺)을 불분(不分)하고,
망망(茫茫)한 대야중(大野中)에
말 못하는 왜(倭)놈들만
의지(依支)하고 앉았으니,
오늘밤 이 경상(景狀)은
고단(孤單)코 위태(危殆)하다.
교군(轎軍)이 달아나면,
낭패(狼狽)가 오죽할까?
그놈들의 옷을 잡아
흔들어 뜻을 뵈고,
가마 속에 있는 음식(飮食)
갖가지로 내어 주니,
지저귀며 먹은 후(後)에
그제야 가마 메고
촌촌(寸寸)이 전진(前進)하여

---

128) 체번(遞番) : 번갈아 가며 가마를 멤.

곳곳에 가 이러하니,
만일 음식(飮食) 없었다면,
필연(必然)코 도주(逃走)하리.
0시경[三更量]은 겨우 하여
대원성(大垣城)129)을 들어가니,
두통(頭痛)하고 구토(嘔吐)하여
밤새도록 대통(大痛)했다.
닭 울 때에 한흥(汗興)130)이가
겨우 들어왔으되,
침구(寢具)는 떨어져서
못 미쳐 왔는지라
임도사(任都事) 오선전(吳宣傳)의
천릭(天翼)을 빌어 덮다.
이날 낭패(狼狽)키는
일행(一行)이 다 그러해
육십 리(六十里) 와 중화(中火)하고,
또 오십 리(五十里) 와 있으니,
오늘은 길 헤어 보니,
백 십 리(百十里)는 되는구나.
금수(今須)와 대원성(大垣城)이
다 모두 미농줄[美濃州]세.

---

129) 대원성(大垣城) : 일본음 오오가기죠.
130) 한흥(汗興) : 지은이 퇴석의 종.

2월 2일

초이일(初二日) 대마도주(對馬島主)
봉행(奉行)으로 말 보내되,
"어제 비에 대수(大水) 져서
다리들이 다 떴으니,
오늘 고쳐 중수(重修)하고
내일이야 가리라네."
가번장로(加蕃長老) 이정승(以酊僧)이
각각(各各) 예물(禮物) 보내었네.
우리도 선자 필묵(扇子筆墨)
답례(答禮)하여 보내었다.
내 병은 채 낫지 아녛고,
왜시(倭詩)는 무수(無數)하니,
수응(酬應)하기 어려우나,
지어 줄 밖 할 일 없다.

2월 3일

초삼일(初三日) 5시경[寅時末]에
정사상(正使相)이 뒤를 따라
기천(起川)131)을 건너 갈 때
물 크기 강(江)만하고,

---

131) 기천(起川) : 앞 주 고도숙랑(高島淑郎)의 『日東壯遊歌』쪽 265에 의하면, 지금
  의 미증천(未曾川 : 일본음 미소가와)임.

"기소산[木曾山]서 발원(發源)하여
남(南)으로 수 백 리(數百里) 가
바다에로 든다." 하네.
비 뒤에 대창(大漲)하니,
배다리 놓았는데,
백 여 척(百餘隻) 배를 모아
물 가운데 닻을 주어
느런히 세워 놓고,
그 위에 널을 깔고,
다래 넝쿨 칡넝쿨
삼 겹으로 바를 들여
다리만큼 크게 하여
널 머리를 지즈리고,
팔뚝만한 쇠사슬과
크고 큰 짚 동아줄
한 가지로 눌러 놓고,
쇠못을 박았으며,
밧줄로 매었으니,
그 위에로 뭇 인마(人馬)가
평지(平地)처럼 건너가니,
이렇게 큰 다리를
또 둘을 건너가니,
팔십 척(八十隻)도 들었으며,
칠십 척(七十隻)도 들었구나.
주고천(洲股川)132) 건너가기

일양(一樣)으로 배다리다.
주고(洲股) 와 점심하니,
오십 리(五十里) 왔구나야.
올 때에 마두(馬頭)놈이
국서(國書)를 범마(犯馬)133)하니,
우리나라 기수(旗手)놈이
"하마(下馬)하라!" 꾸짖어도
하마(下馬)도 아니하고,
기수(旗手)를 구타(毆打)하니,
사신(使臣)네 통분(痛憤)하여
길을 아니 떠나고서
수역(首譯)을 보내어서
이 사연(事緣) 기별(寄別)하니,
도주(島主)가 대답하되,
"그 놈이 쾌씸하되,
앞 참(站)에 가 있으니,
저녁에 가 치죄(治罪)함세."
사상(使相)네 들으시고,
부득이(不得已) 발행(發行)하여
개울과 나무다리
무수(無數)히 건너가니,
성천(醒泉)부터 여기 오기

---

132) 주고천(洲股川) : 앞 주의 『日東壯遊歌』 쪽 265에 의하면, 지금의 장량천(長良川) : 일본음 나가라가와).
133) 범마(犯馬) : 말을 탄 채 국서(國書)를 모신 가마를 받음.

재 하나가 전혀 없고,
가없는 들 속으로
저물도록 나아가니,
인가(人家)가 연락(連絡)하여
거의 서로 닿았구나.
육십 리(六十里) 명호옥(鳴護屋)134)을
21시[初更末]에 들어오니,
번화(繁華)하고 장려(壯麗)하기
대판성(大坂城)과 일반(一般)이다.
밤빛이 어두워서
비록 자세 못 보아도
산천(山川)이 광활(廣闊)하고,
생식(生殖)이 번성(繁盛)하며,
전답(田畓)이 기름지고,
가사(家舍)에 사치(奢侈)하기
일로(一路)에 제일(第一)이라
중원(中原)135)에도 흔치 않으니,
우리나라 삼경(三京)136)을
갸륵다 하건마는
예 비하여 보게 되면,
매몰(埋沒)하기 가이 없네.
"서불(徐市)137)이 처음으로

---

134) 명호옥(鳴護屋) : 일본음 나고야.
135) 중원(中原) : 여기서는 중국 대륙을 이름.
136) 삼경(三京) : 지금의 서울특별시와 평양(平壤)과 개성(開城)을 이름.

여기 도읍(都邑)하였기에
칠서(漆書)도 그냥 있고,
서복사(徐福祠)138)도 있다."하네.
어디인지 모르기에
못 가보니 애닯구나.
인물(人物)이 명미(明媚)하여
연로(沿路)에 으뜸이다.
그 중에 계집들이
다 모두 일색(一色)이다.
샛별 같은 두 눈치와
주사(朱砂)139) 같은 입술들과
잇속은 백옥(白玉) 같고,
눈썹은 나비 같고,
삐오기140) 같은 손과
매미와 같은 이마
얼음으로 새겼으며,
눈으로 뭉쳐 낸 듯
사람의 혈육(血肉)으로
저리 곱게 생겼는가?

---

137) 서불(徐市) : 일명 서복(徐福)이라고도 함. 서시(徐市)라고도 하나, 이는 잘못임. 진시황(秦始皇) 때의 신선(神仙). 제(齊) 나라 사람으로 진시황의 명을 받아 동남동녀 3천명을 거느리고 동해(東海)에 있다는 삼신산(三神山)의 불사약(不死藥)을 구하러 떠나 영영 귀국하지 아니하였다는 전설상의 인물.
138) 서복사(徐福祠) : 일본음 지요후쿠시.
139) 주사(朱砂) : 짙은 홍색의 빛이 나는 육방정계(六方晶系)의 광물. 한약제로도 씀. 일명 단사(丹砂).
140) 삐오기 : 삘기. 삘기는 띠의 새로 돋아나는 순.

조비연(趙飛燕)141) 양태진(楊太眞)142)을

만고(萬古)에 일컬으나,

예다가 놓았으면,

응당(應當)히 무색(無色)하리.

월녀(越女) 천하백(天下白)143)이

진실(眞實)로 옳을시고.

우리나라 복색(服色)으로

칠보장(七寶粧)144)을 하여 내면,

신선(神仙)인 듯 귀긴(鬼神)인 듯

황홀난측(恍惚難測)145) 하리로다.

관소(館所)146)도 웅장(雄壯)하고,

접대(接待)도 거룩하다.

무수(無數)한 왜시(倭詩)들이

많이 들어와 있으되,

내 몸이 많이 아파

다만 둘만 차운(次韻)하고,

저녁밥 못 먹어서

---

141) 조비연(趙飛燕) : 한(漢) 성제(成帝)의 비(妃). 당시 미인(美人)의 상징적 인물(人物)로 몸이 가냘프고 날씬한 형임.
142) 양태진(楊太眞) : 당(唐) 현종(玄宗)의 총비(寵妃). 일명 양귀비(楊貴妃). 당시 대표적 미인으로 피부가 풍만한 형임.
143) 월녀(越女) 천하백(天下白) : 월(越)나라 여인들이 천하에서 가장 피부가 희어 미인이라는 말.
144) 칠보장(七寶粧) : 칠보단장(七寶丹粧)의 준말. 일곱 가지 보배로 화려하게 치장함.
145) 황홀 난측(恍惚難測) : 황홀하여 무엇이 무엇인지 헤아릴 수가 없음.
146) 관소(館所) : 앞 주의 『日東壯遊歌』 쪽 266에 따르면, 성고원(性高院 : 일본음 쇼우고우인).

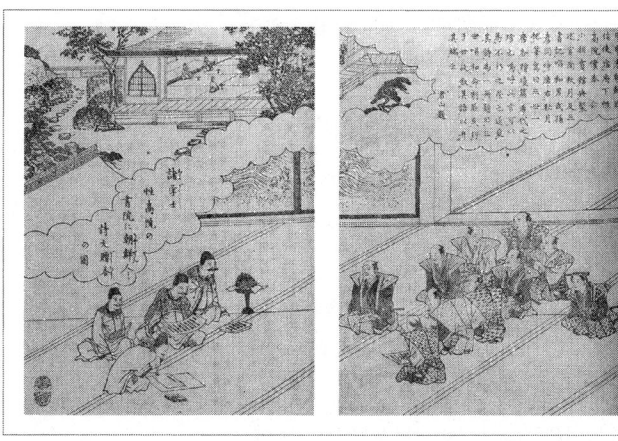

시객필담 | 남옥공과 송평군산이 성고원(性高院) 4097(1764) 2. 3에 문답하는 광경

임도사(任都事)와 함께 잤다.
지명(地名)은 미장주(尾張州)147)요,
태수(太守)가 사는 데라.

❈ 2월 4일 ❈

초사일(初四日) 삼십 리(三十里) 가
명해(鳴海)148) 가 중화(中火)하고,
삼십 리(三十里) 다옥(茶屋)에 가
사신(使臣)네가 잠깐 쉬되,
나는 먼저 바로 가서
널다리[板橋]149) 큰 강 건너

---

147) 미장주(尾張州) : 일본음 오와리슈.
148) 명해(鳴海) : 일본음 나루미.
149) 널다리[板橋] : 앞 주의 『日東壯遊歌』쪽 267에 의하며, 시작천(矢作川)에 놓인

또 삼십 리(三十里) 행(行)하여서
강기성문(岡崎城門)150) 들어가니,
여염(閭閻)의 성장(盛壯)하기
대진(大津)과 마치 같다.
"진 서불(秦徐市) 여기 와서
하륙(下陸)한 곳이기에
열전궁(熱田宮)151) 있다." 하되,
어디인 지 모르겠다.

✥ 2월 5일(길전) ✥

초오일(初五日) 삼십 리(三十里) 가
길전(吉田)152) 가 중화(中火)할 때,
예부터는 협중(峽中)이라
생리(生利)가 부족(不足)하여
인가(人家)도 소조(蕭條)하고,
의복(衣服)도 남루(襤褸)하다.
이 땅 선비 관시헌(菅時憲)153)이
도원태수(稻垣太守)154) 영(令)을 받아

시작교(矢作橋 : 일본음 야하기바시)임.
150) 강기성문(岡崎城門) : 일본음 오까자끼죠몬.
151) 열전궁(熱田宮) : 일본음 네쓰다구우.
152) 길전(吉田) : 일본음 요시다. 앞 주의 『日東壯遊歌』 쪽 268에 따르면 풍교(豊橋, 일본음 도요하시)인데, 풍교는 앞에 지나왔으므로 여기서는 적판(赤坂 : 일본음 아까사까)의 잘못인 듯 하다고 함.
153) 관시헌(菅時憲) : 사람 이름. 남옥공의 『일관기』를 따름.

관소(館所)에 와 영후(迎候)155)하고,
이칠률(二七律)156) 들이거늘
주필(走筆)하여 지어 주고,
큰 들을 지나가서
큰 강 하나 건너가니,
나무다리 놓았으되,
백간(百間)이나 넉넉하고,
낭화강(浪華江)만 하구나야.
길전(吉田)157)으로 들어가니,
날이 거의 저물었다.
칠십 리(七十里) 와 있으며,
준하주(駿河州)158) 땅이라네.

❈ 2월 6일 ❈

초육일(初六日) 개명시(開明時)에
가마 타고 먼저 나서
협로(峽路)로 들어가니,

---

154) 도원태수(稲垣太守) : 앞 주의 『日東壯遊歌』 쪽 268에 따르면, 지마조우번 삼만 석 도원가 제이대 당주(志摩鳥羽藩三萬石稻垣家第二代當主) 도원소앙(稻垣昭央 : 일본음 이나가키아사다까 : 4064-4123, 1731-1790)임.
155) 영후(迎候) : 마중하기 위하여 기다림.
156) 이칠률(二七律) : 칠언 율시(七言律詩) 두 수.
157) 길전(吉田) : 앞 주의 『日東壯遊歌』 쪽 268에 따르면, 적판(赤坂 : 일본음 아까사까)의 잘못임.
158) 준하주(駿河州) : 일본음 스루가슈. 앞 주의 책에 따르면, 삼하(三河 : 일본음 미가와)의 잘못이라고 함.

전토(田土)가 척박(瘠薄)하여

길가에 비는 사람

곳곳이 있고나야.

사십 리(四十里)는 겨우 와서

바닷가에 내달으니,

물빛과 하늘빛이

만 리(萬里)에 가이 없어

마도 일기(馬島壹岐) 바다보다

크고 멀고 퍼러하니,

부상국(扶桑國) 대인국(大人國)159)이

멀지 아니하리로다.

또 십 리(十里) 황정(荒井)160) 가서

중화(中火)하고 내달리니,

전참 인마(前站人馬) 돌아가고,

금절하(金絶河)

---

159) 대인국(大人國) : 신체가 건장한 사람들만이 산다는 상상상의 나라.
160) 황정(荒井) : 지금의 신거(新居 : 일본음 아라이).

하나도 없는지라.
소위(所謂) 금절하(金絶河)161)가
두 살 바탕162) 겨우 되니,
일행(一行)의 명무(名武)들이
다 주어 걸어가되,
우리는 가마 타고
앞참까지 가는지라
물가에 다다르니,
잔 배163)가 무수(無數)하매,
나하고 이언진(李彦瑱)이
한 배 타고 건너가니,
풍세(風勢)가 맹렬(猛烈)하여
매우 심히 괴롭지만,
물 깊기 반 길이라.
이것이 기쁘도다.
강 너비 십여 리(十餘里)요,
건넌 쪽 좌우편(左右便)에
돌로 언덕을 높이 쌓고,
십여 리(十餘里)나 거의 한데,
그 속으로 배를 띄워
상아대로 질러가네.

이언진(李彦瑱)

---

161) 금절하(金絶河) : 지금의 금절구(今切口 : 일본음 이마기레구찌), 김동명(金東溟)공이 귀국하며 일본 문사들에게서 받은 금을 던진 곳으로 유명함.
162) 두 살 바탕 : 화살 한 개를 쏘아 떨어지는 거리의 두 배 곧 약 400여m임.
163) 잔 배 : 작은 배들.

김동명(金東溟)164) 여기 와서

왜(倭)놈 주던 금(金)과 은(銀)을

물속에 다 던지고,

빈손으로 돌아오니,

옛사람의 맑은 바람

뉘 아니 흠모(欽慕)하리?

언덕에 내린 뒤에

인마(人馬)를 체파(遞派)165)하니,

자연(自然)히 더딘지라.

해 질 녘에 길을 떠나

송음죽수(松陰竹樹) 모유형문(茅牖荊門)166)

좌우(左右) 옆에 길이 끼고,

사십 리(四十里) 지나가서

빈송(濱松)167) 가 숙소(宿所)할 때

임오(任吳)168) 두 비장(裨將)과

한 데서 밤을 쉬다.

---

164) 김동명(金東溟) : 조선 인조 때의 명신. 본관은 선산(善山). 이름은 세렴(世濂 : 3926-3979, 1593-1646)자는 도원(道源). 동명은 그의 호. 광해군 6(3947, 1614)년 생원 진사가 되고, 광해군 8(3949, 1616)년 문과에 장원 급제하여 예조 좌랑(禮曹佐郞)이 되고, 인조 14(3969, 1636)년에는 병자 통신사행의 부사로 일본에 다녀왔으며, 벼슬이 호조판서(戶曹判書)에 이르렀다. 시에 뛰어나고 청렴결백하여 추앙받았음. 저술로 『東溟集(동명집)』이 있음.
165) 체파(遞派) : 바꾸어 보냄.
166) 송음죽수(松陰竹樹) 모유형문(茅牖荊門) : 울창한 소나무와 대나무 숲과 초라한 모양의 초가집에 띠풀로 엮어 만든 창문과 가시나무로 만든 삽작문.
167) 빈송(濱松) : 일본음 하마마쓰.
168) 임오(任吳) : 임흘(任屹)과 오재희(吳載熙).

2월 7일(현천)

초칠일(初七日) 청명(淸明)하니,

사십 리(四十里) 견부(見付)169) 갈 때

여염(閭閻)도 연(連)하였고,

송죽(松竹)도 총울(蔥鬱)하다.

한 큰 내170)를 건너가니,

일흔 두 척 왜선(倭船)으로

다리를 하였으되,

주고(洲股)와 한가지다.

점심하고 길을 나니,

넓은 들이 평연(平然)하다.

"부사산(富士山)171)이 뵌다." 하되,

운애(雲靄)172)하여 못 보겠다.

사십 리(四十里) 괘천(掛川)173) 오니,

일포시(日晡時)174)는 되었구나.

인가(人家)의 번성(繁盛)하기

명호옥(鳴護屋)만 못하구나.

황정(荒井)서 여기 오기

원강주(遠江州)175) 땅이라네.

---

169) 견부(見付) : 일본음 미쓰께.
170) 큰 내 : 앞 주의 『日東壯遊歌』쪽 271에 따르면, 천룡천(天龍川 : 일본음 덴류우가와)라고 함.
171) 부사산(富士山) : 일본음 후지산. 그 어원은 바로 우리말인 "불티산[불타나는 산 곧 활화산이라는 뜻]에서 비롯된 것이다.
172) 운애(雲靄) : 구름과 안개.
173) 괘천(掛川) : 일본음 가께가와.
174) 일포시(日晡時) : 해가 질 때.

부사산(富士山). 불티산 → 후지산)

❈ 2월 8일 ❈

초팔일(初八日) 마도주(馬島主)가
봉행(奉行)하여 말 보내되,
"이 앞에 대정천(大定川)176)이
물 많아 못 건너니,
내일(來日) 가자." 하였으되,
궁금하고 심란(心亂)하다.
지월장로(指月長老)177) 여섯 제자(弟子)
언녕동자(彥寧童子) 방군영(芳群英)178)이
글 스물이 와 있거늘
주필(走筆)로 색책(塞責)하다.

---

175) 원강주(遠江州) : 일본음 도오도우미슈.
176) 대정천(大定川) : 일본음 오오이가와(大井川).
177) 지월장로(指月長老) : 이정암승(以酊庵僧)의 호.
178) 언녕동자(彥寧童子) 방군영(芳群英) : 언녕동자라고 하는 방군영, 음역함.

2월 9일

초구일(初九日) 청명(晴明)하매,
평명(平明)에 길을 떠나,
두어 영(嶺) 넘어가서
금곡(金谷)[179] 가 점심 먹고,
오리(五里)는 넘어 가서
어제 건넌 대정천(大定川)이
부사산(富士山)서 내려오고,
수세(水勢)가 신급(迅急)하여
배다리 할 길 없어
물로 바로 가게 되니,
문짝 같은 널에다가
가마처럼 틀을 하여
그리 많은 복물(卜物)들과

대정천(大定川)

---

179) 금곡(金谷) : 일본음 가나야.

일행(一行)의 제인(諸人)들을

그 위에 얹어다가

건너편에 내려놓고,

우리 탄 가마들은

틀 위에 싣고 매어

건장(健壯)한 십여 명(十餘名)이

부축하여 건너가서

삼십 리(三十里) 등지(藤只)180) 가니,

준하주(駿河州)라 하는구나.

2월 10일(강고)

초십일(初十日) 경인(庚寅日)에

일출시(日出時)에 발행(發行)하여

들 지나고 뫼로 들어

우진령(宇津嶺)181) 넘어가서

안부천(安部川)182) 내달으니,

부사산(富士山)서 내려오고,

다리도 없는지라

나무틀에 건너기를

대정천(大定川)과 같이하여

준하주(駿河州) 보태사(寶泰寺)183) 가

---

180) 등지(藤只) : 일본음 후지에다.
181) 우진령(宇津嶺) : 지금의 우진(宇津)의 곡치(谷峙). 일본음 우쓰노야도게.
182) 안부천(安部川) : 일본음 아베가와.

점심 먹고 내달리니,
비가 많이 오는지라
지세(地勢)가 광활(廣闊)하고,
여염(閭閻)이 부성(富盛)하기
명호옥(鳴護屋)에 비하면은
둘째는 가리로다.
영(嶺) 위에 다옥(茶屋) 있어
삼사신(三使臣) 잠깐 쉬어
강고(江尻)184)로 들어가니,
오전(午前)은 오십 리(五十里)요,
오후(午後)는 삼십 리(三十里)니,
팔십 리(八十里) 왔구나야.
우진령(宇津嶺) 서쪽 땅은
원강주(遠江州)에 속하였고,
우진령(宇津嶺) 동편 땅은
준하주(駿河州)에 속하였다.

🌸 2월 11일 🌸

십일일(十一日) 대우(大雨)하되,
비 맞고 길을 간다.
오른 편에 대해(大海) 끼고,
십여 리(十餘里)는 지나가서

---

183) 보태사(寶泰寺) : 일본음 호우다이지.
184) 강고(江尻) : 일본음 에지리.

청견사(淸見寺)

길가의 청견사(淸見寺)185)에
일만 매화(一萬梅花) 뜰에 심어
바야흐로 만발(滿發)하고,
"경(景)이 매우 좋다." 하데.
퍼붓듯이 비가 오니,
가 볼 길 전혀 없다.
살타현(薩陀峴)186) 바로 넘어
큰 다리 하나 건너
사십 리(四十里) 지나가서
부사천(富士川) 다다르니,
물이 매우 대창(大漲)하여
겨우 하여 건너가서
또 십여 리(十餘里)는 넘게 가서
길원(吉原)187)으로 들어가니,

---

185) 청견사(淸見寺) : 일본음 세이겐지.
186) 살타현(薩陀峴) : 일본음 사쓰다겐.

일행(一行)의 모든 사람
다 모두 젖었으되,
나는 홀로 입은 의복(衣服)
물 한 점이 없는지라.
가마 탄 큰 효험(效驗)을
오늘이야 알리로다.
동행(同行)들 불워하니,
우습고 다행(多幸)하다.
도주(島主)는 벌써 가고,
비는 더욱 크게 오니,
전진(前進)할 길이 전혀 없어
예서 자려 정(定)했지만,
이불 실은 짐바리
어디 간 줄 모르겠다.
사집(士執)[188]은 제 이불을
날 빌려 덮게 하고,
저는 그저 누워 자니,
마음이 불안(不安)하다.
풍우(風雨)가 대작(大作)하여
상부방(上副房) 못 다니고,
종사상(從事相)께 잠깐 다녀
인하여 잠을 드니,

---

187) 길원(吉原) : 일본음 요시와라.
188) 사집(士執) : 성대중(成大中)공을 이름.

2월 12일

십이일(十二日) 해 돋은 뒤
대풍(大風)에 발행(發行)하여
큰 다리 하나 지나
이윽히 잠깐 쉬어
오십 리(五十里) 삼도(三島)189) 가니,
날이 매우 늦은지라.
부사산(富士山) 밑이로되.
운애(雲靄)가 듬뿍 끼여
진면목(眞面目)을 못 볼러니,
구름 걷고 비 갠 뒤에
아침에 바람 부니,
백연화(白蓮花) 한 송이가
반은 핀 모양이요,
백설(白雪)이 차아(嵯峨)190)하여
몇 길이 쌓였는지
검은 데가 전혀 없어
혼후(渾厚)191)하고 고대(高大)하여
운소(雲宵)192)에 닿았으니,
"기관(奇觀)이라." 하려니와
전 사람의 일기(日記)와는

---

189) 삼도(三島) : 일본음 미시마.
190) 차아(嵯峨) : 산이 높고 험함.
191) 혼후(渾厚) : 조화로운 기운이 있고 인정이 두터움.
192) 운소(雲宵) : 구름 낀 하늘.

수 층(數層)이나 떨어지되,
여기 사람 기리기는
"천하(天下) 명산중(名山中)에
비할 데 없다." 하니,
정중와(井中蛙)193)나 다를 손가?
용렬(庸劣)하고 가소(可笑)롭다.
한흥(汗興)194)이와 복마(卜馬)짐이
머물러 기다리니,
남의 이불 비는 환(患)을
오늘은 면(免)하겠다.

❈ 2월 13일(소전원) ❈

십삼일(十三日) 발행(發行)하여
육칠 리(六七里)는 지나가니,
예서부터 상근령(箱根嶺)을
사십 리(四十里)를 올라가니,
송삼(松杉)이 무밀(茂密)하고,
총죽(叢竹)이 삼목(森木)하여
영(嶺)은 그리 험(險)치 않고,
이따금 마을 있네.
이십 리(二十里) 다옥(茶屋)에서
잠깐 쉬어 올라가니,

---

193) 정중와(井中蛙) : 우물 안 개구리.
194) 한흥(汗興) : 지은이의 종놈.

음식(飮食) 파는 계집들이
차 그릇 손에 들고,
무엇이라 지저귀며,
따라오며 "사라" 하니,
이십 리(二十里)는 또 올라서
영(嶺) 위에 앉아 보니,
어제는 부사산(富士山)이
그리 높지 아녛더니,
높이 올라 바라보니,
배가 넘게 더 높으니,
대저(大抵) 한 상근령(箱根嶺)이
아국(我國)으로 의논(議論)하면,
조령(鳥嶺)과 상하(上下)하되,
예서 부산(釜山) 바라보니,
서너 층이 더한지라.
백 리(百里)나 남직하다.
해동(海東)의 명산중(名山中)에
제일(第一)이라 하리로다.
영 북편(嶺北便) 돌아보니,
상근택(箱根澤)195) 물이 있어
호호(浩浩)하고 탕탕(蕩蕩)하여
장광(長廣)이 칠십 리(七十里)라.
이리 높은 절정(絶頂) 위에
이러한 크나 큰 물

---

195) 상근택(箱根澤) : 일본음 하꼬네사와.

바다처럼 깊고 멀어

그 빛이 심벽(深碧)하여

남도(南道) 바다 마치 같고,

어별 해삼(魚鼈海蔘) 갖춰 있고,

왕래(往來)하는 돛 단 배가

이리 가고 저리 가니,

장(壯)함도 장(壯)할시고,

천지간(天地間) 기관(奇觀)이다.

"우리나라 공갈못196)을

장(壯)하다." 하거니와

여기 비겨 보게 되면,

자취물과 다를손가?

백두산(白頭山) 대택수(大澤水)197)와

한라산(漢拏山) 백록담(白鹿潭)198)이

이와 어떠하겠는가?

아무러나 이상(異常)하다.

관소(館所)로 내려가니,

호수(湖水)를 등지고서

여염(閭閻)이 즐비(櫛比)하니,

승지(勝地)라 하겠구나.

점심 먹고 내다르니,

---

196) 공갈못 : 경상북도 상주군 함창면(尙州郡咸昌面)에 있는 공검지(恭儉池).
197) 백두산(白頭山) 대택수(大澤水) : 현재 북한의 양강도(兩江道)와 중국 사이에 있는 백두산(白頭山) 꼭대기의 천지(天池).
198) 한라산(漢拏山) 백록담(白鹿潭) : 지금의 제주도에 있는 한라산 정상의 못.

왼편으로 호수(湖水) 끼고,
영(嶺)으로 내려갈 때
뫼부리 일어나서
바람이 장(壯)한지라
물결이 뫼를 덮어
번개처럼 나는 듯이
사면(四面)으로 불어오니
길에서 지척(咫尺)이라
연염(煙焰)이 창천(漲天)하니,
만일(萬一) 더디 가다가는
타 죽기 쉬운지라
교군(轎軍)을 재촉하여
급급(急急)히 내려갈 때
삼십 리(三十里) 겨우 가니,
금양산(金陽山)199)이 아래로다.
양수(兩水)가 합금(合衿)하여
폭포(瀑布)되어 내려가네.
전인(前人)의 일기중(日記中)에
쌍유추(雙乳湫)200)가 여기로다.
상모주(相模州)201) 소전원(小田原)202)을
해 질 때에 들어가니,

---

199) 금양산(金陽山) : 앞 주 『日東壯遊歌』의 쪽 280에 의하면, 금탕산(金湯山)의 잘못임.
200) 쌍유추(雙乳湫) : 쌍폭(雙瀑).
201) 상모주(相模州) : 일본음 스가미슈.
202) 소전원(小田原) : 일본음 오다하라.

태수(太守)203)가 사는 데라.
인민(人民)도 부려(富麗)하다.
인물(人物)이 초준(峭俊)하고,
미색(美色)도 많을시고.
사십 리(四十里) 또 왔으니,
합하여 팔십 리(八十里)다.

❈ 2월 14일 ❈

십사일(十四日) 청명(淸明)커늘
일출후(日出後)에 발행(發行)하여
큰 내 하나 건너가니,
배로 다리 만들었다.
오른 편에 바다 끼고,
사십 리(四十里) 대이중(大泥中)204)에
행로(行路)도 지루하고,
구경도 갖을시고.
또 사십 리(四十里) 등택(藤澤)205) 가니,
16시 되었구나.
여리(閭里)도 번성(繁盛)하고,
여기도 상모줄[相模州]세.

---

203) 태수(太守) : 앞 주의 『日東壯遊歌』쪽 280에 따르면, 상모소전원번 십이만 삼천석 대구보가 제칠대 당주(相模小田原藩十二萬三千石大久保家第七代當主) 대구보충유(大久保忠由 : 4069-4102, 1736-1769)임.
204) 대이중(大泥中) : 넓고 먼 진흙밭길.
205) 등택(藤澤) : 일본음 후지사와.

2월 15일

십오일(十五日) 오십 리(五十里) 가
신내천(神奈川)206) 점심 먹고,
십여 리(十餘里) 지나가니,
소우(疎雨)가 몽몽(濛濛)207)하다.
우장(雨裝)하고 삼십 리(三十里) 가
육향강(六鄕江)208) 건너가니,
예서부터 마을들이
빈 틈 없이 연(連)하였네.
십여 리(十餘里)는 또 지나가
품천(品川)209) 가 숙소(宿所)하니,
넓은 들이 망망(茫茫)하고,
바다를 임(臨)하였네.
무장주(武藏州)210) 속하였고,
배들이 장(壯)하다.

2월 16일(강호)

십육일(十六日) 우장(雨裝) 입고,
강호(江戶)로 들어갈 때

---

206) 신내천(神奈川) : 일본음 가나가와.
207) 몽몽(濛濛) : 비나 안개가 자욱한 모양.
208) 육향강(六鄕江) : 앞 주의 『日東壯遊歌』쪽 281에 의하면, 지금의 다마천(多摩川) : 일본음 다마가와)임.
209) 품천(品川) : 일본음 시나가와.
210) 무장주(武藏州) : 일본음 무사시슈.

왼편은 여염(閭閻)이요,
오른 편은 대해(大海)로다.
피산(避山) 대해(對海)211)하여
옥야 천리(沃野千里) 생겼는데,
누대 제택(樓臺第宅) 사치(奢侈)함과
인물 남녀(人物男女) 번성(繁盛)하다.
성첩(城堞)이 정장(整壯)212)한 것과
교량 주즙(橋梁舟楫) 기특(奇特)한 것
대판성(大坂城) 서경(西京)보다
삼배(三倍)나 더하구나.
좌우에 구경꾼이
하 장(壯)하고 무수(無數)하니,
서어(齟齬)한 붓끝으로
이루 기록(記錄) 못하겠다.
삼십 리(三十里) 오는 길에
빈틈없이 묶었으니,
대체(大體)로 세어보면,
백만(百萬)으로 여럿일세.
여색(女色)의 미려(美麗)하기
명호옥(鳴護屋)과 일반(一般)이다.
실상사(實相寺)213)로 들어가니,

강호도(江戶圖)

---

211) 피산(避山) 대해(對海) : 산을 피하고 바다를 마주함.
212) 정장(整壯) : 잘 정돈된 것이 웅장함.
213) 실상사(實相寺) : 앞 주의 『日東壯遊歌』쪽 283에 의하면, 동본원사(東本願寺)의 잘못이라고 함.

여기도 무장줄[武藏州]세.
처음에 원가강(源家康)214)이
무장주(武藏州) 태수(太守)로서
평수길(平秀吉)215)이 죽은 후에
잔당(殘党)도 없이하고,
이 땅에 도읍(都邑)하여
강(强)하고 가음 열어
배포(配布)가 신밀(愼密)216)하고,
법령(法令)도 엄준(嚴峻)하여
지려(智慮)가 심장(深長)하여
왜국(倭國)을 통일(統一)하니,
"아뭏거나 제 류(類)에는
영웅(英雄)이라" 하겠구나.
가강(家康)217)이 죽은 뒤에
자손(子孫)이 이어 서서
이제까지 누려오니,
복력(福力)이 갸륵하다.

통신사행의 강호입성도

2월 17일

십칠일(十七日) 비 아니 개어

---

214) 원가강(源家康) : 덕천가강(德川家康 : 3875-3949, 1542-1616, 일본음 도꾸가 와이에야스)일본의 도꾸가와 바꾸후(德川幕府)의 제1대 장군(將軍).
215) 평수길(平秀吉) : 풍신수길(豊臣秀吉 : 일본음 도요토미히데요시).
216) 신밀(愼密) : 신중하고도 치밀함.
217) 가강(家康) : 여기서는 덕천가강(德川家康).

실상사(實相寺)서 머물렀다.
가번 제자(加番弟子) 주굉(周宏)이가
필담(筆談)하고 나가니라.

❇ 2월 18일 ❇

십팔일(十八日) 삼사상(三使相)과
일행중(一行中) 상중하관(上中下官)
연향(宴饗)을 받으니,
"진무(振舞)218)라" 하는구나.
대목부(大目付)219)와 관반(館伴)들이
다섯 사람220) 함께 와서
접대(接待)하는 예(禮)와 법(法)이
도주(島主)와 같이 하네.
식후(食後)에 두 집정(執政)221)이
또 와서 뵙자는데,
거동(擧動)이 청초(淸楚)하고,
얼굴도 수발(秀拔)하다.
사신(使臣)네 성외(城外)에 가

---

218) 진무(振舞) : 일본음 후루마이.
219) 대목부(大目付) : 일본음 오오메쓰끼.
220) 다섯 사람 : 앞 주의 『日東壯遊歌』쪽 284에 의하면, 대목부(大目付)가 대정이 세수 만영(大井伊勢守滿英), 관반(館伴)이 가등원수 태무(加藤遠守泰武)과 모리능 등수 광만(毛利能登守匡滿), 감정봉행(勘定奉行)이 일색주방수 정항(一色周防守政沆), 사사봉행(寺社奉行)이 송평화천수 승우(松平和泉守乘佑)의 5인이라고 함.
221) 두 집정(執政) : 앞 주의 『日東壯遊歌』쪽 284에 의하면, 노중송평우근장 감무원(老中松平右近將監武元)과 송평우경대부 휘고(松平右京大夫輝高)임.

읍(揖)하고 맞는구나.
대마도주(對馬島主) 발을 벗고,
들어와 하는 거동(擧動)
처음에 봉행(奉行)들이
도주(島主)에게 하듯 하네.
삼다(蔘茶) 한 순(巡) 파(罷)하고서
하직(下直)하고 나간 후(後)에
도주(島主)와 장로(長老)가
또 들어와 뵈고 간다.
가번장로(加蕃長老) 서기(書記) 선비
나파사증(那波師曾)222)이와
주굉(周宏)이 들어와서
종일(終日)토록 필담(筆談)하매,
저녁밥 나눠 내어
먹이니 기뻐하네.

❇ 2월 19-20일 ❇

십구일(十九日) 이십일(二十日)은
필담(筆談)하되 무수(無數)하다.
대판성(大坂城) 유선장(留船將)이
고목(告目)을 하였으되,
현동지(玄同知)223) 사환(使喚)하던

---

222) 나파사증(那波師曾) : 앞 주의 『日東壯遊歌』쪽 284에 의하면, 이 사람의 호는 노당(魯堂)임.

부산 통인(釜山通引) 김한중(金漢重)224)이
"초십일(初十日) 죽다" 하니,
참혹(慘酷)하고 불쌍하다.

김한중(金漢重) 비

🕸 2월 20일 🕸

이십일(二十日) 마상재(馬上才)가
도주(島主)의 집에 가서
재주하고 돌아오니,
왜(倭)놈들 구경하고,
"나는 사람[飛人]이라" 하고,
장(壯)히 여겨 기린다네.

🕸 2월 22일 🕸

염이일(念二日) 중 인평(麟平)225)이
명화지(明華紙) 들이거늘,
받지 아닣고 도로 주니,
인평(麟平)이 부복(俯伏)하여
지성(至誠)으로 간청(懇請)하되,
이것이 친명(親命)이니,

---

223) 현동지(玄同知) : 여기서는 현태익(玄泰翼)공임.
224) 김한중(金漢重) : 일명 김한중(金漢仲). 앞 주의『일동장유가』쪽 285에 의하면, 지금도 대판부(大坂府) 죽림사(竹林寺)에는 "명화 원 갑신년 이월 십일 졸(明和元甲申年二月十日卒)"이라고 새겨진 비석이 있다고 함.
225) 인평(麟平) : 일본인 승려인데, 음역한 것임.

비옵노니 선생(先生)네는

물리치지 마오소서.

부득이(不得已) 받은 뒤에

답간(答簡)으로 답례(答禮)하다.

태학두(太學頭)226) 임신언(林信言)227)이

그 아들 임신애(林信愛)228)와

전례(前例)로 와서 뵈매,

읍(揖)하고 앉아 보니,229)

[신언(信言)은 순근(醇謹)230)하되,

풍증(風症)231) 있어 요두(搖頭)232)하고,

신애(信愛)는 청수(淸秀)하여

아비보단 조금 낫네.

제자(弟子)들 데리고 와

글 여섯 수 들이거늘

즉석(卽席)에서 차운(次韻)하여

가지고 가는구나.

---

226) 태학두(太學頭) : 조선의 성균관(成均館) 제학(提學)에 맞먹는 일본의 벼슬.
227) 임신언(林信言) : 일본 제오대(第五代) 태학수(太學守). 호는 봉곡(鳳谷).
228) 임신애(林信愛) : 호는 용담(龍潭). 나이 28세로 죽음.
229) 이하 [ ]의 2율각(律刻) 1구의 77구는 모산의 교합본에 순서가 바뀌어 있는 것을 바로잡았음.
230) 순근(醇謹) : 성정이 양순하고 근실함.
231) 풍증(風症) : 중풍(中風) 기운이 있음.
232) 요두(搖頭) : 머리를 흔드는 병(病).

2월 23일

염삼일(念三日) 조반후(朝飯後)에

임파중(林派中)의 문인(門人)들이

국학교관(國學敎官) 임신유(林信有)[233]와

덕력양필(德力良弼)[234] 목부돈(木部敦)[235]과

후등세균(後藤世鈞)[236] 하구중어[237]

편강유용(片岡有庸)[238] 삽정평(澁井平)[239]과

정상후득(井上厚得) 청엽양호(靑葉養浩)[240]

송본위미(松本爲美) 송전구징(松田久徵)[241]

열하나가 함께 와서

필담(筆談)과 수창(酬唱)으로

종일(終日)하고 돌아가니,

이날 지은 글이

율시 절구(律詩絶句) 배합(配合)하여

부지기수(不知其數)로구나.

---

233) 임신유(林信有) : 앞 주의 『日東壯遊歌』 쪽 287에 의하면, 호는 도계(桃磎)임.
234) 덕력양필(德力良弼) : 앞 주의 책 쪽 287에 의하면, 호는 용간(龍澗).
235) 목부돈(木部敦) : 앞 주의 책 쪽 287에 의하면, 호는 창주(滄洲).
236) 후등세균(後藤世鈞) : 앞 주의 책 쪽 287에 의하면, 호는 지산(芝山)임.
237) 하구중어 : 앞 주의 책 쪽 287에 의하면, 호가 태악(太嶽)인 하구준언(河口俊彦)의 잘못임.
238) 편강유용(片岡有庸) : 호는 빙천(氷川)임.
239) 삽정평(澁井平) : 호는 태실(太室)임.
240) 정상후득(井上厚得) 청엽양호(靑葉養浩) : 정상후득(井上厚得)의 호는 명계(茗溪), 청엽양호(靑葉養浩)의 호는 자봉(紫峰)임.
241) 송본위미(松本爲美) 송전구징(松田久徵) : 송본위미(松本爲美)의 호는 서호(西湖)이고, 송전구징(松田久徵)의 호는 홍만(鴻滿)임.

❈ 2월 24일 ❈

이십사일(二十四日) 봉곡문하(鳳谷門下)[242]

소실당칙(小室當則) 남태원(南太元)[243]과

중촌홍도(中村弘道)[244] 관수령(關脩齡)[245]과

구보태형(久保泰亨)[246] 반정량(飯田良)[247]과

궁문방전[248] 산안장(山岸藏)[249]과

임전대청[250] 아홉 사람

어제처럼 필담 창화(筆談唱和)

어둡도록 하온 후에

근등독(近藤篤) 정잠[251]이가

장서(長書)하여 물었거늘,

칠절(七絶) 두 수 지어내어

패길(稗吉)[252] 주어 전(傳)하였다.

---

242) 봉곡문하(鳳谷門下) : 임신언(林信言)의 제자들.
243) 소실당칙(小室黨則) 남태원(南太元) : 소실당칙(小室黨則)의 호는 문양(汶陽), 남태원(南太元)의 호는 월호(月湖)임.
244) 중촌홍도(中村弘道) : 호는 학시(鶴市)임.
245) 관수련(關脩齡) : 호는 송창(松窓)임.
246) 구보태형(久保泰亨) : 호는 중재(盅齋)임.
247) 반정량(飯田良) : 호는 운대(雲台)임.
248) 궁문방전 : 앞 주『日東壯遊歌』의 쪽 289에 의하면, 호를 소산(小山)이라고 하는 궁무방견(宮武方甄)의 잘못이라고 함.
249) 산안장(山岸藏) : 호는 문연(文淵)임.
250) 임전대청 : 앞 주『日東壯遊歌』의 쪽 289에 의하면, 호를 능산(綾山)이라고 하는 입정재청(笠井載淸)의 잘못임.
251) 정잠 : 앞 주의 책 쪽 289에 의하면, 호를 사명(四明)이라고 하는 정상잠(井上潛)의 잘못임.
252) 패길(稗吉) : 사람 이름인데, 음역함.

❈ 2월 25일 ❈

이십오일(二十五日) 임신언(林信言)이

제 아들 데리고 와

삼사상(三使相)께 뵈올 때

서로 두 번 읍(揖)하는고.253)

[신언(信言)은 필담(筆談)하고,254)

글씨 하나씩 들이고서

신애(信愛)는 사신(使臣)네게

각 세 수씩 들이는고.

석식(夕食)하고 불 켠 뒤에

임문 제생(林門諸生) 왔다커늘

삼문사(三文士)로 나가 보니,

또 열 사람 왔구나야.

필담(筆談)으로 밤들기에

미처 차운(次韻) 못하고서

글만 받아 돌아와서

등불 아래 내려 보니,

시반인255)의 이 백운(二百韻)에

불경(不敬)하기 심하거늘

각인(各人)에 보낸 글과

필담(筆談)한 것 도로 줬다.

---

253) 이상 [ ]의 38구는 모산의 교합본 『어문학』 19, 쪽 114에 있음.
254) 이하 [ ]의 38구는 모산의 교합본 『어문학』 19, 쪽 113에 있음.
255) 시반인 : 앞 주 고도숙랑(高島淑郞)의 책 쪽 290에 의하면, 호를 율산(栗山)이라고 하는 시야방언(矢野邦彦)의 잘못임.

2월 26일

이십육일(二十六日) 노당(魯堂)256) 와서
밤늦도록 필담(筆談)하다.
이후부터 날마다 와
온갖 말 다하는데,
위인(爲人)이 강개(慷慨)하고,
거지(擧止)가 경솔(輕率)하되,
박람(博覽) 강기(强記)하고,
총명(聰明) 영리(怜悧)하여
보던 중 제일(第一)이요,
우리에게 정(情)이 많아
속이는 말이 없고,
심열(心悅) 성복(誠服)하여
"따라갑시다." 하고,
날마다 와 보채 대니,
그 뜻이 기특(奇特)하되,
국법(國法)에 구애(拘碍)하여
못 대려 내어오니,
애닲고 불쌍하다.
제 나라 말 물어보니,
불치(不治) 불란(不亂)하고,
여섯 고을 태수(太守)들이
땅도 크고 강성(强盛)키에]

---

256) 노당(魯堂) : 일본인 나파사증(那波師曾)의 호.

[백관(百官)이 염려(念慮)하여257)
"무서워 한다." 하네.

2월 27일

이십칠일(二十七日) 비 오는데,
국서(國書)를 전하올 때
사신(使臣)네는 조복(朝服)하고,
비장(裨將)들은 융복(戎服)하고,
문사(文士)와 역관(譯官)들은
관복(官服)을 갖추고서
사신(使臣)네 타신 남여(藍輿)
하졸(下卒)로 메우시고,
군물(軍物)로 고취(鼓吹)하기
육행례(六行禮)로 가오시되,
내 혼자 생각하니,
내 몸이 선빈지라.
부질없이 들어가서
관백(關白)에게 사배(四拜)하기
욕되기 가이 없어
아니 가고 누웠으니,
사상(使相)네 하오시되,
"예까지 와 있으니,
한 가지로 들어가서

---

257) 이하 [ ]의 38구는 모산의 교합본 앞 주의 책 쪽 112에 있음.

굿보고 오는 것이
해롭지 아니하니,
있지 말고 가자!" 하거늘
내 웃고 하온 말이
"국서(國書) 모신 사신(使臣)네는
부끄럽고 통분(痛憤)하나,
왕명(王命)을 전(傳)하오니,
할 일 없어 가려니와
글만 짓는 이 선비는
굿 보려고 들어가서
개돝[犬豚] 같은 왜(倭)놈에게
배례(拜禮)하기 토심(吐心)하되,
아무래도 못갑니다."
사신(使臣)네 할 일 없어
웃으시며 하오시되,
"저리하고 돌아와서
좋은 체 혼자 마소!"]
["좋으란 것 아니오라258)
사리(事理)가 그러하고".
무사(無事)히 전명(傳命)하고,
황혼(黃昏) 때에 돌아왔네.
시온(時蘊)을 가서 보고,
자세히 물어 보니,
"오던 길로 도로 나서

---

258) 이하 38구는 모산의 교합본 앞 주의 책 쪽 115에 있음.

쉰 다섯 정문(正門) 지나

다리 넷과 성문(城門) 셋을

차례로 지나가서

관백궁(關白宮)에 다다르니,

제일문(第一門) 다리 위에

하마패(下馬牌) 세웠기에

상관(上官)들 하마(下馬)하고,

군물고취(軍物鼓吹) 머물고서

담뱃대도 금하는고.

제이문(第二門) 제삼문(第三門)에

가마 탄 이 다 내리고,

제사문(第四門) 제오문(第五門)에

사신(使臣)네 하교(下驕)하니,

이관반(二館伴)259) 이목부(二目付)260)와

이장로(二長老)261)마주 나와

읍(揖)하여 들어가니,

짚 행보석(行步席) 깔았으며,

제육문(第六門) 제칠문(第七門)에

돗 행보석(行步席) 깔았구나.

---

259) 이관반(二館伴) : 앞 주『日東壯遊歌』의 쪽 284에 의하면, 가등원강수 태무(加藤遠江守泰武)와 모리능등수 광만(毛利能登守匡滿)등 두 사람의 일본인 관반을 이름.

260) 이목부(二目付) : 앞 주의 책 쪽 297에 의하면,『해사일기(海槎日記)』와『통항일람(通航一覽)』을 근거로 하여 두 사람의 목부는 일본인 대목부(大目付) 대정이세수 만영(大井伊勢守滿英) 한 사람이 영접한 것으로 되어 있다고 함.

261) 이장로(二長老) : 앞 주의 책 같은 쪽에 의하면, 이정암 장로(以酊庵長老)의 수영(守瑛)과 가번장로(加番長老)의 승첨(承瞻)임.

널 중계(重階) 올라가서

유리관(琉璃館)에 들어가니,

사신(使臣)네 외헐소(外歇所)요,

한 뿔 사모(紗帽) 홍의자(紅倚子)요,

나무신 같은 것을

거꾸로 썼는 이가

발 벗고 앉았으니,

그 수가 많더라."네.

"내헐소(內歇所)로 들어가니,

솔 그린 집이로다.

사신(使臣)네 오른 편에

수 십 왜(倭) 앉았으되,]

거문 비단 옷도 입고,

일각모(一角帽)도 써 있으니,

통사(通事)에게 물어보니,

집정류(執政類)262)라 하는구나.

마도주(馬島主)가 현의(玄衣)263)하고,

그 곁에 앉았으며,

그 뒤에 홍의(紅衣)한 이

열 아문 줄 앉았으니,

---

262) 집정류(執政類) : 집정의 무리. 여기서는 앞 주의 『해사일기』2월 18일·27일조에 따르면, 집정을 주정좌위문위 원충기(酒井左衛門尉源忠寄)와 상야관림성주 송평우근장감 원무원(上野館林城主松平右近將監源武元)과 추원단마수 등양조(秋元但馬守藤凉朝)와 송평이하수 원충순(松平伊賀守源忠順)과 상야고기성주 송평우경대부 원휘고(上野高崎城主松平右京大夫源輝高)등 네 사람임을 알겠다.
263) 현의(玄衣) : 검은 옷을 입음.

이것은 각주 태수(各州太守).
임신언(林信言) 임신애(林信愛)는
맨 끝에 앉아 있어
알은 체 하는구나.
집정(執政)이 인도(引導)하여
매지간(梅之間)264)에 들어가서
앉았다가 도로 나와
국서(國書)를 모시고서
들어가 사배(四拜)하고,
사례단(謝禮單)265)을 드리고서
또 배례(拜禮)하온 후에
관백연(關白宴)에 또 절하고,
하직(下直)할 때 또 절하니,
전후(前後)에 네 사뱀[四拜]세.
당당(堂堂)한 천승국(千乘國)266)이
예관 예복(禮冠禮服) 갖추고서
머리 깎은 치류(緇類)267)에게
사배(四拜)하기 어떠할까?
퇴석(退石)의 아니 온 일
붊기가 측량(測量) 없데.
수역(首譯)들 한 줄 하고,

국서전달도(國書傳達圖)

---

264) 매지간(梅之間) : 방의 이름. 매실(梅室).
265) 사례단(謝禮單) : 인사치레로 전하는 예단(禮單).
266) 천승국(千乘國) : 유사시에 천승(千乘)을 동원할 수 있는 제후(諸侯)의 나라.
267) 치류(緇類) : 검은 옷을 입은 사람들. 또는 스님의 무리들.

문사(文士)들 한 줄 하여
행례(行禮)하고 물러나니,
군관(軍官)과 모든 상관(上官)
두 떼에 행례(行禮)하고,
차상관(次上官) 소동(小童)들은
퇴청(退廳)에서 행례(行禮)하고,
중관(中官)은 뜰에 하네.
관백(關白)이 앉은 데가
멀고 어두워서
얼굴을 몰라보되,
흰 옷을 입었더군.
사신(使臣)네 앉은 데는
가깝고 오랜지라
자세히 바라보니,
낯이 작고 턱이 빠고268),
정신은 있어 뵈나,
거동(擧動)이 경삽(輕澁)하고,
머리를 흔들면서
접책(摺冊)을 뒤적이고,
첨시(瞻視)를 자주 하여
진중(鎭重)치 아니하고,
전후(前後)에 여 일곱 놈
모시고 앉았구나.

관백연향도(關白宴饗圖)

---

268) 턱이 빠고 : 턱이 뾰족하고.

연향청(宴饗廳)에 나앉으니,
일곱 상 들이고서
밥 세 번 가져오고,
물 세 번 치는구나.
안주를 세 번 갈고,
차(茶) 한 번 드리고서
가화(假花) 한 쌍(雙) 들여오니,
진무(振舞)와 한 가지다.
음식(飮食)이 기괴(奇怪)하여
하저(下箸)269)할 것 전혀 없네.
누각(樓閣)과 전무(殿廡)들은
단청(丹靑)은 아니하고,
기둥 도리 석가래에
다 모두 도금(鍍金)하고,
집 위에 인 기와가
구리 같은 것이로다.
정우(庭宇)가 협착(狹窄)하고,
각도(閣道)도 혼암(昏暗)하여
별로 사치(奢侈) 아니하되,
정교(精巧)하고 견치(堅緻)270)하며,
재목(材木)에 무늬 있고,
미끄러울 따름일세.
사신(使臣)네 나오실 때

---

269) 하저(下箸) : 젓가락을 들어 집어먹는 일.
270) 견치(堅緻) : 단단하고 정치함.

사집정(四執政)271)이 따라와서
판계(板階)에서 읍송(揖送)하고,
도주(島主)와 목부(目付)들은
계하(階下)에서 읍송(揖送)하고,
이관반(二館伴) 이장로(二長老)는
제삼문(第三門) 밖 나와
읍(揖)하여 뵈는구나.
사신(使臣)네는 제사문(第四門)에
남여(藍輿) 타고 나오시고,
제육문(第六門) 제칠문(第七門)에
승물(乘物)과 말을 타고,
군용(軍容)을 베풀고서
관소(館所)로 돌아올 때
비가 오다 개는지라.
우비(雨備)를 없이하고,
삼현(三絃)과 군악(軍樂) 치며,
삼중성(三重城)을 내다르니,
긴 행랑(行廊)과 분장(粉墻)이며,
주칠(朱漆)한 높은 문(門)을
금(金)으로 사겼으며,
구리로 꾸민 집이
좌우(左右)에 벌었거늘,

---

271) 사집정(四執政) : 앞 주의 『해사일기』에 의하면, 주정좌위문위충기(酒井左衛門尉忠寄)와 송평우근장감무원(松平右近將監武元)과 추원단마수원조(秋元但馬守源朝)와 송평우경대부휘고(松平右京大夫輝高)등 네 사람의 집정(執政)임.

통사(通事)더러 물어 보니,
'집정(執政)과 태수(太守)들의
집이라.' 하는구나.
흑의(黑衣)한 집정(執政)들은
청귀(淸貴)한 이 혹 있으되,
홍의(紅衣) 입은 이 아이는
근구인형(僅俱人形)272) 하였더군."
이 말을 들어보니,
아니 가고 누웠기가
진실(眞實)로 잘한지라.
기쁘고 다행(多幸)하다.

2월 28일

염팔일(念八日) 도주(島主) 와서
순(順)하게 전명(傳命)한 일
치하(致賀)하고 또 이르되,
"관백(關白)이 다 하오되,
'조선국(朝鮮國) 사신(使臣)들이
예모(禮貌)가 한숙(嫻熟)273)하니,
기특(奇特)다'한다." 하니,
가소(可笑)로와 들리더라.

---

272) 근구인형(僅俱人形) : 겨우 사람 모습을 하고 있음. 결국 볼품이 없는 사람이라는 뜻.
273) 한숙(嫻熟) : 잘 단련되어 익숙함. 연숙(練熟).

2월 29일

염구일(念九日) 임신애(林信愛)가
왕자유(王子猷)274)의 매죽도(梅竹圖)와
수목산수(樹木山水) 그린 그림
가지고 와 청(請)하거늘,
찬(贊) 지어 써서 주고,
여기 사람 소야전(小野田)275)이
수하미도(樹下美圖) 가시고 와
제시(題詩)하여 달라거늘,
자세히 내려보니,
전후(前後)의 사행(使行) 때에
제술관(製述官) 서기(書記)들이
다 지어 주었으되,
저마다 요초(料肖)하여
하나 볼 것 없고나야.
아무리 문장(文章)들도
여기 나와 지은 글이
이렇게 좋지 아니하니,
감(減)한 줄 알리로다.

3월 1일

삼월(三月) 초일일(初一日)에

---

274) 왕자유(王子猷) : 왕희지(王羲之)의 자(字).
275) 소야전(小野田) : 일본음 오노하다.

삼병방(三兵房)276)과 삼수역(三首譯)277)이
마상재(馬上才) 거느리고,
관백(關白)의 집에 가서
재주하고 돌아오니,
"관백(關白)이 기린다."네.
회답서(回答書) 초(抄)한 것을
얻어다가 들이거늘
사신(使臣)네와 내려보니,
애안(碍眼)278)한 데 많은지라.
주선(周旋)하여 고치려고,
수역(首譯)에게 분부(分付)하다.

마상재(馬上才)

3월 2일

초이일(初二日) 청명(淸明)하여
삼수역(三首譯) 와 아뢰되,
기번실(紀蕃實)이 태학(太學) 보고,
답서(答書) 고칠 말을 하니,
"벌써 입계(入啓)하였기에

---

276) 삼병방(三兵房) : 상방(上房) 소속 병방 김상옥(金相玉 : 4060-?, 1727-?), 부방 소속 병방 유진항(柳鎭恒 : 4058-?, 1720-?), 삼방(三房) 소속 병방 임흘(任屹 : 4065-?, 1732-?)공들임.
277) 삼수역(三首譯) : 일방(一房) 소속 수역(首譯) 최학령(崔鶴齡 : 4043-?, 1710-?), 이방(二房) 소속 수역 이명윤(李命尹 : 4044-?, 1711-?), 삼방(三房) 소속 수역 현태익(玄泰翼 : 4044-?, 1711-?)공들임.
278) 애안(碍眼) : 눈에 거슬림.

고치지 못한다." 하니,
삼사상(三使相)279) 들으시고,
민망(憫惘)하고 근심터니,
태학두(太學頭) 부자(父子)놈이
"오늘 우리 보려 하고,
식후(食後)에 온다."듣고,
사신(使臣)네 하오시되,
"글짓고 필담(筆談)할 때
고칠 뜻 조금 뵈소."
이윽고 "임신언(林信言)이
제 아들 신애(信愛)하고,
한가지로 왔다."커늘,
넷이 함께 나가 보고,
"세세히 차운(次韻)하여
보내마." 이르고서
회답서(回答書) 고칠 말을
간간이 써서 뵈니,
태학두(太學頭) 숙시(熟視)하고,
대답(對答) 아니 하는지라.
민망(憫惘)키 가이 없어
답언(答言)을 또 청(請)하니,
그제야 써서 뵈되,
근락(謹諾)이라 하였으니,
그것이 우리 쓴 것

---

279) 삼사상(三使相) : 정사·부사·종사관의 세 사신들.

모르는 듯 싶은지라.
민망(憫憫)하고 염려(念慮)로와
다과(茶菓)로 대접(待接)하고,
우리 먹는 음식(飮食)을
따라온 두 사람을
은근(慇懃)히 대접(待接)하니,
감격(感激)하고 기뻐하여
두세 번 치사(致謝)하고,
크게 좋아하는 거동(擧動)
낯에 나타나는구나.
고쳐 줄 뜻이 있구나.
여러 선비 와 있다가
피(避)하여 다 갔다네.

3월 3일

초삼일(初三日) 태학두(太學頭)가
삼수역(三首譯) 와서 보고,
"'회답서(回答書) 고쳐 주마'
상약(相約)하고 갔다." 하니,
삼삼영절(三三令節)280) 오늘이라.
삼사상(三使相)이 설찬(設饌)하고,
일행(一行)들을 다 모아서
풍류(風流) 치고 즐기었다.

---
280) 삼삼영절(三三令節) : 음력 삼월 삼일 좋은 명절(名節)이라는 뜻.

3월 4일

초사일(初四日) 여러 선비
글 보내어 받아 갔다.
두 장로(長老) 제자(弟子) 중들
날마다 와서 본다.

3월 5일

초오일(初五日) 삼사상(三使相)이
도주(島主)의 집에 가되,
우리 네 문사(文士)는
칭병(稱病)하고 아니 갔네.
"접대(接待)는 후히 하되,
희자(戱子)의 놀음 굿281)이
전혀 볼 것 없다." 하니,
가소(可笑)로와 들리는고.
서중화(徐中和) 상방 비장(上房裨將)
병(病) 들어 못 가고서
유영장(柳營將) 기해년(己亥年)282)에
그 조부(祖父) 왔을 때에
욕보기로 인혐(引嫌)하고,

---

281) 놀음 굿 : 놀음 구경.
282) 기해년(己亥年) : 숙종 45(4052, 1719)년. 정사(正使) 홍치중(洪致中), 부사(副使) 황선(黃璿), 종사관(從事官) 이명언(李明彦), 제술관(製述官) 신유한(申維翰)의 통신사행(通信使行)을 가리킴.

아니 가고 머물렀다.

❈ 3월 6일 ❈

초육일(初六日) 시예(試藝)하러
여덟을 뽑아다가
관백(關白)의 궁(宮)에 갈 때
도주(島主)가 주장(主張)하고,
각주태수(各州太守) 모였는데,
김영장(金營將) 온숙(溫叔)283)이는
후(帿)284) 사중(四中) 기추(騎蒭)285) 오중
유영장(柳營將) 효백(孝伯)286)이는
후(帿)와 추(蒭) 각 사중(四中)하고,
임도사(任都事) 거경(巨卿)287)이는
후(帿)와 추(蒭)를 사중(四中)하고,
장사군관(壯士軍官) 임춘흥(林春興)288)은
후(帿)와 추(蒭)를 몰시(沒矢)289)하고,
김만호(金萬戶) 응석(應錫)290)이는

---

283) 김영장(金營將) 온숙(溫叔) : 이름은 김상옥(金相玉)임. 온숙은 그의 자(字).
284) 솔[후(帿)] : 피륙 또는 마대 등으로 만든 과녁[표적(標的)].
285) 기추(騎蒭) : 말을 타고 짚으로 만든 인형(人形)인 추(蒭)를 향하여 활을 쏘아 맞힘.
286) 효백(孝伯) : 영장 유달원(柳達源)의 자(字)임.
287) 거경(巨卿) : 도사 임흘(任屹)의 자(字).
288) 임춘흥(林春興 : 4067-?, 1734-?) : 본관은 나주(羅州). 자는 사빈(士賓). 영조 28(4085, 1752)년에 무과에 급제하여 내금위(內禁衛)에서 근무함.
289) 몰시(沒矢) : 하나도 실패하지 아니하고, 모두 명중시킴.

추삼중(芻三中) 후불(帿不)하고,
조만호(曹萬戶) 입중(立中)²⁹¹)이는
기추(旗芻) 하나 지우고서
마상재(馬上才) 정도행(鄭道行)²⁹²)은
추사중(芻四中)에 후불(帿不)하고,
박성적(朴聖迪)²⁹³)은 후삼중(帿三中)에
기추 오중(五中)하고 오니,
김만호(金萬戶)²⁹⁴) 분에(憤恚)하여
병이나 죽어가니,
우습고 불쌍하다.

김응석(金應錫)

---

290) 응석(應錫) : 만호(萬戶) 벼슬을 지낸 김응석(金應錫). 이방(二房) 소속 반인(伴人)임.
291) 입중(立中) : 만호(萬戶)를 지낸 장사군관(壯士軍官) 조신(曺信 : 4064-?, 1731-?). 입중은 그의 자(字)이고, 본관은 창녕(昌寧). 영조 32(4089, 1756)년 무과에 급제하였음.
292) 정도행(鄭道行) : 이방(二房) 소속 별무사(別武士)임.
293) 박성적(朴聖迪) : 일방(一房) 소속 마상재(馬上才)로 별무사(別武士)임.
294) 김만호(金萬戶) : 김응석(金應錫)공.

권4

이정승(以酊僧) 또 들어와
즉석(即席)에 여덟 시를
연하여 지어주니,
성사집(成士執)이 성을 내어
"지어주지 말자!" 하나,
강잉(强仍)하여 차운(次韻)하다.

3월 7일

초칠일(初七日) 관반도주(館伴島主)
회답서(回答書)와 예단자(禮單子)를
가지고 청알(請謁)하니,
사신(使臣)네 시복(時服)[1]하고,
제술관(製述官) 상판사(上判事)와
그 남은 원역(員役)들이
모대(帽帶)하고 남았기를
집정(執政) 보듯 하는구나.

---

* 일동장유가 권지 4.
1) 시복(時服) : 조선시대 벼슬아치가 공무로 사람을 만날 때에 입던 공복(公服)의 옷차림.

관백(關白)에 보낸 물종(物種)
대청(大廳)에 쌓았으니,
그 수(數)가 많은지라
이루 못 기록(記錄)한다.
열 아믄 시객(詩客)들이
들어와 창화(唱和)하되,
그 중에 유유한(劉維翰)2)이
한헌제(漢獻帝)3)의 자손(子孫)일세.
제 세계(世系) 물어 보니,
"조비(曹丕)4)가 찬위(簒位)한 후(後)
제 할아비 황자(皇子)로서
피란(避亂)하여 여기 와서
태수(太守)가 되었더니,
그 후(後)에 잔미(殘微)하여
선비 노릇 하나이다."
불쌍하고 신기(神奇)하다.

🕸 3월 8일 🕸

초팔일 신언 부자(信言父子)
그 남은 수십 선비

---

2) 유유한(劉維翰) : 앞 주의 『日東壯遊歌』쪽 306에 의하면, 일본 성은 궁뢰(宮瀨),
   호는 용문산인(龍門山人)이라고 한다.
3) 한헌제(漢獻帝) : 후한(後漢) 제 14대 임금 재위 2523-2553(190-220).
4) 조비(曹丕) : 위(魏)나라 문제(文帝). 조조(曹操)의 아들.

글 다 지어 와 있기에
다 차운(次韻)하여 주다.

3월 9일

초구일(初九日) 임가 부자(林哥父子)5)
각각 비장(各各裨將) 보내고서
미농지(美濃紙) 이십첩(二十帖)을
신행(贐行)으로 보내었네.
장지(壯紙) 쉰 권(卷) 간지(簡紙) 쉰 폭(幅)
답례(答禮)하여 보내고서
별시(別詩)를 차운(次韻)하여
사자(使者) 주어 보내었다.
태학두(太學頭) 부자(父子)6)놈이
사신(使臣)네게 별장(別章)하니,
사신(使臣)네는 아니 짓고,
각 서기(書記)로 대작(代作)하매
종사상(從事相) 별장(別章)은
내가 대작(代作)하여 주다.
예 와서 창화(唱和)하던
그리 많은 선비들이
다 모두 와서 보고,
저마다 별장(別章)하니,

---

5) 임가 부자(林哥父子) : 임신언(林信言)과 그의 아들 신애(信愛)를 이름.
6) 태학두(太學頭) 부자(父子) : 앞 주와 같음.

저물도록 화답(和答)하여
갓갓으로 마치었다.

3월 10일

초십일(初十日) 미우(微雨)하니,
또 글 지어 왔고나야.

3월 11일(품천)

십일일(十一日)⁷⁾ 회정(回程)할 때
비를 맞고 길을 떠나
품천(品川)⁸⁾으로 들어와서
동해사(東海寺)⁹⁾에 숙소(宿所)하고,
석반(夕飯)을 먹은 뒤에
막 자려 하올 때에
섭운각(灄雲脚)¹⁰⁾ 정근산¹¹⁾과
태실문양(太室汶陽) 귀봉송창(龜峰松窓)¹²⁾과

---

7) 십일일(十一日) : 원문에는 "십이일"로 되어 있으나 잘못이 분명하여 고치었음.
8) 품천(品川) : 일본음 시나가와, 지금은 동경도내(東京都內)에 딸린 지명.
9) 동해사(東海寺) : 일본음 도까이지.
10) 섭운각(灄雲脚) : 음역함.
11) 정근산 : 앞 주의 『日東壯遊歌』쪽 309에 따르면, 곤산(昆山) 금정겸규(今井兼規)의 잘못임.
12) 태실문연(太室汶陽) 귀봉송창(龜峰松窓) : 태실(太室)은 섭정평(灄井平)의 호, 문양(汶陽)은 소실당칙(小室當則)의 호, 귀봉(龜峰)은 강명륜(岡明倫)의 호이고, 송창(松窓)은 관수령(關脩齡)의 호임.

보국(輔國)13) 조변덕14)과

목정한15) 대영16)과

임번평인(林繁平鱗)17) 황언명(黃彦明)18)이

비 맞고 따라오되,

나무신에 우산(雨傘) 받고,

삼십 리(三十里)를 걸어와서

십전(十顚) 구패(九佩)19)하여

밤늦게야 와서 보니,

정성(精誠)이 거룩하고,

의기(義氣)도 있다 할세.

각각 신행(各各贐行) 많이 하니,

지성(至誠)으로 주는지라

아니 받기 불쌍하다.

조금씩 덜어 받고,

글을 다 차운(次韻)하여

필묵(筆墨)으로 답례(答禮)하다.

---

13) 보국(輔國) : 앞 주의 책 쪽 309에 의하면, 석천정(石川貞)의 호인 금곡(金谷)의 잘못임.
14) 조변덕 : 남옥(南玉)공의 『日觀記(일관기)』 2월 11일조에 따르면, "도변덕(渡邊德)"의 잘못임.
15) 목정한 : 앞 주 남옥(南玉)공의 책에 따르면, "목정관(木貞貫)"의 잘못임.
16) 대영 : 앞 주 고도숙랑(高島淑郎)의 책 쪽 310에 따르면, 통칭 중천장사랑(中川長四郎)을 가리키는 한대년(韓大年)의 잘못임. 호는 천수(天壽).
17) 임번 평인(林繁平鱗) : 호를 알 수 없는 임번(林繁)과 호를 동강(東江)이라고 하는 택전린(澤田鱗).
18) 황언명(黃彦明) : 호를 알 수 없는 일본인.
19) 십전(十顚) 구패(九佩) : 열 번 넘어지고 아홉 번 일어섬. 칠전팔기(七顚八起).

그 중에 묵정한20)이

눈물 지고 슬퍼하니,

비록 이국(異國) 사람이나

인정(人情)이 무궁(無窮)하다.

3월 12일

십이일(十二日) 등지(藤只)21) 오니,

한대영(韓大永)22) 평영(平英)23)이가

백 삼십 리(百三十里) 따라와서

차마 못 이별(離別)하여

우리 옷 붙들고서

읍체여우(泣涕如雨)24) 하다가

밤 든 후 돌아가서

오히려 아니 가고,

길가에 서 있다가

우리 가마 곁에 와서

손으로 눈물 씻고,

목메어 우는 거동(擧動)

참혹(慘酷)하고 기특(奇特)하니,

마음이 좋지 아니해.

---

20) 묵정한 : 목정관(木貞貫)의 잘못임.
21) 등지(藤只) : 등택(藤澤 : 일본음 후지사와).
22) 한대영(韓大永) : 통칭 중천장사랑(中川長四郎)이라고 하는 한대년(韓大年)의 잘못.
23) 평영(平英) : 호를 알 수 없는 일본인 선비.
24) 읍체여우(泣涕如雨) : 소리내어 흐느껴 울며 마치 비가 쏟아지듯 눈물을 흘림.

그 누가 왜(倭)놈들이
간사(奸邪)하고 퍅하다던가?
이 거동(擧動) 보아하니,
마음이 연(軟)하도다.

3월 13일

십삼일(十三日)도 비 맞고서
소전원(小田原)25) 와서 자니,
갈 때에 보리 간 것
미처 패지 아녔더니,
그 사이 수십 일(數十日)에
벌써 이삭 패었으니,
토품(土品)이 기름지기
이를 따라 알리로다.

3월 14일(삼도)

십사일(十四日) 비 맞고서
상근 중화(箱根中火)26) 삼도(三島) 자니,
길가의 냇물 위에
물방아 놓았거늘
말을 내려 자세 보니,

---

25) 소전원(小田原) : 일본음 오다하라.
26) 상근 중화(箱根中火) : 일본음 하꼬네에서 점심을 하여 먹음.

물래를 돌리는데,
정포(淀浦)27)의 수기(水器)처럼
물속에 들여놓고,
물래 속에 드는 나무
크기 거의 아름이요,
길이는 물래 밖이
두 발이나 넘게 긴데,
돌아가면 비슷하게
다섯 말뚝 박아 두고,
그 아래 방아 확을
다섯을 벌여놓고,
넓고 큰 널에다가
다섯 구멍 뚫어내어
방아공 다섯으로
그 굼게 꽂아놓고,
방아고에 말뚝 박아
물래가 돌아갈 때
물래에 박힌 말뚝
공이 말뚝 쳐들어서
두 말뚝이 어긋나면,
방아공이 찧어진다.
첫 공 내려진 후(後)
네 공이 내려지고,

---

27) 정포(淀浦) : 일본음 요도우라.

다섯 공이 찧이면,
또 첫 공이 찧어진다.
"순환(循環) 반복(反復)하여
하루 닷 섬 찧는다."네.
그 중에 묘(妙)한 것은
겨가 다 절로 날려
어디로 가고 없고,
쌀만 남았으니,
골풀무 모양으로
절로 바람나는구나.

❈ 3월 15일-16일 ❈

십오일(十五日) 십육일(十六日)은
삼도(三島)서 묵으니라.
도주(島主)가 사람 보내
"배다리 다 떴기에
못 가게 하였으니,
다리 수보(修補) 하온 뒤에
발행(發行)하자!" 하는지라
할 일없이 못가니라.
부사산(富士山) 바라보니,
날이 매우 어두운지라
허리 아래 눈이 녹고,
허리 위는 흰색이니,

눈이 그저 쌓여 있어
검은 것이 아니 뵈네.
유월 삼복(三伏) 때도
상봉(上峰)은 아니 녹아
극남방(極南方) 극열시(極熱時)에
그러하니 모르겠다.
천려(淺慮)로 생각하니,
온 산이 냉혈(冷穴)이매
아무리 더운 날도
눈이 아니 녹는 양(樣)이
우리나라 사군(四郡)28)에도
풍혈 냉혈(風穴冷穴)29) 두루 있어
유월에 관가(官家)에서
얼음을 떠서 오니,
예도 응당(應當) 그러하고,
못가 보니 애닳구나.

3월 17일

이십칠일(二十七日)30) 길원(吉原)31) 가니,
다리 미처 못 놓아서

---

28) 사군(四郡) : 풍혈과 냉혈이 있는 지금의 강원도 정선군, 경기도 연천군, 경상남도 밀양시, 경상북도 청도군을 이르는 듯함.
29) 풍혈 냉혈(風穴冷穴) : 바람구멍과 어름 굴.
30) 이십칠일(二十七日) : 십칠일(十七日)의 잘못임.
31) 길원(吉原) : 일본음 요시와라.

또 며칠을 묵을 줄을
모르니 답답(沓沓)하다.

3월 18일-19일

십팔일(十八日) 십구일(十九日)은
또 못가고 머무니라.
두 장로(長老)의 제자(弟子)들과
무수(無數)한 예 선비
풍류(風流) 듣자 청(請)하거늘,
진주 삼현(晉州三絃)32) 처서 뵈고,
두 통인(通引) 대무(對舞)하니,
그것들이 대락(大樂)하여
"비로소 오늘이야
선악(仙樂)을 들었다."네.

3월 20일

이십일(二十日) 먼저 떠나
부사천(富士川) 와서 보니,
배다리 놓았으되,
물결이 하 급(急)하니,
떠갈까 염려(念慮)하여

---

32) 진주 삼현(晉州三絃) : 지금의 경상남도 진주시(慶尙南道晉州市)에서 온 악공(樂工)들이 연주하는 거문고와 가야금과 비파의 소리.

조심(操心)하여 건너니라.
청신사(淸新寺)33) 들어와서
잠룡실(潛龍室)에 앉아 보니,
다리에 단 현판(懸板)이
김좌승(金左丞)34)의 글씨로다.
뒤뜰에 못이 있고,
연(蓮)잎이 처음 나니,
절 뒤에 송죽(松竹) 속에
십여 장(十餘丈) 폭포(瀑布)물이
반공(半空)에 떨어지고,
진주(眞珠) 같은 물방울이
사면(四面)으로 떨어지니,
심목(心目)이 상연(爽然)하다.
소위(所謂) 선인장(仙人掌)이
모양(模樣)이 이상(異常)하여
나무와 풀도 아니 같고,
꽃과 잎도 아니로다.
소 혀처럼 생겼으되,
푸르고 두꺼워서
두 편에 잔 가시가
천엽처럼 송송하고,
올 해 난 것 위에

---

33) 청신사(淸新寺) : 앞 주 남옥(南玉)의 『일관기』에 의하면, "청견사(淸見寺)"의 잘못.
34) 김좌승(金左丞) : 이름은 김계정(金啓升). 호는 진광(眞狂)인데, 제9차 통신사(通信使)의 반당(伴倘)으로 일본에 왔었음.

내년(來年)에 두 셋 나서
연구(年久)하면 나무 되니,
대저한 지 괴이하다.
서너 길 큰 파초(芭蕉)가
폭포(瀑布) 곁에 서 있으되,
겨울에 잎은 죽고,
줄기는 살아 있어
서너 잎이 나왔으니,
장(壯)하고 기특(奇特)하다.
영산홍(映山紅) 피었으며,
종려 소철(棕櫚蘇鐵) 다 있구나.
처지(處地)가 고상(高尙)하고,
대해(大海)를 압림(壓臨)하여
실 같은 가는 사류(絲柳)
두 편으로 환포(環抱)하고,
그 후의 낙락장송(落落長松)
해문(海門)을 가리웠고,
그 안은 호수(湖水)되어
경치(景致)가 절승(絶勝)하다.
우리나라 낙산사(落山寺)[35]를
"승지(勝地)라." 하지마는
앞 경(景)은 있거니와
뒷 경(景)은 없는지라.
여기다가 비교(比較)하면,

---

35) 낙산사(落山寺) : 지금의 강원도 속초시(江原道束草市)에 있는 절.

여러 층 떨어질세.
다섯 중이 들인 글을
일필(一筆)에 지어주니,
손 묶어 사례(謝禮)하고,
기뻐하기 측량(測量) 없다.
주지승(住持僧) 주인(主忍)36)이가
칠언 절구(七言絶句) 들이고서
"차운(次韻)하라" 간청(懇請)하니,
사신(使臣)네도 지어 줬다.
행중(行中)의 사람들이
점심(點心)이 없는지라.
조만호(曺萬戶)37)와 이언진(李彦瑱)이
내 밥을 나눠 먹다.
남호곡(南壺谷)38) 사언율시(四言律詩)
차운(次韻)하여 중을 주고, 39)
강고(江尻)로 들어오니, 40)
관사(舘舍)도 광활(廣濶)하다.
집 뒤에 큰 호수(湖水)가
경치(景致)가 기절(奇絶)하다.

---

36) 주인(主忍) : 앞 주 『日東壯遊歌』의 쪽 317에 의하면, 주직(住職)의 성명은 관려 주인(關板主忍)으로 되어 있음.
37) 조만호(曺萬戶) : 이름은 신(信)임.
38) 남호곡(南壺谷) : 효종 6(3988, 1655)년 을미 통신 사행(乙未通信使行) 때에 종사관(從事官)으로 동행하였던 남용익(南龍翼). 호곡은 그의 호임.
39) 이상 3권과 4권 일부는 심재완의 교합본에 근거한 것임.
40) 이하 끝까지 국립 중앙 도서관본 제4책임. 그리고 강고(江尻)는 일본음 에지리.

3월 22일

십일일41) 부사천(富士川)42) 와
가자(軻子)에 가마 싣고,
왜인(倭人)이 떠메고서
건너오니 배에 진다.43)
준하주(駿河州) 점심 먹고,
무판령(舞板嶺)44) 넘어와서
등지(藤只)45) 와 밤을 자니,
노장(老長) 중들 보고 간다.
"대정천(大定川) 물 많다."고
예서 사흘 또 묵으니,
두 장로(長老)의 제자(弟子)들과
이 땅의 선비들이
날마다 와서 보고,
수창(酬唱)으로 소일(消日)한다.

3월 25일

염오일(念五日) 발행(發行)하여
대정천(大定川) 다다르니,

---

41) 십일일 : 이십이일(二十二日)의 잘못임.
42) 부사천(富士川) : 앞 주 고도숙랑(高島淑郎)의 책 쪽 319에 따르면, 안배천(安倍川 : 일본음 아베가와)의 잘못임.
43) 배에 진다. : 강물의 깊이가 사람의 배에 차인다는 뜻인 듯함.
44) 무판령(舞板嶺) : 지금의 우진의 고개[宇津의 곡치(谷峙)].
45) 등지(藤只) : 일본음 후지에다.

물이 그리 깊지 아녀
왜(倭)놈이 불측(不測)하여
우리를 데리고서
깊은 데로 들어가니,
그 뜻을 모르겠다.
통분(痛憤)키 가이 없다.
금곡 중화(金谷中火)46) 괘천(掛川)47) 와서
밤 든 후 잠 들었다.

3월 26일

염육일(念六日) 견부 중화(見付中火)48)
천룡천(天龍川)49) 건너가서
빈송(濱松)50) 가 숙소(宿所)하니,
왜시(倭詩)도 많이 왔다.

3월 27일

염칠일(念七日) 황정 중화(荒井中火)51)
저녁에 길전(吉田) 자다.

---

46) 금곡 중화(金谷中火) : 일본음 가나야에서 점심을 하여 먹음.
47) 괘천(掛川) : 일본음 가게가와.
48) 견부 중화(見付中火) : 일본음 미쓰께에서 점심을 지어 먹음.
49) 천룡천(天龍川) : 일본음 덴류우가와.
50) 빈송(濱松) : 일본음 하마마쓰.
51) 황정 중화(荒井中火) : 일본음 아라이(新居)에서 점심을 하여 먹음.

❈ 3월 28일 ❈

염팔일(念八日) 적판 중화(赤坂中火)52)
저녁에 강기(岡崎)53) 자다.

❈ 3월 29일(명호옥) ❈

염구일(念九日) 명해 중화(鳴海中火)54)
명호옥(名護屋)55) 숙소(宿所) 가니,
올 때에 보았으되,
어둡게야 들어와서
새벽 떠나 왔는지라
자세히 몰랐더니,
오늘은 일 든 고(故)로
오면서 둘러보니,
산천(山川)이 명려(明麗)하고,
여염(閭閻)이 즐비(櫛比)하다.
대판(大坂)과 일반(一般)이요,
여색(女色)의 기이(奇異)키는
왜국중(倭國中) 제일(第一)이라.
젊은 명무(名舞)56)들이

---

52) 적판 중화(赤坂中火) : 일본음 아까사까에서 점심을 하여 먹음.
53) 강기(岡崎) : 일본음 오까자끼.
54) 명해 중화(鳴海中火) : 일본음 나루미에서 점심을 하여 먹음.
55) 명호옥(名護屋) : 일본음 나고야(名古屋).
56) 명무(名舞) : 이름 난 무용수(舞踊手).

좌우편(左右便)에 앉은 절색(絶色)
다 주어 보려 하고,
저기 보고 여기 보니,
쳇머리 흔들 듯이
저물도록 길을 오며
도리질을 하는구나.
곳곳이 논과 밭을
기경(起耕)57)을 시작하되,
소가 전혀 적은지라
가래 괭이 가지고서
논밭을 글로 파고,
말에다가 길마 지어
앞가지에 줄을 매어
써으래를 삼는구나.
그리 넓은 들 속에서
순무우 가득 갈아
무성(茂盛)키 장(壯)하거늘
통사(通事)에게 물어 보니,
"그 씨를 받아내어
기름 짜 쓴다." 하네.
일공(日供)에 생강(生薑) 온 것
살지고 장(壯)히 크고,
실없고 물 많기가
민강(閩薑)과 일반(一般)이다.

---

57) 기경(起耕) : 농사일을 시작함.

이 땅의 생율(生栗) 크기
종자(鐘子)58)만 거의 하여
한 손에 셋을 쥐면,
줌 벌어 못 쥐겠다.
"건시(乾枾)도 이상(異常)하여
우리나라 풍기 준시(豊基蹲枾)59)
예 비(比)하면 달고 크기
못하다." 하리로다.
비파(枇杷)60)라 하는 실과(實果)
주거늘 자세 보니,
누런 오얏 모양이요,
맛은 배맛 같구나야,
씨는 모과[木瓜]로되,
껍질이 두꺼워서
그리 좋지 아니하고,
살이 매우 적고나야.
닭의 소리 개소리와
새 소리 우마(牛馬) 소리
아국(我國)과 일반(一般)이요,
아이 소리 웃음소리
천지(天地)로 나는지라

---

58) 종자(鐘子) : 종지. 간장·고추장 같은 것을 담아서 상에 놓는 작은 그릇.
59) 풍기 준시(豊基蹲枾) : 지금의 경상북도 영주시 풍기읍(慶尙北道 榮州市 豊基邑)에서 생산되는 감으로 꼬챙이에 꿰지 아니하고 말린 곶감.
60) 비파(枇杷) : 장미과(薔薇科)에 딸린 상록(常綠)의 과일 나무인 비파나무 또는 그 열매.

조금도 다르잖다.

3월 30일

삼십일(三十日) 주고(洲股)61) 중화(中火)
대원성(大垣城) 숙소(宿所)하다.

4월 1일

사월(四月) 초일(初一日)에
금수 중화(今須中火) 언근(彦根) 자다.
십여 수 왜시(倭詩)들을
불 켜고 화답(和答)하다.

4월 2일

초이일(初二日) 팔번산(八幡山)62) 와
점심하고 발행(發行)하여
저녁에 삼산(森山)63) 오니,
고당 춘계(古堂春溪)64) 보고 간다.

---

61) 주고(洲股) : 일본음 스노마다(墨俣).
62) 팔번산(八幡山) : 일본음 하찌만산.
63) 삼산(森山) : 일본음 모리야마(守山).
64) 고당 춘계(古堂春溪) : 앞 주 고도숙랑(高島淑郞)의 책 쪽 323에 의하면, 고당(古堂)이라는 사람과 춘파(春坡)라는 사람이라고 함.

4월 3일

초삼일(初三日) 대진 중화(大津中火)65)
저녁에 서경(西京)66) 오니,
왜시(倭詩)가 많이 오되,
병(病) 들어 못 짓고서

4월 4일(대판)

초사일(初四日) 정포(淀浦)67) 와서
배 안에서 중화(中火)하고,
14시[未時]에 평방(平方)68) 가서
중하관(中下官)은 배에 내려
숙공(熟供) 먹고 올라오고,
상관(上官)은 배속에서
저녁밥 지어먹고,
배방에서 다 자니라.
목촌공공(木村孔恭) 세숙(世肅)69)이
도서(圖書) 새겨 보내었네.
"예서 대판성(大坂城) 가기
삼십 리(三十里)라" 하는구나.

---

65) 대진 중화(大津中火) : 대진에 와서 점심을 하여 먹음. 대진(大津)의 일본음은 오오쓰.
66) 서경(西京) : 지금의 일본 교토우(京都).
67) 정포(淀浦) : 일본음 요도우라.
68) 평방(平方) : 일본음 히라가다(枚方).
69) 목촌공공(木村孔恭) 세숙(世肅) : 목촌공공(木村孔恭)은 일본인 성명. 세숙(世肅)은 그의 자(字). 호는 겸가당(兼葭堂).

4월 5일

초오일(初五日) 대우(大雨)하고,
본원사(本願寺)70) 들어오니,
수십 시객(數十詩客) 와서 보고,
강호(江戶)의 평린평영(平麟平英)71)
글 보내어 문안(問安)하니,
"그 정이 간측(懇惻)72)하고,
신의(信義)도 있다." 할네.
여기 머문 격군(格軍)들이
뛰놀며 기뻐하니,
우리 역시 든든하다.

4월 6일

초육일(初六日) 수십(數十) 선비
창화(唱和)하고 나가느라.

4월 7일

초칠일(初七日) 상방 집사(上房執事)
대구(大邱)사람 최천종(崔天宗)이
개문(開門)을 품(稟)하고서

---

70) 본원사(本願寺) : 일본음 혼간지.
71) 평린 평영(平麟平英) : 두 사람의 일본 유학자(儒學者).
72) 간측(懇惻) : 지극히 간절함.

제 방에 돌아와서
잠들어 누웠더니,
어떠한 왜(倭) 한 놈이
가슴에 올라앉아
칼로 목을 찌른지라
천종(天宗)이 놀라 깨어
소리 하고 일어서니,
그 놈이 칼 버리고,
전도(顚倒)히 달아나니,
일행(一行)이 경동(驚動)하여
급히 일어 모두 보니,
창날 같은 세모 칼을
빼어놓고 누웠는데,
호흡(呼吸)이 천촉(喘促)73)하여
차마 못 보리로다.
6시경[卯時量]에 운명(殞命)하니,
참혹(慘酷)고 불쌍하다.
수역(首譯)을 잡아들여
사신(使臣)네 분부(分付)하되,
"마인(馬人)74)에게 왕복(往復)하여
죄인(罪人)을 얻으라"니,
마인(馬人)이 무상(無常)하여
전혀 경동(驚動) 아니하고,

---

73) 천촉(喘促) : 숨이 차고 기침이 나는 병 증세.
74) 마인(馬人) : 대마도 사람.

저물도록 기다려도
한 말도 아니 오니,
절통(切痛)하고 절통(切痛)함을
어이 다 기록(記錄)하리?
종사상(從事相) 숙소(宿所)한 데
시취(尸臭)75)가 들어오니,
상방(上房)에 한 데 들고,
최봉령(崔鳳齡)76)을 불러다가
"수이 사핵(査覈)하라!" 하고,
"수역(首譯)77)에게 전(傳)하라!"데.
전혀 동념(動念) 아니하니,
절통 절통(切痛切痛)한 저이고.
봉행재판(奉行裁判) 밤 든 후에
사신(使臣) 보고 나가니라.

4월 8일

초팔일(初八日) 마두(馬頭)놈이
흑백(黑白)이 없는지라
사상(使相)네 연명(連名)하여
도주(島主)에게 편지하되,
답서(答書)도 아니하고,

---

75) 시취(尸臭) : 시신에서 나는 냄새.
76) 최봉령(崔鳳齡 : 4055-?, 1722-?) : 본관은 무주(茂州). 이방 소속 상통사(上通事).
77) 수역(首譯) : 상방(上房)에 속한 역관(譯官) 최학령(崔鶴齡 : 4043-?, 1710-?) 본관은 무주(茂朱), 자는 군성(君聲)임.

"습염(襲殮)78)을 하라!" 하니,
마인(馬人)이 이르기를,
"습염(襲殮)을 하온 후는
우리 알 바 아니오니,
아무러나 할지어다."
혹 그러할까 하여
죽엄을 그저 두니,
이렇게 분(憤)한 일이
천고(千古)에 또 있는가?
부과한 수역(首譯)들은
조금도 기탄(忌憚) 없네.
일분 인심(一分人心) 있게 되면,
이렇게 무상(無常)할까?

❈ 4월 9일 ❈

초구일(初九日) 이 땅 관원(官員)이
또 와서 검시(檢屍)한 후(後)
비로소 염습(殮襲)하고,
삼수역(三首譯) 잡아들여
최이(崔李) 양수역(兩首譯)은
결곤(決棍) 삼도(三度)하오시고,
"현동지(玄同知)79)는 늙다." 하고,

---

78) 염습(殮襲) : 죽은 이의 몸을 씻긴 후에 옷을 입히는 일. 습렴(襲殮).
79) 현동지(玄同知) : 성명은 현태익(玄泰翼)임.

분부(分付)하여 내치셨다.

4월 10일

초십일(初十日)도 적연(寂然)하여
아무 말도 없고나야.

4월 11일

십일일(十一日) 입관(入棺)할 때
정사상(正使相)이 제문(祭文) 지어
삼사상(三使相)과 상중하관(上中下官)
다 모두 모여 울고,
담군(擔軍)이 관(棺)을 메고,
정문(正門)으로 나갈 때에
봉행 재판(奉行裁判) 가로막고
못나가게 하는지라.
관(棺)을 메고 돌아와서
상방(上房)께 아뢰오니,
이강령(李康翎) 분부(分付)하여
먼저 난 놈 사핵(査覈)하여
결곤 삼도(決棍三度) 하노라니,
밤이 벌써 깊은지라.
관(棺)을 그저 놓아두고,
사사(事事)에 통분(痛憤)하다.

4월 12일

십이일(十二日) 관(棺)을 두고,
못 내어 보내니라.

4월 13일

십삼일(十三日) 달 밝은 후(後)
비로소 내어다가
강변(江邊)에 초분(草墳)[80]하니,
불상코 참절(慘絶)하다.
이후부터 마인(馬人)들이
문금(門禁)을 장(壯)히 하여
주굉(周宏)이 마인(馬人)에게
애걸(哀乞)하고 들어와서
읍체(泣涕) 여우(如雨)하여
이별(離別)하고 가는지라.
인정(人情)이 불쌍하여
우리 역시 창연(悵然)하다.
"도주(島主)의 대답 편지(對答便紙)
비로소 왔다." 하되,
어의(語義)가 교휼(狡譎)하니,
절절(切切)히 통한(痛恨)하다.

---

80) 초분(草墳) : 시신이 들어 있는 관을 땅 속에 매장하지 아니하고, 풀로 덮어 묻은 무덤.

주굉(周宏)이 편지(便紙)하여
옥정(獄情)을 기별(寄別)하되,
오늘이야 대판성윤(大坂城尹)
제장로(諸長老)와 도주(島主) 모아
정색(正色)하고 대언(大言)하되,
"통신사(通信使) 행중(行中) 사람
내 땅에 와 죽은 것을
이때까지 그저 두니,
도리(道理)가 그른지라
사핵(查覈)을 급히 하여
만일(萬一) 죄(罪)가 있게 되면,
내 혼자 담당(擔當)함세."
장로(長老) 역시 "옳다." 하니,
"사사 시작(査事始作)한다." 하되,
필경(畢竟) 이 어찌 될까?
답답(沓沓)하기 가이 없다.

4월 14일

십사일(十四日) 대판윤(大坂尹)이
죄인(罪人)을 사핵(查覈)하니,
"대마도(對馬島) 전어관(傳語官)놈
영목전장(鈴木傳藏)81)이라." 하네.
전장(傳藏)은 도망(逃亡)하고,

---

81) 영목전장(鈴木傳藏) : 일본음 스스끼덴죠우.

종 잡아 사문차(査問次)로
궤(櫃)속에 넣었다니,
이제나 상명(詳明)할까?

4월 15일

십오일(十五日) 수영장로(守瑛長老)82)
제자(弟子)들 보내어서
객회(客懷)를 위로(慰勞)하니,
심연 통절(心緣通節)83) 두 중일세.

4월 16일-17일

십육 칠(十六十七) 이 두 날은
심연 통절(心緣通節) 다시 와서
장로(長老)의 예단(禮單) 주고,
필담(筆談)하고 가는구나.
사사(査事)84)가 대발(大發)하여
마인(馬人)들이 갇혔다네.
자세히 못 들으니,
애닯기 가이없다.

---

82) 수영장로(守瑛長老) : 앞 주 『日東壯遊歌』의 쪽 332에 의하면, 자는 옥령(玉嶺)이며, 임기 만료된 용방(龍芳) 장로의 후임이라고 함.
83) 심연 통절(心緣通節) : 일본인 이정암승(以酊庵僧) 수영(守瑛)의 제자 심연(心緣)과 통절(通節). 한자는 남옥(南玉)공의 『日觀記(일관기)』에 따른 것임.
84) 사사(査事) : 조사하는 일.

4월 18일

십팔일(十八日) 수역(首譯) 와서
사신(使臣)께 여쭈오되,
"전장(傳藏)이 도망(逃亡)하여
여기서 칠십 리(七十里) 땅
단파주(丹波州)85) 가 있다가서
섭진주(攝津州)86)로 도로 와서
여기서 사십 리(四十里) 땅
지전(池田)87)에서 잡히어서
잡아왔다." 하는지라
통쾌(痛快)키 측량(測量) 없다.
전장(傳藏)이 납초(納招)88)키를
"삼상(蔘商)89)일로 죽였다네."
아득히 다 모르니,
궁금하기 가이 없다.

4월 19일

십구일(十九日) 전장(傳藏)이를
비로소 죄 준다네.

---

85) 단파주(丹波州) : 일본음 단바슈.
86) 섭진주(攝津州) : 일본음 세쓰쓰슈.
87) 지전(池田) : 일본음 이께다. 대판의 북서부(北西部)의 지명.
88) 납초(納招) : 문초에 응답함.
89) 삼상(蔘商) : 인삼을 사고 파는 장사치.

❈ 4월 20일 ❈

이십일(二十日) 양장로(兩長老)90)가
말 보내어 청하기를,
"대마도주(對馬島主) 못 본 전(前)에
'먼저 보자' 청하지만,
전례(前例) 없이 먼저 보기
사체(事體)에 불가(不可)타."니,
장로(長老)가 또 청(請)하되,
도주(島主)가 나간 후(後)에
저희는 머물러서
"조용히 필담(筆談)차데."
또 아니 허(許)하시고,
"도주(島主)가 왔다." 하매,
대청(大廳)에 나앉으니,
도주(島主)는 아니 오고,
두 장로(長老) 왔는지라
먼저 읍(揖) 아니하고,
도주(島主)를 청(請)하오니,
비로소 들어오니,
한가지로 읍(揖)을 하고,
상대(相對)하여 앉은 후(後)에
강호(江戶)서 온 위안서(慰安書)를

---

90) 양장로(兩長老) : 앞 주 남옥(南玉)공의 『日觀記』에 따르면, 승첨(承瞻)과 수영(守瑛)을 가리킴.

도주(島主)가 내어놓고,
그 다음 첨장로(瞻長老)91)가
제위안서(諸位雁書) 내어놓고,
소찰(小札)에 써서 뵈되,
"하고 싶은 말 있거든
자세히 써달라!"니,
대저(大抵)한지 강호(江戶)에서
"첨장로(瞻長老)를 분부(分付)하여
물으라" 한 것일세.
감물(監物)92)이란 봉행(奉行)놈이
도주(島主)의 앞에 가서
무엇이라 또 하는데,
밀밀(密密)히 말을 하고,
영장로(瑛長老)93)의 앞에 가서
아무런 줄 모르겠다.
최수역(崔首譯)94) 여쭈오되,
도주(島主)가 청(請)하오되,
"한 사람만 상명(傷命)하면,
그것이 족(足)하오니,
죄(罪) 없는 다른 사람
만연(蔓延)95)치 아니하게

---

91) 첨장로(瞻長老) : 앞 주의 『日東壯遊歌』의 쪽 341에 의하면, 승첨장로(承瞻長老)임.
92) 감물(監物) : 일본인 다전감물(多田監物)임.
93) 영장로(瑛長老) : 일본인 중 수영(守瑛).
94) 최수역(崔首譯) : 성명은 최봉령(崔鳳齡)임.
95) 만연(蔓延) : 넝쿨처럼 이어진다는 뜻에서 여러 사람들이 연루됨.

대판(大坂) 성윤(城尹)에게
기별(寄別)하여 달라." 하네.
사상(使相)이 책(責)하시되,
"판윤(判尹)이 사핵(查覈)는 일
우리 알 바 아닌지라
네 어이 이런 말을
자하(自下)96)로 퇴척(退斥)치 아니코,
내게 와 아뢰느냐?"
수역(首譯)이 유유(唯唯)97)하고,
무료(無聊)히 물러가니,
애닯을손 그 앞에서
즉각(卽刻)에 잡아내어
엄치(嚴治)를 못하오니,
한심(寒心)코 분개(憤慨)하다.
도주(島主) 나간 후에
숙소(宿所)로 돌아와서
유장흥(柳長興)98) 말 들으니,
"김영장(金營將)99)이 와서 하되,
'사방(使房) 곁에 앉았더니,
상방(上房)의 예방비장(禮房裨將)100)

---

96) 자하(自下) : 밑에서부터. 근본부터.
97) 유유(唯唯) : 시키는 대로 공손하게 순종함.
98) 유장흥(柳長興) : 성명은 유진항(柳鎭恒)임.
99) 김영장(金營將) : 성명은 김상옥(金相玉)임.
100) 예방비장(禮房裨將) : 상방(上房)에 소속된 예방(禮房)의 일을 맡아보는 비장.
 여기서는 상방의 자제군관(子弟軍官)으로 동행한 전 현감(前縣監) 이매(李梅 : 4036

십여 역관(十餘譯官) 데리고서
분(憤)하여 대언(對言)하되,
내 아까 엿들으니,
장로(長老)의 제자(弟子) 중[僧]이
서기방(書記房)에 들어가서
품에서 소찰(小札) 내어
기간(其間)에 지주(指嗾)[101]한 이,
필연(必然)이 있는지라.
마침 우리 사도(使道)
옥정(獄情)을 아는지라
일이 장차(將次) 순하려니
그렇지 곧 아니하면,
반드시 우리 무리
죽을 이 많다.' 하네.
방자(放恣)하고 기탄(忌憚) 없기
이러하니 어이하리?"
춘계(春溪)[102]승(僧) 들어와서
필담(筆談)으로 써서 뵈되,
"사상(使相)이 수역(首譯)으로
도주(島主)에게 말 보내되,
'한 사람 정법(定法)하기
사리(事理)에 족하거니,

-?, 1703-?)공임.
101) 지주(指嗾) : 달래어 사람을 부림.
102) 춘계(春溪) : 일본인 중 춘파(春坡)의 잘못.

무죄(無罪)한 다른 사람
만연(蔓延)케 말라!' 하니,
사상(使相)의 하시는 일
알지 못하리로다."
들으매 통회(痛悔)103)하여
등창(瘡)이 날 듯하다.
낮에 꾸중하신 일을
전갈(傳喝)하기 만무(萬無)하되,
중의 말이 이러하니,
필연(必然) 위죈[爲罪]지라.
일행(一行) 명무(名武)들이
다 모두 제분(齊憤)하여
우리 넷과 한 가지로
상방(上房)에 들어가서
유영장(柳營將)104) 먼저 하되,
"수역(首譯)의 최학령(崔鶴齡)이
마인(馬人)과 부동(附同)하여
지척(咫尺) 장전(長前)105)에서
위조 전갈(僞造傳喝)하였으니,
그 죄(罪)가 중(重)하오매,
일행(一行)이 제분(齊憤)하여
거청(擧請)하여 아룁니다."

---

103) 통회(痛悔) : 몹시 후회됨.
104) 유영장(柳營將) : 성명은 유달원(柳達源)임.
105) 장전(長前) : 어른 앞.

사상(使相)이 처음에는
"화해(和解)하라" 이르시니,
나중에 수역(首譯) 불러
"후에 그리 말라!" 하고,
분부(分付)하여 내치시니,
분완(憤惋)키 가이 없어
소리 크게 여쭈오되,
"문사(文士)들 명무 군관(名武軍官)
죽을 죄(罪) 있사오니,
사핵(査覈)하여 처치(處置)하오."
정사상(正使相)이 말씀하되,
"무슨 일이 그러하뇨?"
내 다시 여쭈오되,
"아까 한 비장(裨將)이
역관(譯官)으로 한 데 앉아
고성(高聲)하여 이르오되,
아까 온 장로 편지(長老便紙)
'지주(指嗾)한 이 있다.' 하니,
인신(人臣)이 외국인(外國人)과
부동(附同) 위조(僞造)한 죄(罪)
만사무석(萬死無惜)이온지라.
사핵(査覈)하여 내오소서."
정사상(正使相)과 종사상(從事相)이
내 말 뜻 모르시고,
시온(時韞)더러 물으시니,

전후곡절(前後曲節) 여쭈오니,
정사상(正使相)이 이르시되,
만리(萬里) 동행(同行)하여
"화합(和合)함이 가하거늘,
이런 말을 와서 하니,
일마다 무익(無益)하고,
갈등(葛藤)만 나리로다."
내 또 여쭈오되,
"최천종(崔天宗) 같은 일이
이후에 있삽거든,
그제야 아오소서."
정상(正相)이 하오시되,
"언길(言吉) 불언흉(不言凶)106)을
그대 어이 모르고서
이런 말을 또 하는가?"
"이제 아니 하여서는
후에 변이 있사와도
그 연고(緣故)를 모를지라.
그러므로 하나이다."
여성(勵聲)하여 이르시되,
"내 듣고자 아니는 말을
그대 어이 이대도록
누누(累累)히 아뢰는가?"
왜승(倭僧)과 부동(附同)한 죄(罪)

---

106) 언길이(言吉而) 불언흉(不言凶) : 좋은 일은 말을 하되, 흉한 일은 말하지 아니함.

부재간(覆載間)107) 난용(難容)인데,
엄치(嚴治)하여 사핵(査覈)치 아니코
암담(暗澹)한데 두시는가?"
사상(使相)이 말하시되,
"장로(長老)와 필담(筆談)한 일
사고(事故)가 그러하여
부득이(不得已) 한 일이니,
그대는 내 죄 없는 줄
내 자시 아는지라.
어이하여 그렇도록
혼자 그리 노(怒)하는가?"
내 다시 하온 말이
"그 비장(裨將)의 한 말뜻이
사상(使相) 말씀 같자오면,
노(怒)할 일 없사오나,
사람을 데려다가
불측(不測)한데 보내오니,
통한(痛恨)치 아니하며,
노(怒)흡지 아니할까?
집사(執事)와 같은 죽음
또 분명(分明) 있사오리."
비로소 온언(溫言)으로
웃으시고 이르시되,
"만일(萬一) 병난(兵難) 있게 되면,

---
107) 부재간(覆載間) : 천지간(天地間). 하늘과 땅 사이.

창의(倡義)하고 분개(憤慨)할 이
반드시 자네로세."
희언(戲言)으로 미봉(彌縫)하네.
종사상(從事相)이 하오시되,
"김진사(金進士) 자라날 때
시골서 하였기에
행세(行世)보를 모르고서
직설(直說)하고 과격(過激)하여
감언불휘(敢言不諱)108) 하는 것이
대가(大家) 풍속(風俗) 있는지라.
이는 비록 귀(貴)커니와
자기(自己)의 몸 꾀하기는
소(小)하다." 하리로다.
분연(憤然)히 여쭈오되,
"노둔(老鈍)하고 일 모르나,
위국(爲國)할 일편단심(一片丹心)
흉중(胸中)에 있사오니,
나라 밥 먹삽고서
아유(阿諛) 구용(苟容)하고,
망군부국(忘君負國) 하는 놈은
개돝[犬豚]으로 보나이다."
인하여 물러와서
분(憤)하고 강개(慷慨)하여

---

108) 감언불휘(敢言不諱) : 감히 거짓말을 하여 속일 수 없음.

밥 한 술 못 먹고서
주야(晝夜)로 돌돌(咄咄)하니,
등창(瘡)이 날 듯하나,
안질(眼疾)이 나는구나.

4월 21일-22일

염일일(念一日) 염이일(念二日)도
대판(大坂)서 머물렀다.
춘계승(春溪僧)109) 들어와서
미처 앉지 못하여서
수역(首譯)이 상방(上房)에 가
급급(急急)히 고(告)하오되,
"재판(裁判) 와서 하오되,
장로(長老)의 제자(弟子) 중[僧]이
또 와서 필담(筆談)하니,
여쭈어 달라" 하니,
상방(上房)에서 시온(時韞) 불러
"마인(馬人)이 성을 내니,
큰일이 나게 됐네.
이후는 그리 마소"
그 중이 들어와서
말도 미처 못하여서

---

109) 춘계승(春溪僧) : 춘파승(春坡僧)의 잘못임.

먼 데 있는 마두(馬頭)놈이
어이 미처 알았는가?
예부터 진창군(陳唱軍)110)이
있거니 어이하리?

❈ 4월 23일 ❈

염삼일(念三日) 수역(首譯)들이
마인(馬人)의 하는 말로
사상(使相)네게 혼동(混同)하여
필담(筆談)길을 막는구나.

❈ 4월 24일 ❈

염사일(念四日) 영장로(瑛長老)가
혼자 "뵈자" 또 청(請)하고,
도주(島主) 또한 말 보내되,
"난언(難言)111)한 일 있사오니,
장로(長老)를 보오서야
해분(解憤)을 하리라"데,
사상(使相)네 칭병(稱病)하고,
답(答)하여 보내오되,
"전례(前例)가 없사오니,

---

110) 진창군(陳唱軍) : 소문을 퍼뜨리는 사람.
111) 난언(難言) : 말하기 어려움.

도주(島主)와 함께 와야
그제야 보려노라."
회답(回答)하여 보내오니,
장로(長老)가 대답(對答)하되,
"혼자 보려 하는 뜻은
관백(關白)의 뜻인지라
만일(萬一) 그러할 작시면,
아니 봄만 못하다"고
"물러간다." 하는구나.

4월 25일

염오일(念五日) 한 왜(倭) 와서
종이에 써서 뵈되,
"갇히인 죄인중(罪人中)에
열다섯은 마인(馬人)이요,
평인(平人)은 셋이러니,
마인(馬人) 하나 또 있다."네.

4월 26일-27일

염육칠(念六七) 이 두 날은
또 여기서 머물렀다.
예부터 강호(江戶) 온 후
선래 군관(先來軍官) 보내는데,

옥사결말(獄事結末) 못 났기에
초육일(初六日) 난 양으로
전명(傳命)한 장계(狀啓) 써서
비선(飛船)에 보내고서
이강령(李康翎) 유장흥(柳長興)과
역관(譯官) 최수인(崔壽仁)112)을
선래(先來)로 정(定)하여서
옥사결말(獄事結末) 하온 후(後)에
무사(無事)히 오는 장계(狀啓)
보내려 정(定)하였다.

4월 28일

염팔일(念八日) 강호(江戶)에서
대목부(大目付) 승차랑(勝次郎)113)이
"사핵(査覈)하러 왔다." 하니,
이제야 결말(結末) 날세.

4월 29일

염구일(念九日) 장로(長老) 와서
수역(首譯)하여 말 올리되,

---

112) 최수인(崔壽仁 : 4012-?, 1709-?) : 자는 대래(大來), 본관은 청주(淸州), 이방(二房) 소속 차사 통사(次上通事).
113) 승차랑(勝次郎) : 앞 주 고도숙랑(高島淑郎)의 책 쪽 345에 의하면, 곡연승차랑(曲淵勝次郎)임.

"오늘이야 전장(傳藏) 일을
행형(行刑)을 하려 하되,
예부터 아국법(我國法)이
뵐 형벌(刑罰)도 있거니와
못 뵐 형벌(刑罰)도 있삽노니,
전장(傳藏)에게 행할 형벌(刑罰)
남 뵈지 못하리라.
이국인(異國人)은 못 보리라."
사상(使相)네 들으시고,
약조(約條)와 다른 뜻을
여러 번 써서 뵈니,
나중에야 "뵈마"데나 하나,
저물도록 기다리되,
행형(行刑)을 아니하고,
비로소 초혼(初昏)에야
죄인(罪人)을 내어가되,
제 나라 국기(國忌)라고
"내일(來日)은 못 죽이고,
재명(再明)에야 정법(定法)한다."
소문(所聞)이 이러하되,
"간사(奸邪)한 그놈들이
아국인(我國人) 아니 뵈고,
거짓 것을 죽였노라."
속이려 하는구나.

4월 30일

삼십일(三十日) 두 선장(船將)이
급히 와 여쭈오되,
"격군(格軍)의 이광하(李光河)가
전에 발광(發狂) 하였을 때
제 목을 제가 찔러
그 후에 완합(完合)하고,
다시 발광(發狂) 아니하매,
일복선(一卜船)에 올렸더니,
또 발광(發狂)하옵기에
철쇄(鐵鎖)로 잠갔더니,
오늘밤에 상한 데가
붉고 붓고 두드러져
기식(氣息)이 엄엄(奄奄)하여
명재경각(命在頃刻)114) 한다." 하네.

5월 1일

오월(五月) 초일일(初一日)에
망궐례(望闕禮) 새벽 하되,
안질(眼疾)로 불참(不參)하니,
마음이 서운하다.

---

114) 명재경각(命在頃刻) : 목숨이 매우 위태한 순간에 있음.

5월 2일

초이일(初二日) 전장(傳藏)이를
"행형(行刑)한다." 하는지라
삼수역(三首譯)과 삼병방(三兵房)115)을
보내어 "보라!" 하니,
월생도(月生島)116)란 강물 가에
극위(棘圍)117)처럼 두루 막고
그 가운데 관원(官員) 앉고,
전장(傳藏)이를 동여매어
꿇려 앉히고서
왜(倭) 한 놈 칼 가지고,
옆에서 척 찍으니,
머리 땅에 내려지니,
한 놈 대령(待令)하였다가
머리를 물에 씻어
단(壇) 조금 쌓고서는
그 위에 머리 앉혀
사흘 후(後)에 묻는다네.
효시(梟示)와 일체(一體)로다.
역관(譯官)과 중관(中官)들은
밖에서 보고 오네.

---

115) 삼병방(三兵房) : 상방(上房) 군관(軍官) 김상옥(金相玉), 부방(副房) 군관 유진항(柳鎭恒), 삼방(三房) 군관 임흘(任屹)공임.
116) 월생도(月生島) : 일본음 게쓰마마시마. 일명 월정도(月正島 : 일본음 겟쇼우시마).
117) 극위(棘圍) : 가시나무로 만든 울타리.

상명(償命)을 겨우 하나,
괴수(魁首)118)를 못 죽이니,
하늘이라 어찌하리?
분한(憤恨)119)할 따름이다.

5월 3일

초삼일(初三日) 왜(倭)놈들이
전장(傳藏)의 초사(招辭) 보내었네.
천종(天宗)이 살았을 때
"거울 하나 잃은지라
전장(傳藏)이 가졌다고
등채로 등을 치니,
전장(傳藏)이 성을 내어
죽였다." 하였으나,
그 말을 믿을소냐?
알 길이 전혀 없다.

5월 4일

초사일(初四日) 처음으로
가지를 먹어보니,
절후(節侯)가 빠른 줄을

---

118) 괴수(魁首) : 여기서는 일본의 관백(關白)을 이름.
119) 분한(憤恨) : 분한 마음으로 한탄함.

이로 가히 알만 하다.

5월 5일

초육일(初六日) 발행(發行)키로
삼방(三房)이 완정(完定)하고,
선래(先來軍官) 떠나기는
이날로 정(定)하오니,
여섯 배 사람들이
마음이 날 듯하다.
천종(天宗)이 죽은 후(後)로
글짓기 아니 하니,
몸은 비록 편하여도
도리어 궁금하다.
양장로(兩長老) 제자(弟子)들과
대판성(大坂城) 선비들이
다 모두 들어와서
이별(離別)하고 가는구나.

5월 6일

초육일(初六日) 14시[未時]에
사상(使相)네 배 타실 때
우리 네 문사(文士)는
먼저 나와 배로 오니,

정왕초중(淨王蕉中)120) 목세숙(木世肅)121)이

길가에 와 기다리네.

초중(蕉中)이 소매 잡고,

상연(傷然)히 눈물 낸다.

노당 형제(魯堂兄弟)122) 선두(船頭)에 와

손목 잡고 이별(離別)하네.

창암(悵暗)한 마음들이

피차(彼此)에 일반이다.

5월 7일

초칠일(初七日) 순풍(順風) 부니,

발선(發船)키 좋건마는

행중(行中)의 한 비장(裨將)이

천 여금 은전(銀錢)으로

왜물 무역(倭物貿易) 하였다가

미처 찾지 못한지라.

도주(島主)에게 핑계하고,

발행(發行)을 아니하니,

일행(一行)의 마음들이

통분(痛憤)키 어떠하리?

---

120) 정왕초중(淨王蕉中) : 정왕은 초중의 제자 중이고, 초중은 자(字)를 대전(大典)이라고 하는 일본인 중 현상(顯常)의 호임.

121) 목세숙(木世肅) : 성명이 목촌공공(木村孔恭)임.

122) 노당 형제(魯堂兄弟) : 나파노당(那波魯堂)과 호를 선루(仙樓)라고 하는 오전원계(奧田元繼)를 이름.

5월 8일(병고)

초팔일(初八日) 발행(發行)하여
저물게야 병고(兵庫)123) 오다.

5월 9월

초구일(初九日) 순풍(順風) 불되,
행중(行中)의 역관(譯官)들이
전장(傳藏)의 살옥(殺獄)일로
수 천금(數千金) 무역(貿易)한 것
미처 찾지 못하여서
곳곳이 와 칭탈(稱頉)하고,
발선(發船)을 아니하니,
분완(憤惋)키 어떠하리?

5월 10일-11일

초십일(初十日) 십일일(十一日)은
병고(兵庫)에서 묵으니라.

5월 12일

십이일(十二日) 발선(發船)하여
이십 리(二十里) 겨우 와서

---

123) 병고(兵庫) : 일본음 효고.

도주(島主)가 풍역(風逆) 타고,
도로 회선(回船) 하는지라.
우리도 도로 오니,
분완(憤惋)키를 이를소냐?

5월 13일

십삼일(十三日) 종사상(從事相)이
최학령(崔鶴齡)과 현태익(玄泰翼)을
나입(拿入)하여 분부(分付)하되,
"우리 격군중(格軍中)에
'발선(發船하자' 의논(議論)하면,
원수(怨讐)처럼 미워하니,
너희 일 무상(無常)하니,
이후(以後)는 그리 말라!"

5월 14일

십사일(十四日) 일 떠나서
명석(明石)124) 와 숙소(宿所)하다.

5월 15일

십오일(十五日) 우창(牛窓)125) 와서

---

124) 명석(明石) : 일본음 아까이시.

승칠(勝七)126)이 보내어서
정상잠(井上潛)127)이 찾아와서
삼료(三僚)128)로 가서 보니,
중촌삼실(中村三實)이란 사람
도서 이부(圖書二部) 새겨 왔네.
장지(壯紙) 열 장(張)으로
답례(答禮)하여 보내었다.

5월 16일

십육일(十六日) 도포(韜浦)129) 자고,

5월 17일

십칠일(十七日) 발행(發行)하여
겸예(鎌刈)130)를 못 미쳐서
백 이십 리(百二十里) 죽원(竹原)131) 와서
양중(洋中)에 닻을 주고,
밤을 겨우 지낸 후(後)에

---

125) 우창(牛窓) : 일본음 우시마도.
126) 승칠(勝七) : 일본측 통역으로 본명은 고도숙랑(高島淑郞)의 책 168에 의하면, 간영승칠(間永勝七)임.
127) 정상잠(井上潛) : 비전주(肥前州)의 선비. 호는 사명(四明)임.
128) 삼료(三僚) : 지은이를 제외한 문사 세 사람.
129) 도포(韜浦) : 일본음 도모우라.
130) 겸예(鎌刈) : 일본음 가모가리. 지금의 하겸예(下鎌刈 : 일본음 시모가미가리).
131) 죽원(竹原) : 일본음 다께하라.

5월 18일

이튿날 순풍(順風) 만나
겸예(鎌刈) 오니 일렀구나.

5월 19일

십구일(十九日) 진화(津和)132) 지나
상관(上關)133) 오니 백 리(百里)였다.

상관(上關)에 입항하는 사행선단

5월 20일

이십일(二十日) 실우(室隅)134) 지나
향포(向浦)135) 와서 머물렀다.

5월 21일(적간관)

염일일(二十一日) 동풍(東風) 부니,
배 오기 쾌(快)하구나.
적간관(赤間關)136) 들어오니,
상장개(上長愷)137) 와서 본다.

---

132) 진화(津和) : 일본음 쓰와.
133) 상관(上關) : 일본음 가미노세끼.
134) 실우(室隅) : 일본음 무로즈미.
135) 향포(向浦) : 무꼬우시마.
136) 적간관(赤間關) : 지금의 하관(下關 : 일본음 시모노세끼).
137) 상장개(上長愷) : 앞 주 고도숙랑(高島淑郞)의 책 쪽 355에 따르면, 호를 학대(鶴

5월 22일

염이일(念二日) 순풍(順風)하되,
못 떠나니 가이 없다.

5월 23일

염삼일(念三日) 비 뿌리기
적간관(赤間關)서 머물렀다.

5월 24일

염사일(念四日) 풍역(風逆)하여
삼십 리(三十里) 남박(南泊)138) 잤다.

5월 25일

염오일(念五日) 발선(發船)하여
수 십리(數十里) 겨우 와서
역풍(逆風)으로 회선(回船)하여
남박(南泊)으로 도로 갔다.

臺)라고 하는 농장개(瀧長愷)의 잘못임.
138) 남박(南泊) : 지금의 남풍박(南風泊 : 일본음 하에 도마리).

5월 26일

염육일(念六日) 남도(藍島)139) 오니,
밤이 매우 깊었구나.
"추강 노경(秋江魯坰)140) 국담(菊潭)141)이
왔다." 하되 못보았다.

5월 27일

염칠일(念七日) 남도(藍島)에서
주중(舟中)에 머물렀다.

5월 28일(일기도)

염팔일(念八日) 동풍(東風) 만나
일기도(壹岐島) 들어왔다.

5월 29일

염구일(念九日) 일기도(壹岐島)서
선방(船房)에서 머물렀다.

---

139) 남도(藍島) : 일본음 아이노시마(相ノ島).
140) 추강 노경(秋江魯坰) : 추강(秋江)과 노경(魯坰). 추강은 도촌호(島村曻)라는 일본 선비의 호이고, 노경은 정상주도(井上周道)라는 일본인의 호임.
141) 국담(菊潭) : 일본인 즐전욱(櫛田彧)의 호.

6월 12일

유월(六月) 열이틀을
기도(岐島)에서 못 떠났다.

6월 13일

십삼일(十三日) 날 샌 뒤에
돛 달고 발선(發船)하니,
파도(波濤)가 흉악(凶惡)하기
올 때와 한가지다.
14시경[未時量] 안개 끼여
지척(咫尺)을 불분(不分)하니,
물길을 전혀 몰라
왜사공(倭沙工)도 망조(罔措)하네.
천지(天地)는 아득하고,
밤은 벌써 들었는데,
일선(一船)142)이 황황(惶惶)하여
속수(束手)하고 앉았더니,
추상우(秋相佑)143) 와서 하되,
"물소리가 높사오니,
필연(必然)이 섬이오니,
돛을 급히 지웁시다."
급급(急急)히 낙범(落帆)하고,

---
142) 일선(一船) : 온 배안.
143) 추상우(秋相佑) : 음역함.

자세히 살펴보니,
과연(果然) 한 개 석산(石山)이라.
놀랍고 가이 없다.
만일(萬一) 돛을 달았더면,
파선(破船)을 응당(應當)할세.
그제야 닻을 주고,
양중(洋中)에서 묵게 되니,
밤빛은 아득한데,
안개조차 끼었으며,
배 아래 물소리는
천지(天地)가 진동(振動)하고,
지명(地名)도 모르고서
위태(危殆)히 앉았는 양(樣)
타인(他人)이 볼작시면,
눈물을 응당(應當) 지리.
동행(同行)하던 다섯 배는
어디메로 간 것인가?
철석(鐵石) 같은 심장(心臟)이나,
진정(鎭定)키 어렵구나.
밤새도록 곧게 앉아
날 새기만 기다리네.

❧ 6월 14일 ❧

십사일(十四日) 동트거늘

추상우(秋相佑) 와 왜(倭)놈 시켜
"자세히 물으라!"고.
못 미처 달려와서
섬 가를 돌아보니,
왜선(倭船) 한 척 매였거늘,
통사(通事) 시켜 물어보니,
"도주(島主)의 복선(卜船)으로
어젯밤 길을 잃어
여기 와 닿았기에
바야흐로 뱃줄 글러
부중(府中)으로 들어가니,
앞길을 모르므로
한가지로 가자!" 한데,
들으매 기쁘구나.
닻 들고 돛을 달아
북(北)으로 향(向)하여서
삼십 리(三十里)를 마침 와서
부중(府中)을 바라보고,
포구(浦口)로 들어가니,
상방(上房)의 장무역관(掌務譯官)
부방 비장(副房裨將) 수역(首譯)들이
우리를 찾으려고
양식(糧食) 싸고 마주 오고,
삼복선(三卜船) 서장 격군(書狀格軍)
한 가지로 나오다가

포구(浦口)에서 만나 보니,
죽었던 사람 본 듯
피차(彼此)에 기쁘기를
어이 다 이를소냐?
선창(船艙)에 배를 대고,
관소(館所)로 들어가니,
정사상(正使相) 부사상(副使相)과
일행(一行) 상하관(上下官)이
마주 와 위로(慰勞)하고,
반기고 기뻐하네.
어저께 일기선(一騎船)도
또 길을 잃었다가
도주(島主)의 배를 만나
0시쯤[三更量]에 겨우 오고,
그 밖에 기복선(騎卜船)들
겨우 하여 들어오되,
우리 배 아니오니,
밤새도록 염려(念慮)하여
잠 한 숨을 못들 자고,
앉아서 기다렸네.
나는 어제부터
병(病) 들어 누웠기에
관소(館所)로 못내리니,
동행(同行)들 와서 보네.
강진(康津)144)땅 지도 포민(智島鮑民)

남녀노소(男女老少) 열 한 사람
어채(漁採)하러 나왔다가
삼월(三月)에 표풍(漂風)하여
사월(四月) 초일일(初一日)에
예 와서 배 닿으니,
강호(江戶)에 취품(就稟)하고,
조선(朝鮮)으로 보낼 차(次)로
양식(糧食) 먹여 두었다네.
놀랍고 불쌍하여
사상(使相)네 불러 보고,
체자(替資) 많이 하는지라
나도 데려다가
쌀 어물(魚物) 많이 주니,
감격(感激)하고 기뻐하여
부모(父母) 본 듯하여 한다.
한 나라 사람으로
이국(異國)에 와 만나 보니,
반갑고 귀하기가
어찌 아니 그러하리?

6월 15일

십오일(十五日) 망궐례(望闕禮)를

---

144) 강진(康津) : 지금의 전라남도에 딸린 지명. 우리나라 현대시인 김영랑(金永郞)의 고향으로 유명할 뿐 아니라, 신라 때 한중(韓中) 해상왕(海上王)으로 추앙 받던 장보고(張寶皐)의 청해진(靑海鎭)으로도 유명한 곳임.

병(病)으로 불참(不參)했다.
도주(島主)와 이정승(以酊僧)이
사신(使臣)에게 와서 뵈니,
들으니 "관소(館所)에는
문망(蚊蝱)145)이 장(壯)다." 하되,
배방에 누웠으니,
이 환(患)을 면(免)하겠다.
거월(去月) 이십오일(二十五日)에
"선래군관(先來軍官)에서 떠나
이 달 초이일(初二日)에
부산(釜山)으로 갔다." 하네.
각 읍 지공(各邑支供) 분정(分定)하여
경상감사(慶尙監司) 위문(慰問) 왔네.
고국 성식(故國聲息) 가까우니,
마음이 날 듯하다.

부산(釜山)

---

145) 문망(蚊蝱) : 모기와 등애.

6월 16일

십육일(十六日) 일어나서
작은 배 빌어 타고,
삼사신(三使臣)께 문후(問候)한 후(後)
부기선(副騎船) 둘러보니,
삼문사(三文士) 모였거늘,
온화(穩話)하고 돌아왔다.
도주(島主)의 연향연(燕饗宴)을
대감중(大監中)에 있는지라.
사상(使相)네 사양(辭讓)하되,
도주(島主)가 견집(堅執)146)더니,
오늘이야 기별(奇別)하되,
"차(茶)로 대신 하자." 하네.

6월 17일

십칠일(十七日) 용방승(龍芳僧)이
제자(弟子) 난주(蘭州) 보내어서
거울 하나 드리거늘
장지 필묵(壯紙筆墨) 답례(答禮)하고,
황률 약과(黃栗藥果) 방백자(方栢子)로
수영 장로(守瑛長老) 면피(免避)했다.

---

146) 견집(堅執) : 굳게 고집함.

6월 18일

대마도주(對馬島主) 십팔일(十八日)에
사신(使臣)네를 청(請)하오니,
평복(平服)으로 남여(藍輿) 타고,
개복(改服)하고 들어가서
다파(茶罷)하고 돌아와서
내일 회정(來日回程) 하려 하니,
육선(六船)에 오백인(五百人)이
뉘 아니 용약(勇躍)하리?

6월 19일(선두포)

십구일(十九日) 길 떠날 때
예부터 대마도주(對馬島主)
포구(浦口)에 친히 나와
보내는 일 전례로되,
날이 거의 낮이 된데
오히려 아니오니,
만홀(慢忽)키 심한지라
통악(痛愕)키 가이 없다.
14시[未時]가 넘은 뒤에
비로소 나오는가?
육선(六船)이 차차 떠나
포구(浦口)로 나올 때에

도주(島主)와 이정승(以酊僧)이
읍(揖)하여 보내었다.
바람이 엷은지라
일시(一時)에 노역(櫓役)하여
올 때 길 버리고서
첩로(捷路)147)로 바로 드니,
지명(地名)은 선두포(船頭浦)148)요,
일명(一名)은 사공목[沙工項]이
평수길(平秀吉) 임진년(壬辰年)149)에
사공(沙工)놈 주길(周吉)이를
여기 와 베었기에
언덕에 사당(祠堂) 있네.
"고이할 손 주길사(朱吉祠)가
적간관(赤間關)도 있다." 하니,
아마도 두 곳 중의
하나는 아니겠다.
좌우(左右) 봉만(峰巒)에
수목(樹木)이 참천(參天)하고,
갯물이 만회(彎回)하여
겨우 한 배 갈 만하다.
우리 배 걸리어서
나갈 길 없는지라.

---

147) 첩로(捷路) : 지름길.
148) 선두포(船頭浦) : 일본음 센도우우라.
149) 임진년(壬辰年) : 선조 25(3925, 1592)년. 임진왜란(壬辰倭亂)이 일어난 해.

수십 명 격군(格軍)들이
배에 내려 끌어내서
겨우 겨우 헤쳐내니
날이 벌써 저물었네.
등불 켜고 행선(行船)하여
방포(芳浦)150) 가서 닻을 주니,
인가(人家)도 전혀 없고,
양중(洋中)에서 밤을 샌다.
오늘 온 데 헤어보니,
칠십 리(七十里)는 되는구나.

6월 20일

이십일(二十日) 대열(大熱)하고,
바람이 전혀 없어
서박포(西泊浦)151) 와서 자니,
"이십 리(二十里) 왔다." 하네.

6월 21일(풍기포)

염일일(念一日)은 초복(初伏)이라.
일찍이 발선(發船)하니,
일기(日氣)가 대열(大熱)하되,

---

150) 방포(芳浦) : 일본음 요시가우라. 지금의 노포(蘆浦 : 일본음 요시가우라).
151) 서박포(西泊浦) : 일본음 니시도마리우라.

남풍(南風)이 부는지라.
배 가기 좋지마는
왜인(倭人)이 칭탈(稱頉)하고,
공연(空然)히 배를 놓아
풍기포(豊崎浦)152) 와 자게 되니,
순풍(順風)을 잃은지라.
통분(痛憤)코 애닯구나.
이십 리(二十里)를 겨우 오니,
아니오나 다르지 않다.

6월 22일

염이일(念二日) 일 일어서
타루(柁樓)에서 일출(日出) 보니,
장(壯)하고 기특(奇特)하되,
눈 부시어 어렵도다.
일찍이 발선(發船)하여
아국(我國)으로 오려 하니,
불측(不測)할 손 대차왜(大借倭)153)가
백번(百番)이나 칭탈(稱頉)하고,
늦게야 발선(發船)하여
배를 바로 놓으려니,

---

152) 풍기포(豊崎浦) : 지금의 풍기(豊崎). 일본음 도요사끼.
153) 대차왜(大借倭) : 여기서는 일본인으로 조선 사행을 호송하는 일을 맡은 관리. 호송관(護送官), 또는 영접관(迎接官).

권4 417

왜놈이 듣지 않고,
좌수포(佐須浦)154)로 가려 하니,
격군(格軍)을 분부(分付)하여
뱃줄을 내려치고,
돛 달고 노역(櫓役)하여
서북방[乾戌方]을 향(向)하니,
하 즐겁고 날 듯하니,
지향(指向)을 못하겠다.
서남풍(西南風)이 매우 불어,
비슥이 돛을 다니,
순풍(順風)은 아니라도
배 가기 빠르구나.
고국(故國)을 바라보니,
연해(沿海) 각 진포(各鎭浦)가
역력(歷歷)히 벌어 있어
점점(漸漸) 나아오는지라.
"인간(人間)의 즐겁기가
네 가지 있다 하되,"
오늘날 즐겁기는
천지간(天地間) 없으리라.
부산(釜山)을 바라보니,
사십 리(四十里)는 남았는데,
풍도(風濤)가 구역(俱逆)하여
촌진(寸進) 척퇴(尺退)하니,

---

154) 좌수포(佐須浦) : 일본음 사스우라. 지금의 좌수나(佐須奈).

갈 길이 전혀 없어
밤새도록 노역(櫓役)하여
양중(洋中)에 밤을 새고,

부산포

6월 23일(부산)

염삼일(念三日) 평명시(平明時)에
부산(釜山)으로 들어오니,
부산첨사(釜山僉使)155) 와서 뵌다.
상부 기복(上副騎卜) 다섯 배는
무사(無事)히 들어왔네.
배다리 내어놓고,
뭍으로 내려서니,
천금(千金) 같은 이내몸
이제는 살았구나!
각 읍 관속(各邑官屬) 와서 보고,
주인(主人)156)도 반겨 하네.
가국(家國)이 무사(無事)하고,
일행(一行)이 온반(穩返)하니,
기특(奇特)고 다행(多幸)하다.
조여구157) 분상(奔喪)158)하니,

---

155) 부산첨사(釜山僉使) : 부산첨사(釜山僉使)로 여기서는 이응혁(李應爀)공.
156) 주인(主人) : 동래부사(東萊府使), 또는 경상감사(慶尙監司)를 가리킴.
157) 조여구 : 앞 주의 『해사일기』 6월 22일조에 따르면, 정사의 사촌 아우로 동행한 조철(趙瞰). 조철의 아버지는 정사의 서숙(庶叔)인데, 지난 해 음력 11월 28일에 작고한 사실을 이제 부산에 돌아와서야 알게 된 것임. 조철의 자는 사통(士通)임.

놀랍고 참혹(慘酷)하기를
어이 다 기록(記錄)하리?
좌수사(左水使)159) 와서 뵈고,
각진 병장(各鎭兵將) 참알(參謁)한다.
갈 때에 각방 수청(各房守廳)
와 보는 이 하나 없네.
괴이하여 물어 보니,
"상방 수청(上房守廳) 상례(相禮)란 년
동래부사(東萊府使) 수청(守廳) 들고,
임도사(任都事)160)의 운향(雲香)이와
양선전(梁宣傳)161)의 앵매(鶯梅)란 년
비장청(裨將廳)에 들어 있고,
서중화(徐中和)162)의 차모(茶母)년은
책방(冊房)에 들어 있고,
장무역관(掌務譯官) 치가(治家)한 년
사근찰방(沙斤察訪) 보았다."네.
아무리 기생(妓生)인들
그 사이를 못 참아서
다 모두 아니오니,
가창(可愴)하고 가소(可笑)로다.

---

158) 분상(奔喪) : 먼 곳에서 어버이가 돌아가신 소식을 듣고, 급히 집으로 돌아감.
159) 좌수사(左水使) : 여기서는 심인희(沈仁希)공임.
160) 임도사(任都事) : 임흘(任屹)공.
161) 양선전(梁宣傳) : 양용(梁塎)공임.
162) 서중화(徐中和) : 서유대(徐有大)공임.

6월 24일

염사일(念四日) 부사행차(副使行次)
먼저 떠나가는지라.
만리 동행(萬里同行) 하였다가
예 와 분로(分路)하게 되니,
섭섭기 가이 없고,
결연(缺然)키 측량(測量) 없다
남성원(南成元) 삼문사(三文士)는
와서 고별(告別)하는구나.
예서부터 분로(分路)하여
상방(上房) 일행(一行)들은
양산 밀양(梁山密陽) 대구(大邱)에서
조령(鳥嶺)으로 넘어가고,
부방(副房) 일행(一行)들은
울산 경주(蔚山慶州) 풍기(豊基)로서
죽령(竹嶺)으로 넘어가고,
삼방(三房) 일행(一行)들은

남옥

성대중

원중거

김해 창원(金海昌原) 성주(星州)에서
추풍령(秋風嶺)을 향(向)한다네.

❈ 6월 25일(김해) ❈

염오일(念五日) 정사상(正使相)이
성복(盛服)하고 발행(發行)키에,
들어가 하직(下直)하니,
창연(悵然)코 창연(悵然)하다.
밥 먹고 종방(從房)에 가
문후(問候)하고 돌아와서
짐 차려 길을 나니,
동행(同行)한 격군(格軍)들이
다 와서 이별(離別)하니,
인정(人情)이 섭섭하다.
삼십 리(三十里) 감동창(甘洞倉) 와
함안 기장(咸安機張) 병참(倂站) 겪기
재촉하여 찾아 먹고,
낙동강(洛東江) 하루(下流) 건너
양산(梁山)땅 대로(大路) 지나
또 강 하나 지나가서
김해(金海)로 들어가니,
수로왕(首露王)[163] 고국(故國)이라.
산천(山川)이 광활(廣闊)하여

---

163) 수로왕(首露王) : 김수로왕. 가야국 시조.

이 또한 대도회(大都會)다.
본부(本府)로 들어가서
주수(主倅)를 찾아보고,
숙소(宿所)로 돌아오니,
종방 행차(從房行次) 오는지라
들어가 문후(問候)하고,
숙소(宿所)로 돌아왔다.

6월 26일

염육일(念六日) 오십 리(五十里) 와
자여(自如) 와 중화(中火)하니,
함양 지대(咸陽支待) 여기 와서
석 달 묵은지라.
허다(許多)한 관속(官屬)들이
의복(衣服)을 팔아먹고,
마을로 다니면서
빌어먹기 태반(太半)이요,
내 차모(茶母) 은행(銀杏)이가
수식(首飾)을 매식(買食)[164]하고,
민머리로 사환(使喚)하니,
소견(所見)이 불쌍하다.
이십 리(二十里) 창원(昌原) 가서
길청(吉廳)에 숙소(宿所)하니,

---
164) 수식(首飾)을 매식(買食) : 머리 장식 용품을 팔아서 먹을 것을 사서 먹음.

다정(多情)할 손 본부 태수(本府太守)165)
차담[茶啖]과 밥상 밖에
묘찬(妙饌) 일대탁(一大卓)을
안쪽에서 내어오니,
음식(飮食)이 정결(淨潔)하여
먹음직 하다마는
더위에 병(病)이 들어
못 먹으니 가이 없다.
저녁밥 겨우 먹고,
임도사(任都事) 보러가니,
주수(主倅)166)도 나왔으며,
함양(咸陽)도 또한 왔네.
두 비장(裨將)167) 두 태수(太守)168)가
선전관(宣傳官)169) 증경(曾競)170)이라.
청풍(淸風)171)으로 희롱하니,
보기에 우습구나.
주수(主倅)는 거경(巨卿)172) 치고,
거경(巨卿)은 함양(咸陽) 치고,

---

165) 본부 태수(本府太守) : 여기서는 창원부사(昌原府使).
166) 주수(主倅) : 창원부사(昌原府使).
167) 두 비장(裨將) : 여기서는 임흘(任屹)공과 오재희(吳載熙)공.
168) 두 태수(太守) : 함양부사(咸陽府使)와 창원부사(昌原府使).
169) 선전관(宣傳官) : 여기서는 오재희(吳載熙)공.
170) 증경(曾競) : 다투기.
171) 청풍(淸風) : 맑은 바람 곧 주색이 없이 하는 풍류(風流).
172) 거경(巨卿) : 임흘(任屹)공의 자(字).

함양(咸陽)은 경집(敬緝)173) 치고,
절차(節次)가 다 있구나.
청하인(廳下人) 아니 오고,
다 지귀 없으면
못 치는 법(法)이로되,
마침 조라치(詔羅赤)174)가
다니러 왔는지라
청풍(淸風)을 하는구나.
천안(天安)에서 동령(東翎)175)이
지나다가 와서 보네.
임도사(任都事)가 불러다가
덕담(德談)을 시키오니,
광대(廣大)중 제일(第一)이라.
들음직 하구나야.

🕱 6월 27일 🕱

염칠일(念七日) 사십 리(四十里) 와
칠원(漆原)서 중화(中火)하니,
진해 병참(鎭海幷站) 하는지라.
통인 차모(通引茶母) 현신(現身)한다.

---

173) 경집(敬緝) : 오재희(吳載熙)공의 자(字)임.
174) 조라치(詔羅赤) : 선전관청(宣傳官廳)에 딸린 어전(御前)의 취타수(吹打手)인 겸내취(兼內吹).
175) 동령(東翎) : 성은 서(徐)임.

밥 먹고 말을 타고,
또 사십 리(四十里) 영산(靈山) 와서
김필순(金弼淳)의 집에 들어
숙소(宿所)하니 반겨하네.
영산 관속(靈山官屬) 와서 뵈고,
차모 계월(茶母桂月) 현신(現身)한다.
창녕 아전(昌寧衙前) 하득인(河得仁)176)이
와서 보니 다정(多情)하다.
주수(主倅)177)는 전갈(傳喝)하고
나와서 보는구나.
남성(南成)178) 이 문사(二文士)가
역(驛)놈 시켜 편지(便紙) 왔네.
답장(答狀) 써 내어주고,
정사상(正使相)께 편지(便紙)하고,
서유(徐柳)179) 양인(兩人)에게
문안(問安) 써 보내었다.

🧧 6월 28일 🧧

염팔일(念八日) 먼저 떠나
창녕지경(昌寧地境) 다다르니,

---

176) 하득인(河得仁) : 음역함.
177) 주수(主倅) : 여기서는 창녕부사(昌寧府使)를 이름.
178) 남성(南成) : 남옥(南玉)공과 성대중(成大中)공.
179) 서유(徐柳) : 서유대(徐有大)공과 유달원(柳達源)공임.

전에 알던 관속(官屬)들이
마주 나와 보는구나.
아중(衙中)으로 들어가서
주수(主倅)180) 보고 내달리니,
장교 아전(將校衙前) 기생 통인(妓生通引)
다 모두 와서 보고,
노별감(老別監) 이반(李蟠)181)이도
부러 와 보고 가네.
사행(使行)이 떠난 뒤에
서래(暑來)182)커늘 말을 타니,
일읍(一邑) 관속(官屬)들이
오리정(五里亭) 와 이별(離別)하며
차마 못 떠나 하니,
인정(人情)이 기특(奇特)하다.
이십 리(二十里)는 겨우 와서
날이 심히 더운지라.
주막(酒幕)에 내려앉아
거풍(擧風)을 하노라니,
본현(本縣)의 향소(鄕所)들이
와서 보고 가는구나.
이십 리(二十里) 현풍(玄風) 오니,
군관청(軍官廳)이 숙소(宿所)로세.

---
180) 주수(主倅) : 여기서는 창녕부사임.
181) 이반(李蟠) : 음역함.
182) 서래(暑來) : 더위가 옴.

객사(客舍)가 압림(壓臨)하니,
소견(所見)이 불평(不平)하여
현사(縣舍)로 돌아오니,
방(房)과 마루 시원하다.
창녕 통인(昌寧通引) 하대원(河大源)[183]이
따라와 현신(現身)한다.
지례원(知禮員) 송맹박(宋孟博)[184]이
편지(便紙)하여 묻는구나.
자여 인마(自如人馬)[185] 하직(下直)하고,
김천 부마(金泉夫馬) 현신(現身)한다.

6월 29일

염구일(念九日) 먼저 떠나
무계나루[茂溪渡] 건너 달려
무계역(茂溪驛) 들어가니,
"고령지공(高靈支供)한다." 하네.
성주기생(星州妓生)[186] 차애재랑[茶愛才娘]
와서 보고 가는구나.
중화(中火)하고 발행(發行)하여
별고개 넘어오니,

---

183) 하대원(河大源) : 음역임.
184) 송맹박(宋孟博) : 음역한 것임.
185) 자여 인마(自如人馬) : 자여역(自如驛)에서 온 사람과 말들.
186) 성주기생(星州妓生) : 원문에는 "청주기생"으로 되어 있으나, 잘못이므로 고침.

날이 매우 더운지라
역인(驛人) 세 놈 더위 먹어
떨어지고 아니오니,
다만 세 놈 데리고서
성주 아중(星州衙中) 바로 들어
목사(牧使) 보고 오노라니,
길가에 한 놈 절하거늘
고이하여 자세 보니,
공주 아전(公州衙前) 완동이가
일죽(一竹)187)일로 나왔다가
날 보고 반가워서
뛰놀며 기뻐하네.
인정(人情)이 불쌍하여
다담(茶啖) 받아 먹인 후(後)에
주수(主倅)에게 행하(行下) 받아
내어 주니 좋아하네.
몽와선생(夢窩先生)188) 임인년(壬寅年)189)에
후명(侯命)190) 받은 고을이라.
비각(碑閣)에 와 첨배(瞻拜)하니,
마음이 슬프구나.
종사상(從事相)이 본주수(本州倅)와

---

187) 일죽(一竹) : 음역함.
188) 몽와선생(夢窩先生) : 지은이의 당숙인 장동대신(壯洞大臣) 김창집(金昌集)공의 호.
189) 임인년(壬寅年) : 경종(景宗) 2(4055, 1722)년임.
190) 후명(侯命) : 죄인이 유배(流配)되어 다음 명령을 기다림.

세혐(世嫌)이 있는지라
다담(茶啖) 진지 도로 주고,
예방(禮房) 시켜 하신다네.
역관(譯官)의 이언진(李彦瑱)이
매양(每樣) 내게 청(請)을 하되,
"고은 차모(茶母) 만나거든
제게 체자(遞子) 하라." 하되,
임도사(任都事)191) 홍비장(洪裨將)192)이
매양 "먼저 달라" 하기
못 얻어 주었더니,
아이 차모(茶母) 귀란(貴蘭)193)이가
인품(人稟)이 기특(奇特)하고,
얼굴이 비상(非常)커늘
저녁에 전갈(傳喝)하여
사령(使令) 주어 보내고서
"아무 말 할지라도
잃지 말라" 하였더니,
그 년이 불측(不測)하여
품에 들어 누었다가
울면서 애걸(哀乞)하되,
"아비 제(祭) 오늘이니,
잠깐 가보고 와서

---

191) 임도사(任都事) : 성명은 임흘(任屹).
192) 홍비장(洪裨將) : 성명은 홍선보(洪善輔).
193) 귀란(貴蘭) : 음역함.

모시고 자리이다."
열없는 숫 사나이
그 말을 곧이듣고,
"잠깐 가보고 오라."
당부하여 보낸 것이
날 새도록 기다린 들
그림자도 오쟎았다.
잠 한 숨을 못 자고서
눈망울이 붉어져서
일 일어 와서 보고,
절통(切痛)하여 하는 거동(擧動)
저마다 기롱(譏弄)하니,
우습고 절도(絶倒)하다.

6월 30일

그믐날 새벽 떠나
부산(扶山) 와 중화(中火)하고,
김산(金山)으로 들어오니,
14시[未時]는 되었구나.
이 고을 관속(官屬)들이
부산(釜山) 와 지응(支應)할 때
내게 은혜(恩惠) 입었기에
이방(吏房) 백언국(白彦國)194)이
아병청(衙兵廳)에 숙소(宿所)하고,

와 보고 반겨한다.

기생(妓生)들도 와서 보고,

치사(致謝)하고 가는구나.

지례수(知禮倅)와 경승(敬勝)195)이가

와 보고 반겨한다.

통인(通引) 마용득(馬龍得)196)이

사환(使喚)을 잘하였다.

타던 말 언짢거늘,

다른 말 올려 오니,

사근역마(沙斤驛馬) 들이거늘,

타 보니 매우 좋다.

❈ 7월 1일(황간) ❈

칠월(七月) 초일일(初一日)에

비 뿌리고 흐리었다.

지례 거창(知禮居昌) 두 태수(太守)와

경승(敬勝)이를 이별(離別)하고,

추풍령(秋風嶺) 다다르니,

거창 하인(居昌下人) 대령(待令)하여

미음(米飮)을 들이거늘

말 위에서 받아먹고,

---

194) 백언국(白彦國) : 음역하였음.
195) 경승(敬勝) : 음역임.
196) 마용득(馬龍得) : 음역임.

황간(黃澗)197)으로 들어오니,
군관청(軍官廳)이 숙소(宿所)로다.
음식(飮食)이 정결(淨潔)하고,
포진(布陣)도 무던하다.
신흥역(新興驛)놈 이동(二東)198)이가
내려갈 때 구종(驅從)199)이라
와서 보고 반겨하니,
다담(茶啖) 주어 기뻐하네.
율봉 인마(栗峰人馬) 못 왔기에
역마(驛馬)가 모자라서
우격으로 복태(卜馱) 실어
영동(永同)으로 들어가서
주수(主倅)200) 보고 숙소(宿所)에 와
웃옷 벗고 앉았더니,
본현 태수(本縣太守) 나와 보고,
조용히 말하더니,
서울 기별(奇別) 들어 하니,
"나라에서 삼사신(三使臣)을
최천종(崔天宗) 죽은 일로
삭직(削職)을 하오시고,
'서기 군관(書記軍官) 원역(員役)들은

---

197) 황간(黃澗) : 지금의 충청북도 영동군 황간면.
198) 이동(二東) : 음역임.
199) 구종(驅從) : 말 부리는 사람과 같이 말 탄 이의 시중을 드는 종 또는 하인.
200) 주수(主倅) : 여기서는 영동군수(永同郡守).

역마(驛馬) 주어 대접(待接)기를
갈 때와 같이 하라!'
전지(傳旨)가 내렸다."네
종사상(從事相) 오늘부터
객사(客舍)에 못 들지라.
내 숙소(宿所) 길청(吉廳)이라
"좋다."고 이리 오니,
이방(吏房) 송세권(宋世權)201)집에
옮아와 앉고서
차모(茶母) 섬월(蟾月)이를
이언진(李彦瑱)을 허급(許給)하니,
"제 어미 대상(大祥)이라."
백방(百方)으로 애걸(哀乞)하니,
이 역관(李譯官) 또 속으니,
들으매 간간하다.
옥천(沃川)의 탐후아전(探候衙前)
원(員)의 편지(便紙) 드리는데,
차담[茶啖]의 건물(乾物) 내어
행담(行擔)에 봉(封)하여서
황새마을 신생(申生)202)에게
하인(下人) 시켜 보내오니,
신생(申生)은 나가고서
언문 수답(諺文酬答) 맡아 왔네.

---

201) 송세권(宋世權) : 음역함.
202) 신생(申生) : 사람이름. 음역함.

7월 2일

초이일(初二日) 아중(衙中)에 가
주수(主倅)203)를 이별(離別)하고,
사십 리(四十里) 이원(利原)204) 중화(中火)
삼십 리(三十里) 옥천(沃川) 오니,
본읍 태수(本邑太守) 와서 보고,
사신(使臣) 보러 가는구나.
삼십 리(三十里) 증약(增若) 오니,
본군 지공(本郡支供) 예도 한다.
일신역(日新驛) 최가(崔哥)놈이
순사205) 편지(巡使便紙) 가지고서
길에서 만나보고,
반겨서 절하거늘
집 소식(消息) 물어보니,
"다들 무사(無事)하다." 하네.
기쁘기 측량(測量) 없어
편지(便紙) 써 부치고서
차담[茶啖] 받아 먹인 후(後)에
"급히 가라!" 당부하다.

---

203) 주수(主倅) : 여기서는 영동군수(永同郡守).
204) 이원(利原) : 지금의 충청북도 옥천군 이원면.
205) 순사 : 여기서는 충청도 관찰사(忠淸道觀察使)임.

7월 3일

초삼일(初三日) 일찍 떠나
역 뒤 재 넘어가서
유천(楡川)으로 들어가서,
송찬선(宋贊善)206) 찾아보고,
한훤(寒暄)을 겨우 하여
종사상(從事相) 들어오네.
사위 집 가까워도
오느라 못 가 보고,
그저 지나가게 되니,
섭섭하기 측량(測量)없다.
종상(從相)은 먼저 가고,
나는 조금 머물러서
조용히 말을 하고,
추후(追後)하여 떠나서
형강(荊江)을 얼른 지나
문의(文義)207)로 들어가서
이영명(李泳明)208)의 집에 다녀
숙소(宿所)로 내려오니,
주수(主倅)209)가 와서 보고,
대접(待接)하고 들어간다.

---

206) 송찬성(宋贊成) : 음역함.
207) 문의(文義) : 지금의 충청북도 청원군 문의면(忠淸北道 淸原郡 文義面).
208) 이영명(李泳明) : 음역함.
209) 주수(主倅) : 여기서는 문의현감(文義縣監).

중화(中火)하고 먼저 떠나
청주(淸州)210)로 들어가니,
전관(前官) 때 아전 관속(衙前官屬)
다 와서 치관(致款)하네.
예서 나 사는 데
하루 길 되는지라.
처음에 먹은 계교(計巧)
여기 와 떨어져서
바로 가려 하였더니,
송찬선(宋贊善) 가 볼 때에
거취(去就)를 물어 보니,
갈 때에 입시(入侍)하여
하직(下直)을 하였으니,
복명(復命)을 아니하고,
예서 떨어지는 것은
분의(分義)가 그르다니,
종사상(從事相) 이 말 듣고,
굳이 막고 불허(不許)하니,
사리(事理)가 그러하여
서울로 가게 되니,
심란(心亂)키 가이 없고,
인정(人情)이 어려우나,
형세(形勢)가 할 일 없어
복마(卜馬)에 실은 짐을

---

210) 청주(淸州) : 지금의 충청북도(忠淸北道) 도청소 재지인 청주시(淸州市).

율봉찰방(栗峰察訪) 당부(當付)하여

집으로 보내라고.

숙소(宿所)에 누웠더니,

빙고재(氷庫岾) 허생원(許生員)과

연산(連山)211) 김추백(金秋栢)212)이

와서 보고 연침(聯枕)213)하고,

병영 비장(兵營裨將) 맹만옥(孟萬鈺)214)이

나와 보고 가는구나.

본관 아전(本官衙前) 박상술(朴相述)215)이

전부터 친(親)한지라

자주 와서 치관(致款)하니,

인정(人情)이 그러하다.

❈ 7월 4일(진천) ❈

초사일(初四日) 작천(鵲川) 가서

오송역(吳松驛) 중화(中火)하고,

바로 낮에 발행(發行)하니,

일기(日氣)가 대열(大熱)하다.

인마(人馬)가 번갈(煩渴)216)하여

---

211) 연산(連山) : 지금의 충청남도 논산시 연산면(忠淸南道論山市連山面).
212) 김추백(金秋栢) : 음역함.
213) 연침(聯枕) : 같이 잠.
214) 맹만옥(孟萬鈺) : 음역함.
215) 박상술(朴相述) : 음역함.
216) 번갈(煩渴) : 가슴이 답답하고 목이 마르거나 또는 그러한 증세(症勢).

가기 극히 어려웠다.
삼십 리(三十里) 진천(鎭川)217) 오니,
숙소(宿所)가 언짢거늘,
향청(鄕廳)218)으로 옮아가니,
집도 좋고 시원하다.

7월 5일

초오일(初五日) 일 떠나서
장양역(長楊驛) 지나가서
[광활(廣闊)하고 시원한 들
더위도 극심(極甚)한데,]219)
광혜원(廣惠院) 중화(中火)하니,
"오십 리(五十里)라" 하는구나.
밥 먹고 먼저 가서
이십 리(二十里) 죽산(竹山)220) 오니,
관문(關門)까지 들어오되,
하인(下人) 하나 아니 맞네.
역(驛)놈 시켜 불러내니,
한 아전(衙前) 나오는데,
거동(擧動)이 완만(緩慢)커늘

---

217) 진천(鎭川) : 지금의 충청북도 진천군 진천읍(忠淸北道鎭川郡鎭川邑).
218) 향청(鄕廳) : 조선시대 지방의 민간 자치기관. 향청의 우두머리를 좌수(座首)라고 함.
219) 모산(慕山)의 교합본에 따라 기움.
220) 죽산(竹山) : 지금의 경기도 안성시 죽산면(京畿道安城市竹山面).

"누구냐?" 물어보니,
"안산군(安山郡)221) 이방(吏房)이라."
하인(下人) 시켜 부예(附隷)222)하고,
숙소(宿所)로 찾아오니,
시원하고 물 것 없다.
전년(前年)에 내려갈 때
날 데리고 갔던 셰라
김악산(金嶽山)223) 이강아지
이험복(李驗福)224) 세 사람이
또 와서 현신(現身)하고,
"모시고 가리라."네.
경기 역마(京畿驛馬) 대령(待令)한 것
피열(疲熱)225)키 참혹(慘酷)커늘,
역병방(驛兵房) 잡아다가
"대림(待臨)하라!" 꾸짖으니,
그제야 좋은 말을
갖다가 태워 줬다.

✠ 7월 6일(용인) ✠

초육일(初六日) 0시경[三更量]에

---

221) 안산군(安山郡) : 지금의 경기도 안산시.
222) 부예(附隷) : 아랫사람들을 거느림.
223) 김악산(金嶽山) : 음역한 것임.
224) 이험복(李驗福) : 음역한 것임.
225) 피열(疲熱) : 더위에 지쳐 피곤함.

말 타고 내달으니,
성두(城頭)가 소삽(疏澁)하고,
밤기운 서늘하여
길 가기 매우 좋아
삼십 리(三十里)나 거의 가서
한 놈이 말을 타고,
횃불 켜고 달려오네.
하인(下人) 시켜 물어보니,
나라에서 전교(傳敎)하셔
"날이 심(甚)히 대열(大熱)하니,
서서(徐徐)히 오라시네."
피잔(疲殘)히 주막(酒幕) 와서
신기(身氣) 심(甚)히 불평(不平)커늘
주막(酒幕)에 들어 쉬니,
닭이 겨우 두 훼 우네.
이윽히 가매(假寐)하니
정신(精神)이 퍽 낫거늘,
동트기에 다시 떠나
오리(五里)는 지나오니,
양지 관속(陽智官屬)226) 마주 와서
취수 전배(吹手前陪)227) 다 왔거늘,

---

226) 양지 관속(陽智官屬) : 양지는 지금의 성남시 수정구 양지동이며 관속은 조선시대 양지현에 딸리었던 벼슬아치들.
227) 취수 전배(吹手前陪) : 행차의 앞에서 길을 인도하는 나팔수와 선도자(先導者)들과 호송자(護送者)들.

말 잡고 물어보니,
사신(使臣)네 서용(恕容)하고,
고쳐 역마(驛馬) 주신지라.
연봉(延逢)228)이 나왔구나.
양지읍내(陽智邑內) 들어오니,
남양 병참(南陽併站)229)하는구나.
중화후(中火後) 길 떠나니,
차마 더워 갈 길 없어
곳곳에 내려 쉬며
용인(龍仁)230)으로 들어오니,
이행(李行)231)이 와서 보고,
"제 집이 아니 머니,
잠깐 나와 찾게 되면,
여리 생색(閭里生色)232) 된다." 하매
인정(人情)이 어려워서
말을 타고 나가보니,
오리(五里)는 겨우 되고,
극력(極力)하여 대접(待接)한다.

---

228) 연봉(延逢) : 고을 원(員)이 직위가 높은 사람을 나아가 맞이하던 일.
229) 남양 병참(南陽併站) : 남양은 지금의 경기도 화성군 남양면(京畿道 華城郡 南陽面)이며 병참은 양지현(陽智縣)을 도와 사행(使行)의 접대(接待)를 도와주기 위하여 온 관리들.
230) 용인(龍仁) : 지금의 경기도 용인시(京畿道 龍仁市).
231) 이행(李行) : 음역함.
232) 여리 생색(閭里生色) : 자기가 사는 마을에 영광이 됨.

7월 7일

초칠일(初七日) 개동시(開東時)에
이행(李行)이 이별(離別)하고,
널다리[板橋] 들어오니,
지대(支待)도 참혹(慘酷)하다.
김포 금천(金浦黔川)233) 병참(幷站)인데,
김포수(金浦倅) 민백종(閔百宗)234)이
"두호(斗護)하여 달라"하고,
신신히 서탁(敍託)하매,
일행(一行)에게 전갈(傳喝)하여
무사(無事)히 하게 하니,
비편(非便)235)한 일 무수(無數)하고,
심력(心力)도 쓰이었다.
한흥(汗興)236)이와 복마(卜馬)짐은
먼저 들여보내고서
저녁참 양재(良才)237) 오니,
마천 과천(馬川果川)238) 병참(幷站)한다.
두 고을 태수(太守)들은

---

233) 김포 금천(金浦黔川) : 김포는 지금의 경기도 김포시이고, 검천은 지금의 경기도 과천시에 있었던 지명, 조선시대에 금천(衿川·黔川)현이었음.
234) 민백종(閔百宗) : 음역함.
235) 비편(非便) : 불편(不便).
236) 한흥(汗興) : 지은이가 데리고 다니던 자기 집의 종.
237) 양재(良才) : 지금의 서울특별시 서초구 양재동.
238) 마천 과천(馬川果川) : 마천은 지금의 서울특별시 송파구에 딸린 지명이고, 과천은 지금의 경기도 과천시임. 조선시대에는 모두 현(縣)이었음.

일가(一家)요 친한지라.
만지장서(滿紙長書) 편지(便紙)하여
"잘 처 달라"간청(懇請)하니,
인정(人情)에 할 일없어
극진(極盡)히 돌보았다.

❈ 7월 8일(서울) ❈

초팔일(初八日) 평명시(平明時)에
종사상(從事相) 모시고서
한강(漢江) 와 배를 타고,
두모개[頭毛浦]239)로 올라와서
신촌(新村)고개240) 넘어들어
동관왕묘(東關王廟)241) 들어오니,
상사 행차(上使行次) 먼저 와서
묘중(廟中)에 앉았거늘,
들어가 문후(問候)하고,
동료(同僚)들 반기고서
한훤(寒喧)을 못 다하여
부방 행차(副房行次) 들어오네.
조정(朝廷)의 여러 재상(宰相)

---

239) 두모개[頭毛浦] : 지금의 서울특별시 성동구 성수동(聖水洞) 앞에 있었던 옛 나루터.
240) 신촌(新村)고개 : 지금의 서울특별시 성동구 응봉동 고개인 듯함.
241) 동관왕묘(東關王廟) : 지금의 서울특별시 종로구 숭인동(鐘路區 崇仁洞)에 있는 동묘(東廟).

마주 나와 보는구나.
일행상하(一行上下) 관복(官服)하고,
궐하(闕下)로 나아갈 때
나는 관복(官服) 없는지라
양선전(梁宣傳)242) 전갈(傳喝)하여
무겸청(武兼廳)에 빌어다가
한가지로 입시(入侍)할 때
삼사상(三使相) 사문사(四文士)와
열일곱 비장(裨將)들이
일시(一時)에 추창(推唱)243)하여
탑전(榻前)에 국배(鞠拜)하니,
임금님 웃으시고,
삼사신(三使臣)께 묻자오되,
"풍도(風濤)에 험(險)한 것과
행역(行役)에 어려움과
산천(山川)의 기이(奇異)함과
인물(人物)의 번성(繁盛)함과
궁실(宮室)의 장(壯)한 것과
풍속(風俗)의 괴이(怪異)한 것"
낱낱이 물으신 후(後)
다음 문사(文士) 부르시되,
"장동(壯洞) 김문(金門)에서
서기(書記) 간 이 네 누군가?"

---

242) 양선전(梁宣傳) : 여기서는 부방(副房)의 공방(工房)인 양용(梁瑢).
243) 추창(推唱) : 따라서 외침.

사신(使臣)이 여쭈오되,
"맨 뒤에 엎딘 것이
진사(進士) 김모(金某)옵고,
종사 서기(從事書記) 갔더이다."
"가까이 오라!" 시매
나아가 부복(仆伏)하니,
임금님 물으시되,
"고상신(故相臣)의 무엇이냐?"
기복(起伏)하여 여쭙기를
전대로 여쭈오니,
다시 하문(下問)하오시되,
"저 나라 들어가니,
저 나라 문재(文才)들이
무섭더냐? 언짢더냐?"
"문재(文才)가 유여(有餘)한 놈
왕왕(往往)이 있사오나,
시율(詩律)은 참혹(慘酷)하여
제술(製述)할 줄 모르이다."
"네 이번 지은 것이
다소(多少)가 어떠하뇨?"
"네 문사(文士) 짓사온 것
대략은 같사오나,
다 주어 헤게 되면,
수 천수(數千首)나 되나이다."
격절 탄상(激切歎賞)하오시되,

"장(壯)하고 심(甚)히 많다.
들으니 너희 시재(詩才)
전보다 매우 낫고,
윤필(潤筆)을 도로 주어
청백(淸白)히 다녀오니,
욕국(辱國)을 아닌지라
아름답고 기특(奇特)하다."
날이 마침 극열(極熱)하고,
석양(夕陽)이 비치어서
끓는 땅에 엎디어서
말씀을 여쭈올 때
속에서 불이 나고,
관대(冠帶)에 땀이 배어
물 흐르듯 하는지라
임금님 보오시고
"너희 더위 어려우니,
먼저 나가 쉬라!"시니,
국배(掬拜)하고 사퇴(辭退)하니,
천은(天恩)이 망극(罔極)하다.
더위를 장(壯)히 먹어
막힐 듯하는지라
사신(使臣)네 못 기다려
숙소(宿所)로 돌아오니,
누이도 반겨하고,
딸은 기뻐 우는구나.

일가(一家) 친척(親戚)들이
나와서 위문(慰問)하네.

7월 9일-17일

여드레 겨우 쉬어
공주(公州)로 내려가니,
처자식(妻子息)들 나를 보고,
죽었던 이 다시 본 듯
기쁘기 극(極)한지라.
어린 듯 앉았구나.
사당(祠堂)에 현알(見謁)하고,
옷도 벗고 편(便)히 쉬니,
풍도(風濤)의 험(險)하던 일
전생(前生) 같고 꿈도 같다.
농자(弄子) 포손(抱孫)244)하고,
한가(閑暇)히 누웠으니,
강호(江湖)의 산인(散人)이요,
성대(聖代)의 일민(逸民)이다.
수륙(水陸) 육천 리(六千里)를
한 해만에 돌아오니,
임금님 편안하고,
식구들 탈 없으니,

---

244) 농자(弄子) 포손(抱孫) : 아이들의 재롱을 보기도 하고 손자를 안아 주기도 함.

이에서 기쁜 일이
또 어디 있단 말가?
천신(千辛) 만고(萬苦)하고,
십생(十生) 구사(九死)하여
장(壯)하고 이상(異常)하고,
무섭고 놀라우며
부끄럽고 통분(痛憤)하며,
우습고 다행(多幸)하며,
미우며 애처롭고,
간사(奸邪)하며 사나웁고,
참혹(慘酷)하고 불쌍하며,
고이하고 공교(工巧)하며,
귀(貴)하고 기특(奇特)하며,
위태하고 노여우며,
쾌(快)하고 기쁜 일과
지루하고 난감(難堪)한 일
갖가지로 갖추 겪어
일 년(一年)만에 돌아온 일
자손(子孫)을 뵈려하고,
가사(歌辭)를 지어내니,
만(萬)의 하나 기록(記錄)하되,
지루하고 황잡(荒雜)하니,
보시는 이 웃지 말고,
파적(破寂)이나 하오소서.

임진(壬辰)245) 계하(季夏)에 베끼다. 오월(五月) 염육일(念六日) 시작하여 유월(六月) 초오일(初五日) 필서(畢書)하다. 본권(本卷) 바빠 총총 막필하였으니 고쳐 정서(淨書)할 것.

노정도(11차 조선통신사가 간길)

---

245) 임진(壬辰) : 4225(1892)년이거나, 4165(1832)년 중의 어느 해인 듯한데, 필자의 소견으로는 4165(1832)년인 듯하다. 그 이유는 입천장소리되기[口蓋音化] 이전의 표기와 이른바 아래 아인 "ㆍ"의 표기가 비교적 잘 구별 유지되어 있기 때문이다.

2부 · 해제

일동장유가와 영조시대
배일 의사(排日義士) 김인겸(金仁謙)

Ⅰ. 머리말

퇴석(退石) 김인겸(金仁謙 : 4040-4105, 1707-1772) 선생과『일동장유가』에 관한 연구는 현재 작품론과 작가론적 측면에서 많이 이루어지고 있다.1)

필자는 4310(1977)년에 김인겸 선생의『일동장유가』와 이태직(李台稙 : 4192-4236, 1859-1903)공의『대일본유람가』2)를 대비 고찰하면서

---

1) ① 金國昭,『日東壯遊歌硏究』, 明知大大學院 碩士論文, 1975.
　② 金南秀,『日東壯遊歌의 作者 및 背景硏究』, 建國大大學院碩士論文, 1975.
　③ 金成大,『日東壯遊歌硏究』,延世大大學院 碩士論文, 1976.
　④ 이성후,「조엄과 김인겸의 대일관 연구」,『금오공대논문집』7, 1986.
　⑤ ＿＿＿,「金仁謙」,『한국문학작가론』3, 집문당, 2000.
　⑥ 張德順,「紀行文學으로서의 日東壯遊歌」,『국어국문학』24, 1961.
　⑦ ＿＿＿,「日本紀行의 日東壯遊歌」,『現代文學』95, 1962.
　⑧ ＿＿＿,「日東壯遊歌와 日本의 歌舞伎」,『全光鏞博士華甲紀念論叢』, 1979.
　⑨ 崔康賢,「使行歌辭의 比較 考察」,『弘大論叢』9, 1977.
　⑩ ＿＿＿,『韓國紀行文學硏究』, 一志社, 1982.
　⑪ ＿＿＿,「金仁謙論」,『韓國文學作家論』Ⅱ. 螢雪出版社, 1986.
2) 필자는 이후에 설정(雪汀) 이태직(李台稙)공의 후손에게『유일록(遊日錄)』이라는 이본이 있음을 확인하고, 필자는 의도적으로 이 이름만을 쓰고『대일본유람가』라는 말은 쓰지 아니하기로 하였음.

『일동장유가』를 자세히 분석한 일이 있다.3) 그리고 작가론으로 김인겸 선생을 살펴본 바도 있다.4)

또 필자는 4321(1988)년에 고 나손(羅孫) 김동욱(金東旭 : 4255-4325, 1922-1992) 박사가 주관하던 한국시가비 건립 동호회의 일원으로 당시 공주대학교 임헌도(林憲道) 교수님과 공동으로 힘을 모아 퇴석이 고향에서 서울 나들이를 하려면 꼭 건너다니던 지금의 공주시 금강(錦江) 가 도로공원에 퇴석의 가비(歌碑)를 세우기도 하였을 뿐 아니라, 퇴석의 묘소(墓所)도 봉심하였다. 당시에는 퇴석의 할아버님이신 수능(壽能 : 3977-4037, 1644-1704)공의 묘소는 비록 퇴락하였어도 그 형태는 짐작이 가능하였지만, 퇴석의 분묘는 전혀 흔적조차 찾을 수가 없었다. 이제 다시 『일동장유가』와 그 지은이 퇴석 김인겸 선생의 사람됨을 더듬어 이 글의 이해에 도움이 되게 하고자 한다.5)

Ⅱ. 책에 관하여

이 책은 현재 국립 중앙 도서관에서 승계 3613-13으로 소장하고 있는 『일동장유가』 3책본을 밑본으로 하여 옮긴 것이다. 이 책의 밑본인 국립 중앙 도서관본은 제3권이 없는 낙질본(落帙本)이다.

이 책의 밑본인 『일동장유가』 책의 모양은 그 크기가 세로 30×가로 15.8cm이며, 광곽(匡郭)과 계선(界線)이 없다. 매면 3단으로 나누어 두 줄씩 묶어 쓰고 있는데, 매면은 10줄로 써서 1면의 구수(句數)는 2

---

3) 앞 주 1)의 ⑨ 참조.
4) 앞 주 1)의 ⑪ 참조.
5) 이 글은 4338년 9월 22일 공주대학교 백제문화연구소 주최 학술발표로 「영조시대 배일 의사(排日義士)-퇴석 김인겸론-」으로 발표한 바 있다.

율각(律刻) 1구로 헤아려 30구이다.

이 작품은 퇴석(退石) 김인겸(金仁謙 : 4040-4105, 1707-1772)공이 영조 39(4096, 1763)년에 일본행 계미 통신사행(癸未通信使行)의 정사(正使)인 예조참의(禮曹參議) 영호(永湖) 조엄(趙曮 : 4052-4110, 1719-1777) 공의 종사관(從事官)으로 동행한 김상익(金相翊 : 4054-?, 1721-?)공의 서기(書記)로 일본을 다녀와서 지은 통신사행의 장편 기행가사(紀行歌辭) 국문 필사본이다.

이 책에는 지은이의 이름이 밝혀져 있지 아니하다. 그러나 이 작품의 이본(異本)인 가람(嘉藍)본『일동장유가』나 연민(淵民)본『일동장유가』에 의하여 지은이가 김인겸공임이 확인된다.

지은이 김인겸(金仁謙)공은 본관이 안동(安東)이며, 숙종 때에 영의정을 지낸 퇴우당(退憂堂) 김수흥(金壽興 : 1626-1690)공의 종손(從孫)으로 공주(公州) 출신이다. 자는 사안(士安)이며, 호는 퇴석(退石)이라고 하였다. 영조 29(1753,계유)년 사마시(司馬試)에 급제하여 진사(進士)가 되고, 영조 39-40(1763-1764)년에는 통신사행의 일원으로 일본을 다녀와서 이 책인『일동장유가』를 지었으며, 일본을 다녀온 뒤에 지평현감(砥平縣監)에 제수(除授)되어 벼슬살이를 시작하였다. 저술로는 한문본『東槎錄(동사록)』이 있었던 듯한데, 지금은 극히 적은 분량의 그 초록(抄錄)이 이장재(李長載)편『靑丘稗說(청구패설)』의「日本雜志(일본잡지)」에 실리어 전한다.

이 책은 모두 3책으로 되어 있는데, 제1책의 경우, 겉장에는 책이름이 없고, 겉장 안쪽에 국문으로 "일동장유가 일"이라고 제목만을 기록하고 있다. 본문은 매면 상중하 3단으로 나누어 10줄을 2줄씩 묶어서 귀글체로 기록되어 있다. 첫머리에 "평생에 소활하여/공명에 뜻이 없네/진사 청명 족하거니/ 대과하여 무엇하리?(하략, 해제자가 원문을 현대 표기로 고치었음. 이하 같음)"로 시작하여 "(전략) 사신네 계실 데를/서산사로 정하였다/부치가 터가 좁아/들 하나가 전혀 없다."로 제1책을 끝맺고 있다. 이 제1책의 분량은 2율각(律刻) 1구(句)로 헤아리어 2,680구이고, 내용은 통신사행의 일원으로 발탁되기에 이른 연유와 금호(錦湖 : 공주)에서 필마로 서울에 올라와 호조(戶曹)에서 여비를 받아 떠날 준비를 하고, 대궐에 들어가 왕의 앞에서 응제시(應製詩)를 지어 바쳐 시재(詩才)를 뽐내었으며, 8월 초3일에 마침내 사행길을 떠나서 양재역→용인→충주→안부역→문경→유곡역→예천→안동→신녕→영천→경주→울산→용당→동래→부산→9월 25일 배를 타고 10월 6일 좌수포→대포→서박포→금포(琴浦)→부중(府中: 嚴原)에 상륙하여 삼 사신들이 서산사(西山寺)에 숙소를 정한 것까지를 기록하고 있다. 제2책은 "언덕을 싸올리며/바위에 의지하여/제비집 붙여 짓듯/집들이 달리었다(하략)"로 시작하여 제1책의 끝과 그대로 이어진다. 내용은 11월 13일 대마도(對馬島) 부중에서 머물다가 승선하여 → 일기도의 풍본포 → 12월 3일 남도 → 26일 남박 → 27일 적간관에 입항하는 것까지로 "(전략) 예부터는 내양이라/뫼도 낮고 물도 적어/산수도 절승하고/여염도 즐비하다."로 「일동장유가」는 끝나고, 그 뒤에 "송별답가"라는 가사 작품이 쪽 47-53에 2율각(律刻) 1구로 헤아리어 236구를 싣고 있다. 이는 이름을 알 수 없는 어떤 사람이 외종매(外從妹)에게 준 송별답가(送別答歌)이므로 「일동장유가」와는 전혀 무관한 것이므로, 이 제2책에 실리어 있는 「일동장유가」의 분량은 2율각(律刻) 1구로 헤아리어 1,346구이다. 제3책은 겉장에 책이름으로 "일동장유가 사"로 되어 있고, 그 안쪽에는 "일동장유가 사 종"이라고 되어 있다. 이것은 곧 "일동장유가 삼" 책이 없어졌다는 증거이다. 그것은 이 제3책의 첫머리 시작이 "강구에 들어오니/관사도 광활하다/집 뒤에 큰 호수가/경치가 기절하다(하략)"로 되어 있는데, 이는 앞에서 제시한 제2책의 끝과 연결이 되지 아니한다. 이 글을 가람본(嘉藍本)과 견주어 보면,「일동장유가」제2의 끝 쪽 82구와 제3책 한 권의 전 내용과 제4의 앞쪽 256구에 해당하는 분량이 없음을 확인하게 하여 준다. 이는 곧 이 책의 제3책이 결본이라는 사실을 알리어 주는 것이다. 이 제3책의 내용은 3월 21일 강고에서 시작하여 22일(원문에는 11일로 잘못되어 있음) 등지(藤只)→25일 괘천(掛川)→26일 빈송(濱松)→27일 길전(吉田)→28일 강기(岡崎)→29일 명호옥(名護屋)→30일 대원(大垣)→4월 1일 언근(彦根)→2일 삼산(森山)→3일 서경(西京:京都)→4일 평방(平方)→5일 대판(7일 밤에 훈도 최천종이 피살됨)→5월 8일 병고(兵庫)→14일 명석(明石)→15일 우창(牛窓)→16일 도포(韜浦)→17일 죽원(竹原)→18일 겸예(鎌刈)→19일 상관(上關)→20일 향포(向浦)→21일 적간관(赤間關)→24일 남박(南泊)→26일 남도(藍島)→28일 일기도(壹岐島)→6월 15일 부중(엄원)→19일 방포(芳浦)→20일 서박포(西泊浦)→21일 풍기포(豊崎浦)→23일 부산→25일 김해→26일 창원→27일 영산→28일 현풍→29일 성주→30일 김산→7월 1일 영동→2일 증약(曾若)→3일 청주→4일 진천→5일 죽산→6일 용인→7일 양재(良才)→8일 입경(입궐하여 왕의 하문을 받음)→16일 공주까지의 노정을 밝히고, "자손을 뵈려하고/가사를 지어내니/만에 하나 기록하리?/지리하고 황잡하니/보시는 이 웃지 말고/파적이나 하오소서."라고 끝맺고 있다. 그 뒤에 "임진 계하에 베끼다. 5월 26일 시작하여 6월 5일 필서하다. 본권 바빠 총총 막필하였으니 고쳐 정서할 차"라는 베낀 사람의 발기(跋記)가 있다. 이 책3의 분량은 2율각(律刻) 1구(句)로 헤아리어 1,346구이다. 따라서 이『일동장유가』의 전체 분량은 5,632구에 지나지 아니한다. 이것을 모산(慕山) 심재완(沈在

完) 박사의 교합본『일동장유가』의 8,243구에 비하면,『일동장유가』 제3권이 없는 이 책은 2,611구가 부족한 불완전본이다. 그러나 역주자가 이 책을 밑본으로 하여 역주하는 것은 옮겨 베낀 날짜가 분명하여 현재 전하는『일동장유가』중에서는 비교적 오래된 것이라는 점에 중요성을 두었기 때문이다.

Ⅲ. 일동장유가와 東槎錄抄(동사록초)

퇴석이 57세 때인 영조 39(4096, 1763)년에 일본에 파송되는 통신사행(通信使行)의 삼방인 종사관(從事官) 김상익(金相翊 : 4055, 1722-?)공의 서기로 발탁되어 일행 문사 중에서는 가장 연세 높은 노인으로 일본(日本)을 구경하고 지은 장편 기행 가사인『일동장유가』와 한문 기행록의 극히 적은 분량인『東槎錄抄(동사록초)』가 현재 전하고 있다.

이 글에서는『일동장유가』를 통하여 본 작가론적 인물론을 주제로 하여 두 작품에 관하여는 아주 개략적인 소개만 하겠다.

1. 일동장유가

『일동장유가』는 현재까지 필자가 읽은 가사 작품 1,900여 편중에서 2율각(律刻) 1구(句)로 헤아리어 8,243구나 되어 두 번째로 분량이 많고, 또 질적으로도 매우 우수한 작품이라는 점에서 초·중등학생들에게까지 두루 읽게 하면, 우리 민족의 정체성(正體性)을 파악할 수 있는 훌륭한 문화유산인 동시에 귀중한 문학 유산이라는 것을 일깨워지게 될 것이다.

2. 동사록초

『東槎錄抄(동사록초)』는 필자가 4319(1982)년 『韓國紀行文學硏究』를 통하여 처음으로 우리 학계에 소개하여 알려지게 된 퇴석의 한문 저술이다. 이『東槎錄抄』는 "退石金仁謙東槎錄抄"라는 매우 짧은 기록으로 현재『東槎錄』의 전모는 알 수 없지만, 퇴석은 국문 가사『일동장유가』이외에 일본 통신 사행의 한문 기록이 따로 있었다는 사실의 증거로는 충분한 기록이다. 이 기록은 현재 성균관대학교 도서관에 있는『靑丘稗說(청구패설)』에 들어 있다. 그 전문은 필자의『韓國紀行文學硏究』에 소개한 바 있으므로 여기서는 줄인다.

Ⅳ. 인물론

현재 우리 학계에 공개된「김인겸론」으로서의 작가론만을 다룬 글은 최강현과 이성후의 것이 있다.6) 여기서는 김인겸 선생의 가계와 생애에 관한 구체적인 언급은 줄이기로 하고, 퇴석의 저술에 반영된 인물의 성격과 생각을 중심으로 어떤 인물인가를 살펴보고자 한다.

1. 가문에 대한 자존심이 강하다.

이 사실은 퇴석의 저술『일동장유가』의 앞머리 부분에서 통신 사행 일행들이 대궐에 들어가 영조 임금님께 고별인사를 올릴 때에 임금님 앞에서 임금님과 나눈 대화의 일부로 간주되는 내용을 가사 형식으로

---

6) 최강현의「김인겸론」은 앞 주 1)의 ⑪이고, 이성후의 글은『한국문학작가론』3, 집문당, 2000. (쪽 109-125)에 실려 있다.

솔직하게 고백하는 장면에서 확인할 수가 있다.

> (전략) 임금님 웃으시고, 은언으로 물으시되,
> 네 성명 무엇이며 어디서 살고 뉘 자손으로
> 연세는 몇몇이며 전함은 무엇이냐?
> 소신이 황공하여 기복하여 여쭈오되,
> 진사 신 김인겸은 문정공 현손으로,
> 쉰 일곱 먹었삽고, 공주서 사나이다.
> 어허! 네 그러하면, 장동 대신 몇 촌이냐?
> 고상신 충헌공의 오촌질이 되나이다. (하략)7)

여기서 퇴석은 자기소개를 영조께서 주신 은언(恩言)의 대답으로 문정공(文正公) 현손(玄孫)이라며 동시에 장동 대신(壯洞大臣) 곧 고 상신(故相臣) 충헌공(忠獻公)의 5촌 조카임을 밝히고 있다. 문정공은 청음(淸陰) 김상헌(金尙憲 : 3903, 1570-3985, 1652) 선생이고, 장동 대신 충헌공은 몽와(夢窩) 김창집(金昌集 : 3981, 1648-4055, 1722)공이다. 퇴석이 비록 임금님께서 하문(下問)하신데 대한 응답이기는 하지만, 이 대답에서 퇴석은 평소에 자기 가문(家門)에 대한 자부심이 컸다는 것을 유추할 수가 있기 때문이다. 8)

---

7) 인용문 일부를 필자가 현대역(現代譯)으로 고쳤음을 밝혀 둔다.
8) 이 가문에 관한 언급은 귀국 후 대궐에 들어가 귀국 인사를 할 때에 영조께서,
  (전략) 장동 김문에서 서기 간이 네 누구냐?
      사신이 여쭈오되, 맨 뒤에 엎딘 것이
      진사 김모옵고, 종사 서기 갔더이다.
      가까이 오라시매 나아가 부복하니,
      임금이 물으시되, 고 상신의 무어신다?
      기복하여 여쭙기를, 전대로 여쭈오니,
      고쳐 하문하오시되, 피국에 들어가니,

또 퇴석은 동래(東萊)에 이르러 머무는 동안에

> (전략) 수복이 불러내어 심원누 찾아보니,
> 농암선생 갑자년에 어사로 내배하고,
> 우리 왕고 기사춘에 연일수로 와 겨시다
> 필적이 완연하니, 감창도 할서이고.(하략)

라고 하여 인조 2(3957, 1624, 갑자)년에 김인겸선생의 당숙인 농암(農巖) 김창협(3984-4041, 1651-1708)공이 암행어사로 오셨던 일과 퇴석의 할아버지이신 김수능(金壽能)공께서 숙종 15(4022, 1689, 기사)년에 영일군수(迎日郡守)로 부임하시었던 일을 자랑스럽게 소개하고 있다.

2. 애향심이 강하다.

이 사실도 앞에서 인용한 『일동장유가』의 구절에서 "공주서 사나이다"라고 당당하게 공주(公州)를 들어 자기가 공주 사람임을 강조하고 있다는 점에서 애향심(愛鄕心)이 강하였다고 필자는 본다.9)

또 퇴석은 안동에 이르러서 "안동은 대도회요 우리 집 선향이라"라고 자기 가문의 자랑을 겸한 본관(本貫)으로서의 안동(安東)을 선향(先鄕)이라는 말로 은근히 자랑스럽게 소개하고 있다.

> 피인의 문재들이 무섭더냐? 언짢더냐?(하략)
>
> 라고 물으신데 대한 대답으로 가문의 긍지를 거듭 확인하고, 임금님으로부터 특별한 관심의 대상이었음도 은근히 뽐내고 있다.

9) 귀국 시에도 퇴석은 "(전략) 여드레 겨우 쉬어 공주로 내려가니(하략)"라고 하여 공주라는 지명을 거듭 밝히어 공주 사는 선비임을 강조하고 있다.

3. 애국심이 강하다.

이에 관하여 필자는 전에 멸왜 정신(蔑倭精神)이 강한 사람으로 평하였는데[10], 여기서는 앞 주 1)의 ⑪에서 언급한 바를 그대로 재인하여 애국심이 강하였던 퇴석을 엿보기로 한다.

퇴석은 일본으로 나라의 외교 업무 수행을 위하여 가는 길임에도 불구하고, 일본 땅에 들어가기 전 우리나라 안에서도 곳곳에서 과거 일본이 저지른 임진왜란(壬辰倭亂)을 상기하며 문경(聞慶) 새재에서는,

> (전략) 일부당관 만부막개 검각을 불워하랴?
> 슬프다! 순변사가 지략도 있건마는
> 여기를 못 지키어 도이를 넘게 하고,
> 이막비 하늘이라. 천고의 한이로다.(하략)

라고 하였으며, 부산(釜山)의 영가대(永嘉臺)에 올라서는

> (전략) 슬프다! 임진년에 이같이 좋은 지리
> 충무공 이장군이 지키어 방비터면,
> 왜병이 강타 한들 제 어이 등륙하리?(중략)
> 간신이 오국하여 강화는 무슨 일고?
> 부끄럽고 분한 길을 열한 번째 하는구나?
> 한 하늘 못 일 원수 잊고 가게 되니,
> 장부의 노한 터럭 관을 질러 일어선다.(하략)

라고 하였다. 이 두 보기만으로도 퇴석의 애국 사상이 어느 정도이었

---

10) 앞 주 1)의 ⑪ 참조.

는가를 충분히 알 수가 있다.

또 영조 40(4097, 1764)년 1월 23일 대판(大坂)에서는,

> (전략) 식전부터 왜놈들이 무수히 와서
> 필담이 난감하고, 수창도 지질하다.
> 병 들어 어려우나, 나라에서 보낸 뜻이
> 이놈들을 제어하여 빛 있게 하심이라
> 병이 비록 중할진들 어이 아니 지어주리?(하략)

라고 노래한 것으로도 퇴석의 마음속에 애국 충정이 가득함을 짐작할 수가 있다.

또 일본에서 귀국할 때에 대판(大坂)에 이르러 상방 집사(上房執事) 최천종(崔天宗)의 피살 사건이 있은 뒤 정사가 역관들을 닦달하여 강력히 일본에 항의하지 아니한 정사의 처사가 부당함을 퇴석이 누누이 이야기할 때에 정사가 퇴석에게 한 말 가운데,

> (전략) 만일 병란있게 되면, 창의하고 분개할 이
> 반드시 자네로세. 희언으로 미봉하네.
> 종사상이 하오시되, 김진사 자라날 때
> 시골서 하였기에 행세보를 모르고서
> 직설하고 과격하여 감언 불휘 하는 것이
> 대개 풍체 있는지라. 이는 비록 귀커니와
> 자기의 몸 꾀하기는 소하다 하리로다.
> 분연히 여쭈오되, 노둔하고 일 모르나,
> 나라 위한 일편단심 흉중에 있사오니,
> 나라 밥 먹삽고서 아유구용하고,

> 망군 부국 하는 놈은 돝[豚]으로 보나이다.
> 인하여 물러 와서 분하고 강개하여
> 밥 한 술을 못 먹고서 주야로 돌돌하니,
> 등창이 날 듯하나, 안질이 나는구나.(하략)

라고 한 것은 자타가 공인하는 퇴석의 애국 충정심의 발로임을 알 수 있다.

4. 선비 정신이 강하다.

여기서 필자가 말하는 선비 정신이란 조선시대의 선비들이 지니고 있었던 독특한 정신을 가리킨다. 그러면 조선시대 선비란 어떤 부류의 사람들인가? 보편적인 말로 이르면, 사농공상(士農工商)의 4민의 으뜸에 드는 부류의 사람들을 "선비[士]"라고 하지만, 선비 뒤에 "정신"이라는 말을 합치어 읽을 때의 선비는 단순한 농공상에 들지 아니하는 으뜸 부류의 인물들을 가리키는 것이 아니고, 첫째, 지식과 도덕을 갖추고, 둘째, 예의와 염치를 중히 여겨 처신하며, 셋째, 자신만을 이롭게 하는 소아적 이익(小我的利益)을 버리고, 남을 위한 대아적 공익(大我的公益)과 국익(國益)을 위하여 처신하는 사람을 이른다.

조선의 유학자(儒學者)들이 저지른 여러 가지 사화(士禍)를 비롯한 많은 정쟁들은 물론 임진왜란(壬辰倭亂) 때의 벌떼 같은 전국 각처의 의병 봉기(義兵蜂起)와 조선 망국 후 끊임없이 일어난 독립운동도 결국은 조선의 선비들이 가지고 있었던 선비정신의 산물로 파악하는 것이 바로 필자의 개인적 의견이다.

이제 조선시대 선비 정신을 좀더 구체적으로 정의한다면 다음과 같은 공통점을 지니고 있다고 본다. 그 첫째는 줏대가 있다. 둘째는 애민 정신이 강하다. 셋째는 의리와 절조를 목숨과 바꾸는 굳은 지조가 있다. 넷째는 생각과 행실이 맑고 깨끗하다 등이다.

『일동장유가』에 나타난 지은이 퇴석은 이러한 조선시대 선비의 조건을 두루 갖춘 선비 중의 선비이었다. 퇴석은 동행하는 정사(正使)가 탈 배의 책임자인 상방 선장(上房船將)이 부사(副使)의 서기(書記)인 문사(文士)를 욕보인 뒤에 사과하지 아니하여 시비(是非)가 일어났을 때에 선장의 오만 불손한 처신(處身)의 부당함과 문사(文士)의 위신 확립의 정당성을 강조하면서 정사(正使) 조엄(趙曦)공에게 강력히 주장하여 끝까지 자기의 주장을 관철시킨 데에서 그의 고집스러운 선비 정신을 이해할 수가 있다. 그 보기의 예를 조금만 인용하여 보기로 한다.

   (전략) 고추 꿇어 여쭈오되, 이번에 천 리 길을
      모시고 내려와서 외국에 가게 되니,
      바람이 태산 같고, 정이 역시 깊사오나,
      전후에 불편한 일 전혀 없지 아니하되,
      부질없는 작은 일을 결각을 아니 내려
      봉령 봉교하여 죄 없이 왔더니,
      오늘은 박부득이 작죄하려 왔습니다.
      사상이 물으시되, 무슨 일로 그러는가?
      다른 일이 아니오라, 원서기 일이올소이다.
      원봉사 욕 본 일을 김진사 가로 맡아
      부질없이 생성하여 과거를 하려는가?
      내 고쳐 하온 말이 그렇지 아니하오.
      사람은 다르오나, 서기는 한 가지오니,
      머리를 삼사오면 귄들 아니 익습니까?
      한 서기 욕보고서 처치를 못한 적은

> 행중의 네 문사가 다 먹은 것이오니,
> 완만한 선장놈을 결곤 삼도 겨우 하고,
> 비록 태거하다 하나, 출대 아직 않았사오니,
> 금명간 순풍 얻어 급히 배를 타올 적에
> 인입하여 데려가면, 서기 거취들은
> 이를 것 없거니와 토교를 사랑하고,
> 선비를 천대하면, 청문이 어떻겠소?
> 서기노릇 하는 양반 비록 심히 재미하나,
> 임하에 독서하고, 자호하는 선비로서
> 욕본 땅에 앉았다가 배 탄 후 또 욕보면,
> 하늘로 못 오르고, 바닷물로 못 들지라
> 뒷발 디딘 평지에서 하직하고 가나이다.(하략)

하여 설왕설래하든 끝에 오히려 서기들의 문사다운 관복 입기까지 언급하여 상사가 퇴석의 요구를 수용하여 문사(文士)를 업신여기는 무례(無禮)를 범한 선장(船將)을 엄벌하고, 선비다운 의관을 하게 된 것이 그 좋은 예가 될 것이다.

또 일본의 대판(大坂)에서 왜인들이 고쳐 달라고 가져온 글들을 손보아 준 대가로 답례물들을 모두 되돌려 보내었는데, 한 왜인이

> (전략) 이마에 손을 얹고, 백 번이나 간청하고,
> 손 부비는 모양 소견이 지성이매
> 인정에 할 일 없어 먹 한 장 가지고서
> 그 밖은 내어 주고 우리나라 종이 필묵
> 답례로 많이 주니, 저도 날과 같이
> 먹 하나 가지고서 그 밖은 도로 준다.(하략)

라고 한 것처럼 청렴결백하기도 하였다.

5. 인정이 많은 사람이다.

　부산(釜山)의 해운대(海雲臺)에서 바다 사람들이 생복 따는 광경을 보고, 지은이 곧 퇴석은 아래와 같이 노래하고 있다.

　　　　(전략) 삼십명 포잠한이 일시에 옷을 벗고.
　　　　　　　허리에 망태 차고 노 끝에 뒤웅 매어
　　　　　　　억만 장 풍도 중에 거꾸로 뛰어 들어
　　　　　　　땅으로 머리 가고 하늘로 발이 가게
　　　　　　　헤엄하여 가는 상이 개구리 모양이다.
　　　　　　　호흡을 두루고서 또 다시 들어가니,
　　　　　　　무섭고 불쌍하여 심골이 놀랍도다.
　　　　　　　인인 군자 보게 되면, 생복을 먹을소냐?(하략)

라고 하여 해민(海民)들의 생활이 어려움을 동정하였는가 하면, 당시에는 해녀(海女)뿐이 아니라 포잠한(鮑潛漢)이라는 해남(海男)들도 있었음을 알려 준다. 또 대마도(對馬島)에서는 고구마를 처음 먹어 보고,

　　　　(전략) 모양은 하수오요, 그 맛은 극히 좋다.
　　　　　　　마같이 무르지만, 달기는 더 나았다.
　　　　　　　이 씨를 얻어다가 아국에 심어두고,
　　　　　　　가난한 백성들을 흉년에 먹게 하면,
　　　　　　　진실로 좋건마는 시절이 통한하여
　　　　　　　가져가기 어려우니, 취종을 어이 하리?(하략)

한 것이나, 강진(康津) 땅 지도(智島)의 어민 11명이 고기잡이를 나왔다가 표착하여 머물고 있는 동포를 보고,

> (전략) 어채하러 나왔다가 삼월에 표풍하여
> 사월 초오일에 예 와서 배 닿으니,
> 강호에 취품하고, 조선으로 보낼 차로
> 양식 먹여 두었더니, 놀랍고 불쌍하다.
> 사상네 불러 보고, 체자 많이 하여 줬다.
> 나도 데려다가 쌀 어물 많이 주니,
> 감격하고 기뻐하여 부모 본 듯하여 한다.
> 한 나라 사람으로 이국에 와 만나보니,
> 반갑고 귀하기가 어이 아니 그러하리?(하략)

라고 하여 퇴석이 역경에 처한 백성들을 얼마나 사랑하였는가를 헤아릴 수가 있다.

6. 의협심이 강한 사람이다.

여기서 필자가 말하는 "의협심"이란 말은 강한 사람을 누르고, 힘없는 사람을 도우려는 마음을 뜻한다. 『일동장유가』에 나타난 지은이 퇴석은 위에 소개한 의협심이 강한 사람이었음을 이해할 수가 있다. 그 예를 조금만 소개하면, 다음과 같은 보기 글들이 있다.

> (전략) 종사상의 병방군관 색중의 아귀로서
> 서울서 떠나면서 여러 역참에서
> 행수 호장 호령하여 고은 차모 추심하며,

오히려 나쁘 여겨 내게 와 간청하되,
예천은 색향이라 날 위하여 먼저 가서
일등 미인 뽑아내어 두었다가 나를 주오.
들으매 짓이 미워 한 번을 속여 보세.
헛 대답 쾌히 하고, 정녕히 상약하여
동정자 지나와서 예천 읍내 들이달아
뭇 기생 불러 세고, 그 중에 말째 기생
늙고 얽고 박박색을 고르고 골라내어
이방에게 분부하고, 병방차모 정한 후에
외막에 앉았더니, 전배로 먼저 와서
사방에 잠깐 뵙고, 내게로 급히 와서
웃으며 이른 말이 청한 말 어찌 된고?
거동이 절도하되, 웃음을 겨우 참고,
은근히 대답하되, 동행의 그만 청을
내 어찌 허루하리? 이중의 제일색을
가까스로 뒤져 내어 그대 차모 정하였네.
하처로 어서 가서 불러 보면 아니 알까?
서시 옥진 절대 색도 예서는 못 나으리.
오늘밤 합친하고, 내 덕으로 아오소서.
들으매 웃는 입이 함박귀만 하는구나.(중략)
이윽고 현신하니, 저 차모 모양 보소.
쑥 같은 짧은 머리 실로 땋아 마주 매고,
눈꼽 끼인 오환눈을 희부시시 겨우 뜨고,
옻초롱 같은 낯이 멍석처럼 얽었구나.
무명 반물 뒤롱다리 귀까지 담뿍 쓰고,
헌 저고리 짧은 치마 현순 백결 하였구나.
동구안 삼월이는 예 비하면 일색이라.

차보오 손에 들고, 뜰에 와 주춤할 때
밑살이 터졌던지 방귀조차 뀌는구나.(하략)

라고 한 데에서는 불쌍한 차모들을 보호하는 의미에서의 퇴석의 의협심도 엿볼 수 있지만, 한 편으로는 『일동장유가』의 수사 기법상 풍자적 표현의 특징까지도 헤아릴 수가 있다.

또 보령 현감을 지낸 이자문이라는 이가 소면(所眄)이었던 관기(官妓) 소생 자기 딸을 속신(贖身)시켜 줄 것을 부탁 받은 퇴석은 그 원을 성취시켜 준 일이 있다. 또 경주(慶州)의 한 관기(官妓)가 퇴석과 일행 중의 한 남자를 찾아 200여 리를 밤 새워 달려 부산까지 온 사실을 알고, 노발대발 화를 내며 그 기녀를 잡아오게 사람을 보낸 경주부윤(慶州府尹)을 종사관 → 부사 → 정사에게까지 차례로 진언하여 마침내 원만히 경주부윤을 달래어 두 사람의 사랑을 이룰 수 있게 하여 준 일도 있으니, 이만하면 퇴석은 의협심이 있는 선비라는 사실을 짐작할 수 있을 것이다.

7. 배일 의사(排日義士)이었다.

독자들은 여기서 필자가 선언하는 "배일 의사(排日義士)"라는 말에 의아심을 가질 것이다. 그러나 필자는 여기서 배일 의사라는 용어의 뜻을 "배일 운동(排日運動)에 앞장서는 의협심 있는 사람[a righteous person of anti-Japanese]"이라고 규정하고 퇴석을 영조조(英祖朝) 가사 문학계에서 가장 존경하여야 할 인물로 본다.

이제 그 증거를 조금만 제시하여 보면, 아래와 같다.

먼저 일본의 산천 풍토에 관하여 퇴석은 대판(大坂)에서,

> (전략) 이러한 좋은 세계 해외에 배판하고,
> 더럽고 못쓸 씨로 구혈을 삼아 있어
> 주 평왕적 입국하여 이때까지 이천 년을
> 흥망을 모르고 한 성으로 전하여서
> 인민이 생식하여 이처럼 번성하니,
> 모를 이는 하늘이라. 가탄하고 가한이라. (하략)

라고 아예 일본의 존재 자체를 부정하려 하였는가 하면, 경도(京都)에서는,

> (전략) 산형이 웅장하고, 수세도 환포하여
> 옥야 천 리 생겼으니, 아깝고 애달플손
> 이리 좋은 천부 금탕 왜놈의 기물되어
> 칭제 칭황하고, 전자 전손하니,
> 개돝 같은 비린 유를 다 몽땅 소탕하고,
> 사천 리 육십 주를 조선 땅 만들어서
> 왕화에 목욕 감겨 예의국 만들곺아 (하략)

라고 하여 일본인들을 개와 돼지로 표현하고, 그들의 산천을 모두 앗아 조선 땅을 만들고, 그곳에 사는 주민들은 예의 국민을 만들고 싶다는 소망을 밝히고 있다. 또 지금의 동경(東京)에 이르러서는 국서(國書) 전달식에 참석하지 아니하고, 퇴석은 혼자 숙소에 남아서 아래와 같이 생각하였다고 술회한다.

> (전략) 내 혼자 생각하니, 내 몸이 선빈지라.
> 부질없이 들어가서 관백에게 사배하기

> 욕되기 가이 없어 아니 가고 누웠으니,
> 사상이 하오시되, 예까지 와 있으니,
> 한가지로 들어가서. 굿보고 오는 것이
> 해롭지 아니하니, 있지 말고 가자커늘,
> 내 웃고 하온 말이 국서 뫼신 사신네는
> 부끄럽고 통분하나, 왕명을 전하오니,
> 할 일없어 가려니와 글만 짓는 이 선비는
> 굿보려고 들어가서 개돝 같은 왜놈에게
> 배례하기 토심되니, 아무래도 못갈로다. (하략)

라고 한 데에서는 퇴석이 얼마나 배일 의식(排日意識)이 강하였는가를 짐작할 수가 있다.

특히 대판에서 왜놈 영목 전장(鈴木傳藏)이라는 자가 우리 상방 집사 최천종(崔天宗)을 암살한 일에 관하여 퇴석은 정사 조엄(趙曮)공에게 이렇게 따지면서 일을 바로 처리할 것을 다그친 것으로 표현하고 있다.

> (전략) 내가 또 여쭈오되, 최천종 같은 일이
> 이후에 잇삽거든 그제야 아오소서.
> 정상이 하오시되, 언길전 불언흉을
> 그대 어이 모르고서 이런 말을 또 하는고?
> 이 아니하여서는 뒤에 변이 있사와도
> 그 연고를 모를지라. 그러므로 하나이다.
> 여성하여 이르시되, 내 듣고자 아닣는 말을
> 그대 어이 이대도록 누누이 아뢰는고?
> 왜승과 부동한 죄부재간 난용인데,
> 엄치하여 사핵치 아닣고, 암담한 데 두시는고?

> 사상이 가로사되, 장로와 필담한 일
> 사고가 그러하여 부득이 한 일이니,
> 그대는 내 죄 없는 줄 내 자시 아는지라.
> 어이하여 그대도록 혼자 그리 노하는고?
> 내 고쳐 여쭈오되, 그 비장의 한 말 뜻이
> 사상 말씀 같자오면, 노할 일 없사오나,
> 그 사람을 몰아다가 불측한 데 보내오니,
> 통한치 아니하며, 노홉지 아니하랴?
> 집사와 같은 죽음 또 분명 있사오리.(하략)

라고 하여 끝까지 정사에게 왜놈들이 범인을 제대로 처벌하지 아니하는 것을 좀더 강력히 항의하여 다시는 이런 불상사가 일어나지 아니하도록 할 것을 강조하였다. 이것이 바로 필자의 눈에는 퇴석이 영조조의 배일 의사(排日義士)로 보이었다.

V. 맺음말

지금 우리들은 어떻게 보면, 지구촌 시대를 맞이하여 국민의 세계인화(世界人化)를 부르짖으며 국적 없는 교육을 실시하여 툭하면 자기 불만을 "국적포기(國籍抛棄)"라는 말로 국가에 대한 저항까지 하는 망국의 지름길을 달려가는 듯한 위기에 처하여 있다.

이웃나라 중화 인민 공화국은 우리들의 역사를 몽땅 저희 변방 소수민족사로 바꿔 자국민 13억 명과 세계의 일반 관광객들에게까지 그렇게 교육 또는 홍보하고 있다.

또 일본은 지난날 35년 간 잔악 무도한 식민 정치로 우리를 못살게 하여 역사와 성명과 언어와 문자 등 모든 유형 무형의 우리 보배들을 비롯한 고귀한 사람의 목숨까지 모두 빼앗아가고도 저희 잘못을 사죄는커녕 적군의 원자폭탄 몇 알에 무조건 항복을 하고도 마치 전쟁 피해국인 양 패전국이라는 말을 쓰지 아니하면서 우리들에게는 현재의 남북 분단 상태를 고착화시키려 하고 있다. 그 위에 일부 몰지각한 정치 불량배들은 독도(獨島)가 저희 땅이라느니, 일본은 결코 조선에 대하여 잘못한 것이 없다느니 궤변을 떨며 다시 군국주의 체재(軍國主義體裁)를 향하여 헌법 개정을 꾀하고 있다.

이러한 현실 속에서 영조시대에 조선 통신사행의 삼방 서기(三房書記)라는 직함으로 일본을 다녀온 기행가사『일동장유가』를 지은 퇴석(退石) 김인겸(金仁謙) 선생의 뜨거운 배일의식(排日意識)의 단면을 중심으로 퇴석의 인물됨을 살펴보았다. 『일동장유가』에 나타난 그 지은이 퇴석이라는 인물을 필자는 다음과 같이 보았는데, 사실 이 밖에도 풍류성(風流性)이 높은 분이기도 하고, 해학이 넘치는 분이기도 하나 여기서는 다 언급하지 못하였다.

① 가문의 자존심이 강하다.
② 애향심이 강하다.
③ 애국심이 강하다.
④ 선비 정신이 강하다.
⑤ 인정이 많은 사람이다.
⑥ 의협심이 강한 사람이다.
⑦ 배일 의사이었다.

이것이야말로 잘 달리는 말을 타고 산천 구경하는 정도의 거친 분석이기에 영조조의 위대한 선비 퇴석을 오히려 욕되게 한 감이 있다.

이제 퇴석이 기세(棄世)하신 이후 23여 년이 되는데, 묘소가 유실되어 불분명한 현실을 생각하면, 오늘날 퇴석을 공주의 인물로 선정 홍보하는 일도 중요하지만, 그의 묘역 정화(墓域淨化)의 일도 매우 급하다고 필자는 생각하며, 공주시에 그 묘역을 장소를 옮겨서라도 정화(淨化)한 뒤에 퇴석공원(退石公園)으로 하여 『일동장유가』에 나타나 있는 퇴석의 애국 애족의 정신을 계승 발전시키는 교육의 광장으로 활용할 것을 제의한다.

찾아보기

ㄱ

가번장로(加蕃長老)　280, 300, 329
감동창(甘洞倉)　422
강고(江尻)　316, 365
강기성문(岡崎城門)　307
강진(康津)　410
강호(江戶)　232, 280, 293, 382, 383, 393, 411
개운포(開雲浦)　68, 77
거창(居昌)　69, 432
걸진(傑珍)　89
검각(劍閣)　32
견부(見付)　367
겸예(鎌刈)　251, 403
경승(敬勝)　432
경주(慶州)　50, 51, 88, 94, 98, 101, 122, 126, 127, 128, 421
계암(桂巖)　203
계월(桂月)　426
고당(古堂)　259, 371
고촉주(高蜀州)　242
고포산(高匏山)　225
곤양(昆陽)　69, 72
공주(公州)　20, 429
과천(果川)　443
관덕당(觀德堂)　58, 64
관동 구군(關東九郡)　79

관백(關白)　11, 239, 289, 336, 338, 340, 344, 346, 350, 353, 393
관수령(關脩齡)　333
관시헌(菅時憲)　307
관왕묘(關王廟)　24
관우(關羽)　182
광혜원(廣惠院)　439
괘천(掛川)　312, 367
교구정(交龜亭)　31
구당(瞿唐)　160
구보태형(久保泰亨)　333
구산궁(龜山宮)　241
구선형(具善亨)　76, 88
구이[仇於]　53
국담(菊潭)　406
궁문방전　333
궁사(宮詞)　184
권기(權琦)　183
귀란(貴蘭)　430
귀봉송창(龜峰松窓)　355
귀분(貴芬)　89
귀산덕기(龜山德基)　256
귀정노(龜井魯)　229, 230, 231, 233
근강주(近江州)　290, 292
근등독(近藤篤)　256, 333
금곡(金谷)　367

금산(金山) 124
금수(今須) 294, 299, 371
금양산(金陽山) 323
금절하(金絶河) 310
금천(黔川) 443
금포(琴浦) 166
기국서(紀國瑞) 179
기번실(紀蕃實) 226, 228
기소산[木曾山] 301
기이주(紀伊州) 284
기장(機張) 422
길원(吉原) 317, 361
길전(吉田) 307, 308, 367
김각간(金角干)=김유신(金庾信) 51
김광한(金光漢) 69
김구영(金龜永) 99, 102, 118
김동명(金東溟) 311
김산(金山) 431
김상무(金相戊) 98
김상익(金相翊) 17, 81, 93
김상철(金相喆) 48
김수능(金壽能) 60
김악산(金嶽山) 440
김영장(金營將)=김상옥(金相玉) 77, 99, 182, 200, 346, 350, 384, 397
김용화(金龍和) 99, 213
김응석(金應錫) 350
김인겸(金仁謙)=김진사(金進士) 19, 46, 107, 108, 121, 122, 127, 151, 223, 230, 295
김장군(金將軍)=김여물(金汝岉) 29
김좌승(金左丞)=김계승(金啓升) 363
김창협(金昌協) 60
김천(金泉) 428

김추백(金秋栢) 438
김태성(金泰成) 96
김포(金浦) 443
김필순(金弼淳) 124, 426
김한중(金漢重) 330
김해(金海) 60, 88, 422

ㄴ

나파사증(那波師曾) 329
나흥유(羅興儒) 224
낙동강(洛東江) 422
낙산사(落山寺) 364
난암(蘭庵) 179
난주(蘭州) 259, 413
남대문(南大門) 24
남도(藍島) 217, 218, 406
남두민(南斗旻) 86
남박(南泊) 237, 405
남산(藍山) 217
남산시(南山詩) 195
남양(南陽) 442
남옥(南玉)=남성원(南成元)=남시온(南時韞)=남제술(南製述)=남추월(南秋月) 시온(時韞) 12, 21, 22, 82, 83, 85, 96, 99, 101, 103, 115, 123, 125, 146, 173, 175, 182, 223, 270, 274, 281, 337, 345, 391, 426
남태원(南太元) 333
남호곡(南壺谷) 365
낭이 주애(娘伊珠愛) 53
낭화(浪華) 270
낭화강(浪華江) 277, 291, 308
노경(魯堈) 406

노당(魯堂) 335
녹로도(鹿老島) 248, 250

ㄷ

다애(茶愛) 428
다대개[多大浦] 77
단월역(丹月驛) 30
단파주(丹波州) 381
달내[達川] 29
답침령(褡針嶺) 292
대구(大邱) 71, 74, 200, 373, 421
대마도(對馬島) 74, 140, 180, 204,
  207, 217, 225, 232, 235, 300,
  309, 329, 379, 382, 414
대사동(大寺洞) 14
대원성(大垣城) 299
대인국(大人國) 309
대정천(大定川) 313, 314, 315, 366
대진(大津) 290, 307, 372
대택수(大澤水) 322
대판(大坂) 272, 292, 326, 329,
  368, 372, 379, 384, 391, 399
대포(大浦) 152
덕력양필(德力良弼) 332
덕심(德心) 69
도원(稲垣) 307
도촌호(島村暠) 229
도포(韜浦) 254, 403
동경(東京) 51, 126
동래(東萊) 45, 55, 57, 73, 74, 122,
  139, 420
동작리(銅雀里) 14
동해사(東海寺) 355
동화원(桐華院) 33

두모개[頭毛浦] 444
두목개[豆毛浦] 68
등지(藤只) 357, 366
등택(藤澤) 324
등포관(藤舗館) 294

ㅁ

마대(馬岱) 183
마상재(馬上才) 49, 96
마양(馬良) 183
마용득(馬龍得) 432
마천(馬川) 443
마초(馬超) 182
마포원(馬浦源) 33
망천(輞川) 233
망호정(望湖亭) 293
맹만옥(孟萬鈺) 438
명석(明石) 261
명해(鳴海) 306, 368
명호옥(名護屋) 368
명호옥(鳴護屋) 303, 312, 316, 326
모량원(毛良院) 50
목부돈(木部敦) 332
목세숙(木世肅) 400
목촌공공(木村孔恭) 372
몰운대(沒雲臺) 77, 78, 88, 249
무계(茂溪) 428
무계나루[茂溪渡] 428
무장주(武藏州) 325, 327
무판령(舞板嶺) 366
문경(聞慶) 33
문정공(文正公) 19
미농(美濃) 271, 274, 299

미장주(尾張州) 306
미축(糜築) 183
민명천(閔明川)=민혜수(閔惠洙) 88,
　126, 130, 144, 166, 173, 182, 200
민백종(閔百宗) 443
밀양(密陽) 88, 89, 421

ㅂ

박다진(博多津) 224
박상술(朴相述) 438
박성적(朴聖迪) 49, 96, 351
박제상(朴提上) 224
박한중(朴漢中) 149
반대사[盤臺寺] 253
반월성(半月城) 51
반정량(飯田良) 333
방군영(芳群英) 313
방포(芳浦) 416
방포압뢰(芳浦鴨瀨) 168
백두산(白頭山) 322
백록담(白鹿潭) 322
백언국(白彥國) 431
백태륭(白兌隆) 200
백하후(白河后) 239
범증(范增) 182
변박(卞璞) 136
병고(兵庫) 401
보태사(寶泰寺) 315
복강(福岡) 220
복견성(伏見城) 272
복선(福禪) 254
본련사(本蓮寺) 257
본룡사(本龍寺) 287

본원사(本願寺) 282, 373
봉곡(鳳谷) 333
봉매(蓬梅) 124
봉황대(鳳凰臺) 51
부사산(富士山) 312, 314, 315, 319,
　321, 360
부사천(富士川) 317, 362, 366
부산(扶山) 431
부산(釜山) 60, 78, 120, 179, 207,
　330, 412, 418, 431
부상국(扶桑國) 309
북경(北京) 277
비안(比安) 36, 130, 131
비위(費緯) 182
비전주(肥前州) 203, 255, 256
비주(肥州) 209, 210, 220
비파호(琵琶湖) 291
비후주(備後州) 254
빈송(濱松) 311, 367
빈일헌(賓逸軒) 63, 71, 89

ㅅ

사근(沙斤) 432
산안장(山岸藏) 333
살타현(薩陀峴) 317
삼가(三嘉) 132
삼귀정(三龜亭) 41
삼도(三島) 319, 358, 360
삼산(森山) 371
삼신산(三神山) 268
삽정평(澁井平) 332
상관(上關) 246
상근(箱根) 358

찾아보기　479

상근령(箱根嶺) 320, 321
상근택(箱根澤) 321
상례(相禮) 420
상모주(相模州) 323
상장개(上長愷) 404
상주(尙州) 33
서경(西京) 280, 326, 372
서박포(西泊浦) 161, 163, 416
서복사(徐福祠) 304
서복사(西福寺) 161, 165
서불(徐市) 303, 307
서산사(西山寺) 170, 172, 176, 194
서산장로(西山長老) 177, 178
서시(西施) 38
서왕모(西王母) 92
서유대(徐有大)=서중화(徐中和) 77,
　88, 120, 130, 181, 182, 200, 202,
　349, 420, 426
선두포(船頭浦) 168, 415
선애(善愛) 130
섬월(蟾月) 434
섭운각(灄雲脚) 355
섭진주(灄津州) 270, 272, 381
성균관(成均館) 208
성대중(成大中)=성사집(成士執)=성
　서기(成書記) 12, 19, 83, 96, 99,
　101, 115, 123, 146, 173, 184, 270,
　274, 281, 318, 352, 426
성장(聖章) 257
성주(星州) 87, 422, 429
성천(醒泉) 293, 302
소서행장(小西行長) 63
소실당칙(小室當則) 333
소야전(小野田) 345

소전원(小田原) 323, 358
송라(松羅) 50
송맹박(宋孟博) 428
송맹백(宋孟伯) 45
송본위미(松本爲美) 332
송상현(宋象賢) 59
송세권(宋世權) 434
송장걸(宋長傑) 49
송전구징(松田久徵) 332
송찬선(宋贊善) 436, 437
수로왕(首露王) 422
수양제(隋煬帝) 239
수영장로(守瑛長老) 380
수월루(水月樓) 36
습유정(拾遺亭) 54
승산(勝山) 296, 297
승차랑(勝次郎) 394
승칠(勝七) 189, 220, 403
시포직춘(市浦直春) 256
식파루(息波樓) 57
신고령(申高靈)=신숙주(申叔舟) 224
신내천(神奈川) 325
신녕(新寧) 45
신식(申植) 88
신애(信愛) 334, 347
신언(信言) 331
신원수(申元帥)=신입(申砬) 29
신유한(申維翰) 180
신자익(申子益) 30
신촌(新村) 444
신흥역(新興驛) 433
실상사(實相寺) 287, 326, 328
실우(室隅) 244, 404
실진(室津) 247, 258

심대중(沈大中)=심용(沈鏽) 68, 71, 79
심유경(沈惟敬) 63
심인희(沈仁希) 76, 89
십왕전(十王殿) 198

ㅇ

아명씨(阿明氏) 86
아복토(阿伏兎) 253
악포(鰐浦) 159
안덕천황(安德天皇) 239
안동(安東) 42, 122
안보역(安洑驛) 31
안부천(安部川) 315
안산군(安山郡) 440
안예(安藝) 247, 252
앵매(鶯梅) 420
양류사(楊柳詞) 231
양산(梁山) 421
양선전(梁宣傳)=양용(梁塔) 88, 126, 420
양의(楊儀) 183
양재역(良才驛) 27
양지(陽智) 28, 441, 442
양태진(楊太眞) 305
언근(彦根) 292, 371
언녕동자(彦寧童子) 313
언양(彦陽) 98
연산(連山) 438
연원(連源) 29
연이(蓮伊) 101
연일(延日) 60
연접사(燕接寺) 241
염라국(閻羅國) 198

영가대(永嘉臺) 61, 66, 82, 84
영동(永同) 433
영목전장(鈴木傳藏) 379
영산(靈山) 68, 124, 426
영순천(永順川) 36
영일(迎日) 50, 132
영장로(瑛長老) 383, 392
영천(永川) 47, 131
영호루(映湖樓) 43
예천(醴泉) 36, 46
오대령(吳大齡) 175, 277
오례(五隸) 41
오륙도(五六島) 137
오송역(吳松驛) 438
오재희(吳載熙)=오선전(吳宣傳) 121, 136, 147, 149, 153, 157, 183, 209, 248, 271, 290, 299, 311
옥진(玉珍) 71
옥진(玉眞) 38
옥천(沃川) 434
온정균(溫庭筠) 13
와운산인(臥雲山人) 181
왕유(王維) 184, 233
왕자유(王子猷) 345
왕평(王平) 183
왜관(倭館) 62, 80
왜국(倭國) 327, 368
용궁(龍宮) 36
용당(龍堂) 54
용방(龍芳) 175, 413
용인(龍仁) 28, 440, 442
우삼동(雨森東) 179
우진령(宇津嶺) 315, 316
우창(牛窓) 402

찾아보기 **481**

운월(雲月)　128
운정(雲晶)　64, 65
운향(雲香)　420
울릉도(鬱陵島)　218
울산(蔚山)　54, 87, 159, 421
웅천(熊川)　69, 94
원가강(源家康)　327
원강주(遠江州)　312, 316
원뢰조(源賴朝)　239
원정장(源正長)　246
원종정(源宗政)　255
원중거(元重擧)=원봉사(元奉事)=원자재(元子才)　12, 19, 22, 99, 100, 102, 105, 106, 115, 123, 146, 173, 184, 223, 270, 281
원충공(源忠恭)　258
원희(願喜)　290
월생도(月生島)　397
위연(魏延)　183
유기(劉基)　183
유달원(柳達源)=유영장(柳營將)　34, 68, 77, 88, 99, 120, 130, 149, 165, 179, 181, 194, 202, 349, 350, 386, 426
유도홍(劉道弘)　136
유두억(劉斗億)　96
유성필(劉聖弼)　236
유우석(劉禹錫)　187
유유한(劉維翰)　353
유장경(劉長卿)　234
유진원(俞進元)　176
유진항(柳鎭恒)=유장흥(柳長興)　126, 128, 346, 384, 394, 397
유천(楡川)　436

유한상(劉漢祥)　163
육향강(六鄕江)　325
윤매(允梅)　124
윤유백(尹庚伯)　51
율봉(栗峰)　433, 438
음성(陰城)　30
의성(義城)　43, 124
의창(義暢)　192
의흥(義興)　43, 98
이광하(李光河)　396
이길(伊吉)　190
이덕리(李德履)=이비장(李裨將)　126, 128, 150, 200, 217
이매(李梅)　99, 101, 182
이명윤(李命尹)　85, 188, 346
이명화(李命和)　86
이반(李蟠)　427
이수(李琇)　87
이순신(李舜臣)　62
이언진(李彦瑱)　86, 365, 430, 434
이영명(李泳明)　436
이예주(伊預州)　252
이원(利原)　435
이응혁(李應爀)　89
이의숙(李宜淑)　54, 87
이인호(李仁祜)　86
이인희(李仁希)　81
이자문(李資文)　44, 45
이좌국(李佐國)　86, 96, 125, 173, 183, 188
이좌보(李佐甫)　118
이징보(李徵輔)　136, 147, 150, 157, 209
이태백(李太白)　64

이해문(李海文)=이강령(李康翎) 158,
  182, 194, 290, 377, 394
이해중(李海重) 98, 126
이행(李行) 442
이험복(李驗福) 440
이현(李礥) 116
이회계(李晦溪) 17
인평(麟平) 330
일기도(壹岐島) 198, 216, 309, 406
일본(日本) 44, 239, 246
일비(日比) 255
일신역(日新驛) 435
일죽(一竹) 429
일직(一直) 43
일학(一學) 179
임경업(林慶業) 29
임번평인(林繁平鱗) 356
임신애(林信愛) 331, 340, 345
임신언(林信言) 331, 334, 340, 347
임신유(林信有) 332
임전대청 333
임진(臨津) 267
임춘흥(林春興) 350
임흘(任屹)=임도사(任都事)=임비장
  (任裨將) 46, 121, 130, 136, 147,
  153, 157, 183, 187, 194, 209,
  248, 271, 290, 299, 306, 311,
  350, 397, 420, 424, 430

ㅈ

자룡(子龍) 182
자여(自如) 423, 428
자인(慈仁) 125
작천(鵲川) 438

장건지(張騫之) 268
장문(長門) 245
장문주(長門州) 239
장문창(張文昌)=장적(張籍) 195
장비(張飛) 182
장송(張松) 182
장양역(長楊驛) 439
장완(蔣琬) 182
장종시(張宗始) 30
재랑(才娘) 428
적간관(赤間關) 237, 243, 244, 404,
  415
적수성(赤穗城) 258
적판(赤坂) 368
전광국(田光國) 60
전광훈(田光勳) 60
전명좌(全命佐) 78, 80
전승산(田勝山) 294
정근산 355
정덕귀(鄭德龜) 96
정도행(鄭道行) 96, 351
정만순(鄭晩淳) 57
정발(鄭撥) 59
정상잠(井上潛) 403
정상주도(井上周道) 228
정상후득(井上厚得) 332
정왕초중(淨王蕉中) 400
정원루(靖遠樓) 59
정윤복(鄭潤復) 136
정잠(井潛) 256, 333
정포(淀浦) 284, 359, 372
정포은(鄭圃隱) 224
조관(趙塸) 69
조동관(趙東觀) 186

찾아보기 483

조령(鳥嶺) 31, 421
조비(曹丕) 353
조비연(趙飛燕) 305
조선(朝鮮) 152, 185, 209, 212, 214, 344, 411
조신(曺信)=조만호(曺萬戶) 127, 184, 200, 365
조양(朝陽) 120
조양각(朝陽閣) 48
조여구 419
조입중(曹立中) 351
조자건(曹子建) 13
조자구(趙資九) 102
조엄(趙曮)=조제곡(趙濟谷) 17, 70
조철(趙瞰) 69
조학신(曺學臣) 88, 183, 294
종로(鐘路) 270
종애(鍾愛) 126, 128
종의석(宗義錫) 168
좌수포(佐須浦) 140, 174, 258, 418
주고(洲胶) 312, 371
주고천(洲胶川) 301
주굉(周宏) 328, 378
주길(周吉) 240, 415
주방(周防) 250
주방주(周防州) 245
주조문(朱鳥門) 56
주창(周倉) 183
주평왕(周平王) 277
주흘관(主屹關) 31
죽령(竹嶺) 421
죽산(竹山) 28, 439
죽원(竹原) 403
죽지사(竹枝詞) 187

준하주(駿河州) 308, 315, 316, 366
중원(中原) 303
중촌삼실(中村三實) 403
중촌홍도(中村弘道) 333
즐전욱(櫛田彧) 228
증약(增若) 435
지도(智島) 410
지례(知禮) 45, 46, 81, 432
지례원(知禮) 428
지월장로(指月長老) 313
지전(池田) 381
진주(晉州) 151, 205, 362
진천(鎭川) 439
진해(鎭海) 88, 425
질화도순길(質樺島淳吉) 153

ㅊ

차령(車嶺) 14
찬기주(讚岐州) 252
창녕(昌寧) 49, 131, 426, 428
창원(昌原) 60, 61, 64, 98, 422
천룡천(天龍川) 367
천안(天安) 14, 425
첨성대(瞻星臺) 51
첨장로(瞻長老) 383
청견사(淸見寺) 317
청도(淸道) 87
청신사(淸新寺) 363
청엽양호(靑葉養浩) 332
청주(淸州) 437
청평사(淸平詞) 64
청풍(淸風) 30, 424, 425
청하(淸河) 53

초계(草溪) 72
최봉령(崔鳳齡) 82, 175, 200, 375
최수인(崔壽仁) 394
최영래(崔英來) 150
최정창(崔挺昌) 69
최천종(崔天宗) 118, 373, 388, 433
최학령(崔鶴齡) 85, 175, 188, 346, 386, 402
최홍경(崔弘景) 175
추강(秋江) 233, 406
추상우(秋相佑) 407, 409
추풍령(秋風嶺) 432
축전주(筑前州) 210, 217, 220, 228
축주(筑州) 210, 218, 223
춘계(春溪) 371, 385, 391
춘파(春坡) 259
충렬사(忠烈祠) 31, 59
충무공(忠武公) 62
충주(忠州) 29
충해(忠海) 252
충헌공(忠獻公) 20
취섬(翠蟾) 94
취애(翠愛) 94
취연(翠蓮) 89
취정(翠晶) 94
칠원(漆原) 60, 68, 425

ㅌ

태사묘(太師廟) 42
태산(泰山) 74, 138
태실문양(太室汶陽) 355
통영(統營) 67
통희(通熙) 257

ㅍ

파마(播磨) 258, 260
팔번산(八幡山) 292, 371
패길(稗吉) 333
편강유용(片岡有庸) 332
평공겸(平公謙) 205, 228
평린평영(平麟平英) 373
평방(平方) 372
평수길(平秀吉) 240, 272, 278
평영(平英) 357
평의창(平義暢) 177
평호(平戶) 204, 206
포석정(鮑石亭) 51
포이만호(包伊萬戶) 76, 88
품천(品川) 325, 355
풍기(豊基) 370, 421
풍기포(豊崎浦) 417
풍본포(風本浦) 198
풍산참(豊山站) 41
풍전줄[豊前州] 237

ㅎ

하구중어 332
하대원(河大源) 428
하대윤(河大潤) 131
하득인(河得仁) 426
하익주(下益州) 264
하진(下津) 254
한강(漢江) 24, 26
한대영(韓大永) 357
한라산(漢拏山) 205, 322
한헌제(漢獻帝) 353
한흥(汗興) 223, 443

함안(咸安)　422
함양(咸陽)　423, 424
합천(陜川)　68, 70, 77, 88
해산사(海山寺)　185
해안사(海岸寺)　186
해운대(海雲臺)　72, 74, 79
행란(杏蘭)　46
향총(向寵)　183
향포(向浦)　244, 404
허규(許圭)　96
현계근(玄啓根)　86
현동지(玄同知)　329, 376
현태심(玄泰心)　86
현태익(玄泰翼)　85, 175, 188, 346, 402
현풍(玄風)　72, 427
호가곡(胡笳曲)　231
호두각(虎頭閣)　77

홍나주(洪羅州)　40
홍선보(洪善輔)=홍비장(洪裨將)=홍초관(洪哨官)　52, 96, 128, 129, 147, 153, 157, 242, 430
홍성로(洪誠老)　52
홍역(洪櫟)　40
홍익대(洪益大)　54, 87
화전소(和田邵)　256
황간(黃澗)　433
황산(黃山)　61
황언명(黃彦明)　356
황정(荒井)　309, 312, 367
황창무(黃倡舞)　71
황충(黃忠)　182
회원루(懷遠樓)　77
후등세균(後藤世鈞)　332
흑도(黑島)　168

최강현(崔康賢)

충북 제천 출신, 고려대학교 문학사, 문학석사, 문학박사.
중고등학교 교사 10년, 대학 교수 32년, 홍익대학교에서 30년 근속 후 정년퇴임.
재직중 새마을연구소장, 문과대학장을 지냄, 퇴임 후 동국대학교 대학원, 연세대학교 대학원, 한국학 중앙연구원 한국학대학원 초빙교수를 지냄.
현재 단제 숭모회(檀帝崇慕會), 한국기행문학 연구소장.

[논문]

「新羅殊異傳小考」, 『국어국문학』 25, (국어국문학회, 1962.) 외 110편이 있음.

[단행본]

001. 4303(1970). 『실업대학국어』 편저, 고려인쇄주식회사, 520쪽.
002. 4309(1976). 『北關路程錄』 역주, 一志社, 192쪽.
003. 4315(1982). 『韓國紀行文學研究』, 一志社, 422쪽.
004. 4316(1983). 『韓國古典隨筆講讀』, 高麗苑, 536쪽.
005. 4319(1986). 『歌辭文學論』, 새문社, 307쪽.
006. 4325(1992). 『葆眞堂燕行日記』(共譯), 國學資料院, 278쪽.
007. 4326(1993). 『한국고전문학전집 가사』 1, 역주, 고대 민족문화연구소, 487쪽.
008. 4326(1993). 『五友堂燕行錄』 역주, 國學資料院, 662쪽.
009. 4327(1994). 『한국수필문학신강』, 서광학술자료사, 620쪽.
010. 4328(1995). 『遲菴의 海山錄』 역주, 國學資料院, 286쪽.
011. 4329(1996). 『遲菴 李東沆의 紀行錄』 역주, 國學資料院, 154쪽.
012. 4329(1996). 『韓國文學의 考證的研究』, 고려대학교 민족문화연구소, 458쪽.
013. 4329(1996). 『한국기행가사선집』 1, 국학자료원, 576쪽.
014. 4329(1996). 『韓國記行文學作品研究』, 국학자료원, 836쪽.
015. 4330(1997). 『조선시대 우리 어머니』, 박이정, 306쪽.
016. 4332(1999). 『후송유의양유배기남해문견록』 역주, 신성출판사, 230쪽.
017. 4332(1999). 『후송유의양유배기북관노정록』 역주, 신성출판사, 402쪽.
018. 4332(1999). 『조선시대 포쇄일기』 역주, 신성출판사, 376쪽.
019. 4332(1999). 『조선외교관이 본 명치시대일본』 역주, 신성출판사, 292쪽.

020. 4332(1999). 『금강산! 불국인가 선계인가』 역주, 신성출판사, 300쪽.
021. 4333(2000). 『계해수로조천록』 역주, 신성출판사, 364쪽.
022. 4333(2000). 『갑자수로조천록』 역주, 신성출판사, 230쪽.
023. 4333(2000). 『금강산가사선집』 1 역주, 신성출판사, 400쪽.
024. 4333(2000). 『금강산가사선집』 2 역주, 신성출판사, 390쪽.
025. 4333(2000). 『한국기생가사연구』, 신성출판사, 400쪽.
026. 4334(2001). 『매산 이하진의 금강도로기』 역주, 신성출판사, 214쪽.
027. 4334(2001). 『미수 허목의 기행문학』, 신성출판사, 376쪽.
028. 4335(2002). 『금강산 한시선집』 1 역주, 신성출판사, 276쪽.
029. 4335(2002). 『금강산 한시선집』 2 역주, 신성출판사, 226쪽.
030. 4337(2004). 『간도 개척비사(江北日記)』 역주, 신성출판사, 210쪽.
031. 4337(2004). 『휴당(休堂)의 연행록』 1 역주, 신성출판사, 374쪽.
032. 4337(2004). 『휴당(休堂)의 연행록』 2 역주, 신성출판사, 316쪽.
033. 4338(2005). 『홍순학의 연행유기와 북원록』 공역, 신성출판사, 338쪽.
034. 4338(2005). 『국역 을병조천록』 역주, 국립중앙도서관, 324쪽.
035. 4339(2006). 『명치시대 동경일기(泛槎錄)』 역주, 서울출판사, 366쪽.
036. 4340(2007). 『일동장유가(日東壯遊歌)』 역주, 보고사, 490쪽.

일동장유가 日東壯遊歌

초판 1쇄 발행 _ 4340(2007)년 9월 20일

저　자 _ 김인겸
역　자 _ 최강현
발행인 _ 김흥국
펴낸곳 _ 도서출판 **보고사**(등록 제6-0429)
주　소 _ 서울시 성북구 보문동7가 11번지 2층
　　　　　　전화 922-5120~1(편집) 922-2246(영업) | **팩스** 922-6990
　　　　　　메일 kanapub3@chol.com | www.bogosabooks.co.kr

정　가 _ 15,000원
ISBN _ 978-89-8433-587-5(93810)

*잘못된 책은 바꾸어 드립니다.
*저자와의 협의에 의하여 인지는 생략합니다.